**Sturm über
Schleswig-Holstein**

Sturm über Schleswig-Holstein

Der Krieg von 1813/14
in Schleswig-Holstein
und Hamburg

Herausgegeben von
Carsten Walczok und
William Boehart

Wachholtz

1. Auflage 2013
© 2013 Wachholtz Verlag, Neumünster/Hamburg

Gesamtherstellung: Wachholtz Verlag
Satz: G&U Language & Publishing Services GmbH, Flensburg

Printed in Germany

ISBN 978-3-529-02443-6

Besuchen Sie uns im Internet:
www.wachholtz-verlag.de

Inhaltsverzeichnis

Vorwort

Carsten Walczok, William Boehart

Es ist guter Brauch, anlässlich eines Jubiläums eine Publikation erscheinen zu lassen. Vor 200 Jahren fegte ein „Sturm" durch die politische Landschaft im hohen Norden und tobte im Jahre 1813 bis hin ins Jahr 1814 in Hamburg und in den Herzogtümern Schleswig, Holstein und Lauenburg. Dieser Krieg ist gemeinhin als „Befreiungskrieg" bekannt; womit die Befreiung vom Joch der napoleonischen Herrschaft gemeint ist. In dessen Folge veränderte sich im deutschen Raum nicht nur die politische Landkarte, sondern es entstand, zunächst als zartes Pflänzchen, auch ein neues Bewusstsein – der Nationalismus. Das Gefühl, zu einem „deutschen Vaterland" zu gehören, bestimmte sich in Opposition zu den Besatzern, den Franzosen. So begann sich eine Entwicklungslinie zu entfalten, die sich bis weit ins 20. Jahrhundert hinein verfolgen lässt.

Für die national betonte deutsche Geschichtsschreibung ist die Bedeutung des Jahres 1813 klar: In diesem Jahr erhoben sich die Deutschen und jagten die fremden Besatzer außer Landes. Doch ob in diesem Jahr tatsächlich „der Feind" aus den deutschen Staaten vertrieben wurde, darf in mehrfacher Hinsicht bezweifelt werden. Fakt ist, dass in diesem Jahr eine Koalition von verschiedenen Staaten und Herrschern Napoleon und seine Truppen aus Mitteleuropa vertrieb. An dieser Koalition waren neben Großbritannien, Russland und Schweden auch die deutschen Staaten Preußen und Österreich beteiligt. Wenn auch die Preußen und die Österreicher durchaus für die Befreiung ihrer Heimat gekämpft haben mögen, bleibt dennoch die Frage, wofür zum Beispiel die Russen kämpften.

Das vorliegende Buch geht von der Prämisse aus, dass sich die deutsche Geschichte in die Geschichte der einzelnen Territorien unterteilen lässt, und relativiert dabei die gängige These vom „Befreiungskrieg". Hamburg war eine freie Reichsstadt, Schleswig und Holstein waren Teil des dänischen Gesamtstaates, und das Herzogtum Lauenburg war mit der hannoverschen und somit in Personalunion mit der britischen Krone verbunden. So wie die „Franzosenzeit" in den verschiedenen Territorien unterschiedlich verlaufen ist, weist auch der Befreiungskrieg regionale Besonderheiten auf. Die Schleswig-Holsteiner etwa haben in diesen Kämpfen unzweifelhaft ihre Heimat verteidigt – allerdings zusammen mit den Franzosen und eben gegen die echten oder nur vermeintlichen „Freiheitskämpfer" aus Preußen, Russland oder Kurhannover. Der Sturm der Alliierten gegen Ende des Jahres 1813 auf Schleswig-Holstein hatte streng genommen nichts mit dem Kampf um die Freiheit in Deutschland zu tun. Zu fragen ist auch, ob die Hamburger und die Lauenburger die Kämpfe um sich herum wirklich als „Befreiungskrieg" empfanden. Interessant ist in diesem Zusammenhang die Tatsache, dass das Herzogtum Lauenburg nach dem Krieg auf dem Wiener Kongress an den Gesamtstaat Dänemark verschachert wurde – Dänemark hatte zu den Verbündeten Napoleons gehört!

Dieses Buch möchte den Hintergrund skizzieren, vor dem die Menschen in diesen Monaten zu agieren hatten. Ganz bewusst wird nicht nur auf Schleswig-Holstein oder allein auf das Jahr 1813 geschaut, sondern der Blick auch auf das besetzte Hamburg und das Kurfürstentum Hannover soll dazu beitragen, ein verständlicheres Bild dessen zu liefern, was die Akteure 1813 in den Kampf trieb. Genauso werden auch die Jahre 1812 und 1814 in die Gesamtschau mit einbezogen. Schließlich hat jedes Ereignis seine Voraussetzungen und seine Folgen.

Bei einem Werk über einen Krieg ist es natürlich unumgänglich, auch auf die Kampfhandlungen einzugehen. Daher werden sowohl die militärischen Formationen als auch die Kämpfe selbst kurz dargestellt.

Am Zustandekommen dieses Buches hatten viele ihren Anteil, sei es, weil sie als Autoren Texte geliefert haben, sei es, weil sie Abbildungen beisteuerten. Ihnen allen sei an dieser Stelle noch einmal ausführlich gedankt. Den einzelnen Kapiteln oder Unterkapiteln sind die jeweiligen Verfassernamen vorangestellt – so wird hoffentlich deutlich, dass das vorliegende Buch ein Gemeinschaftswerk ist, zu dem jeder mit seinem besonderen Wissen seinen eigenen Beitrag geleistet hat.

I. Der Norden zwischen Dänemark und Frankreich

Carsten Walczok

1. Schleswig-Holstein als Teil des dänischen Gesamtstaates

Schleswig-Holstein und Dänemark lagen zwar weitab vom Geschehen im revolutionären Frankreich, aber dennoch nahmen die Menschen im dänischen Gesamtstaat durchaus wahr, was im fernen Paris geschah. Die Dänen und Schleswig-Holsteiner lebten schon seit einiger Zeit in einer Art Idealstaat – zumindest glaubten manche aufgeklärten Reformer genau dies in dem dänischen Staatsgebilde sehen zu können. Im 18. Jahrhundert hatte sich im Königreich ein gebildetes und engagiertes Bürgertum entwickelt, das auf den Gesamtstaat durchaus impulsgebend wirkte. Zudem war Dänemark trotz seines weit verstreuten Staatsgebiets und seiner heterogenen Bevölkerung ein gefestigter, fast schon wohlhabender Staat. Doch der Weg dorthin war lang und mühsam gewesen. Nach einer Reihe von Konflikten im 16. und 17. Jahrhundert, insbesondere mit Schweden, erlebte das Königreich ab 1720 bis zur Jahrhundertwende eine lange und fruchtbare Friedensperiode, die zu Beginn allerdings durch drückende Schuldendienste als Folge des Krieges und eine Krise der Landwirtschaft beeinträchtigt war. Doch brachte diese Zeit, in die auch die Aufhebung der Schollengebundenheit der Bauern fiel, letztlich doch einen gewissen agrarischen Wohlstand.

Die dänische Variante der europäischen Aufklärung ist keine eigene Entwicklung, sondern „importiert" worden: Dänemarks Aufklärung erhielt Impulse aus Großbritannien, Frankreich und Deutschland.[1]

1755 wurde die noch immer im ganzen Land geltende Zensur gelockert, um eine notwendige Diskussion über soziale und wirtschaftliche Verbesserungen in Gang zu bringen. Doch eine echte Pressefreiheit wurde erst 1770 von Johann Friedrich Struensee eingeführt. Struensees Reformprogramm basierte auf den allgemeinen Vorstellungen der europäischen Aufklärung. Der Thron sollte von ehrlichen Männern umgeben und der König von herrschsüchtigen Ministern befreit werden. Bei der Durchsetzung seiner Reformideen, die unter anderem eine Vereinfachung und größere Effizienz der Verwaltung anstrebten, orientierte sich Struensee am preußischen Vorbild. Allerdings stieß der Reformer Struensee dabei auf Widerstand vonseiten der hohen Beamten und des Adels. Letztlich wurde er 1772 gestürzt, angeklagt, zum Tode verurteilt und hingerichtet.[2]

Der Plan des Finanzministers Ernst Schimmelmann zur Reformierung und Stärkung der dänischen Wirtschaftskraft von 1785 sah unter anderem auch eine Mehrung des Grundkapitals des Landes vor. Dies sollte durch Förderung der Kultur und des Unternehmungsgeistes sowie durch verstärkten Handel bewerkstelligt werden.[3]

Was nun Schleswig und Holstein im Süden des Landes betraf, so bestand die Anbindung der Herzogtümer an Dänemark seit dem Vertrag von Ripen von 1460 nach wie vor fort, wiewohl die tatsächliche Herrschaft über die beiden

Landesteile immer wieder umstritten war. Zu nennen sind hier etwa die Bestrebungen des Hauses Gottorf, sich aus der dänischen Herrschaft zu lösen. Erst der Vertrag von Zarskoje Selo von 1773 stellte das faktische Ende der Zersplitterung und Zerrissenheit der beiden Landesteile dar; die bis dahin bestehende alte Landesteilung in einen Gottorfer und einen königlichen Teil war beendet und zugleich waren beide Landesteile nun mit dem dänischen Gesamtstaat vereinigt.[4]

Mit dem Indigenatsgesetz von 1776, das den Zugang zu staatlichen Ämtern auf diejenigen beschränkte, die im dänischen Staat geboren waren, wurde die Elbe zu einer klaren Grenzlinie zwischen Holsteinern und Deutschen. Diese Grenzziehung zwischen „Dänen" und Deutschen machte letztlich aus dem alten Konglomeratsstaat einen Gesamtstaat. Vor 1776 war noch zwischen Schleswigern und Holsteinern unterschieden worden, wobei Letztere eine Übergangsstellung zwischen Dänemark und Deutschland einnahmen – das hatte sich nun geändert.[5]

Doch ganz gleich, in welchem Verhältnis man zur Krone in Kopenhagen stand – man genoss die Vorteile des vom Gedankengut der Aufklärung beherrschten Staates. Kiel und Altona wurden zu Mittelpunkten der Aufklärung mit durchaus überregionaler Bedeutung. Die Universität zu Kiel wandelte sich zu einer der fortschrittlichsten Hochschulen in Deutschland. Altona bildete das Nachrichten- und Pressezentrum der Herzogtümer und letztlich des dänischen Gesamtstaates. Nach und nach begannen auch in vielen weiteren Städten Zeitungen zu erscheinen: in Glückstadt, Wandsbek, Hadersleben, Flensburg, Kiel, Ratzeburg, Schleswig, Itzehoe und Heide.[6] Altona selbst besaß bereits seit 1694 beziehungsweise 1696 mit dem „Altonaischen Mercurius" und dem „Relations-Courir" zwei große Zeitungen.

Als 1806 das Heilige Römische Reich Deutscher Nation auf Druck von Frankreich endgültig unterging, nutzte Friedrich VI. von Dänemark die historische Gelegenheit, um das Herzogtum Holstein – das, anders als Schleswig, immer Teil des Römischen Reiches gewesen war – vollends für sich zu annektieren. Bis zu diesem Zeitpunkt war er durch seine Herrschaft über Holstein zugleich immer auch deutscher Reichsfürst gewesen; durch den Wegfall des übergeordneten deutschen Herrschaftsgebildes eröffnete sich dem Herzog von Holstein und König von Dänemark jetzt aber die Möglichkeit, Holstein ganz in seinen Staat zu inkorporieren.

In Kopenhagen setzte man mit Beginn des 19. Jahrhunderts voll und ganz auf eine schlagkräftige Flotte und auf strikte Neutralität. Allerdings traute man aufseiten Großbritanniens dieser Haltung nicht ganz. Hintergrund war die bewaffnete Neutralität nicht nur Dänemarks, sondern auch Preußens, Russlands und Schwedens, die alle hofften, sich auf diese Weise aus dem Konflikt zwischen England und Frankreich heraushalten zu können. In London aber sah man in der Haltung dieser Liga eine De-facto-Unterstützung Frankreichs.

Die schwedische und die russische Flotte waren im Frühjahr 1801 ohnehin noch durch vereiste Häfen blockiert, und so entschloss Großbritannien sich im April 1801, zuerst Dänemark auszuschalten. Auf dänischer Seite hatte man sich nicht mehr rechtzeitig auf den britischen Angriff vorbereiten können. So waren die dänischen Kriegsschiffe nicht vollständig mit Mannschaften besetzt und man hatte stattdessen notgedrungen auf das Personal von Handelsschiffen sowie auf Kopenhagener Bürger zurückgreifen müssen. Dennoch wollte man sich den Briten zum Kampf stellen. Horatio Nelson, der Stellvertreter des britischen Kommandeurs Parker, konnte in dieser Schlacht seinen zweiten großen Erfolg nach dem Sieg in der Seeschlacht bei Abukir verbuchen.

Den unterlegenen Dänen blieb nichts anderes übrig, als die britischen Forderungen zu akzeptieren und mit den Briten einen Waffenstillstand zu vereinbaren – mit der Folge, dass sie auch die letzten Schiffe ihrer Flotte verloren und damit nicht mehr imstande waren, ihre Handelsschiffe zu schützen.

Kaum hatte sich Dänemark einigermaßen von diesem ersten Überfall erholt, erschien die britische Flotte 1807 erneut vor Kopenhagen. Diesmal beließen es die Briten nicht bei einer Seeschlacht, sondern setzten auch Landungstruppen ab und schossen sogar Kopenhagen in Brand. Als Folge dieser Operation mussten neben den militärischen Verlusten auch 2000 Zivilpersonen ihr Leben lassen.

Die Auswirkungen der beiden britischen Überfälle auf den Gesamtstaat waren folgenreicher, als deren Protagonisten es ahnen konnten, denn die Ereignisse trieben Dänemark aus der Neutralität an die Seite Napoleons – und somit in einen unsel‌igen Krieg. Den Preis dafür mussten vor allem die Schleswig-Holsteiner bezahlen.

2. Kurhannover und King Georg

Das Kurfürstentum Hannover, der südliche Nachbar des dänischen Gesamtstaates, teilte sich mit diesem die Elbe und die Bille als Grenze. Im Wesentlichen aus dem Herzogtum Braunschweig-Lüneburg hervorgegangen, war Kurhannover in Personalunion mit der britischen Krone verbunden, es bestand also eine gewisse Parallelität zur Personalunion der Herzogtümer Schleswig und Holstein mit der dänischen Krone. Mit dem Herzogtum Lauenburg gehörte auch ein Teil des heutigen Schleswig-Holstein zum Kurfürstentum Hannover.

Zwar zählte Kurhannover nicht zu den großen Mächten im Heiligen Römischen Reich Deutscher Nation, aber durch seine enge Anbindung an Großbritannien verfügte der Staat dennoch über einen gewissen Einfluss. Immerhin dienten seine Soldaten auch in den britischen Kolonien, und selbstverständlich vertraten sie auch britische Interessen in Deutschland. Die Beteiligung der hannoverschen Truppen am Nordischen Krieg sowie am Siebenjährigen Krieg führte dies den anderen Mächten unzweifelhaft vor.

Gegen Ende des 18. Jahrhunderts verfügte das Kurfürstentum über acht mehr oder weniger größere Städte: Hannover, Göttingen, Münden, Osterode, Hameln, Lüneburg, Stade und Verden. Insgesamt war die Zahl der Einwohner des Kurfürstentums von 1 121 500 im Jahre 1760 auf 1 409 900 im Jahre 1805 gewachsen.[7] 1793–1795 nahm die hannoversche Armee im Rahmen des Ersten Koalitionskrieges am Kampf gegen die Französische Republik teil. Im März 1793 entsandte das Kurfürstentum mit 13 000 Mann fast die halbe Armee des Staates in die Habsburgischen Niederlande (das heutige Belgien).

1796 nahm die Armee des Kurfürstentums nicht mehr aktiv an Kampfhandlungen gegen Frankreich teil, sie beteiligte sich aber zusammen mit dem neutralen Preußen an der entlang der norddeutschen Demarkationslinie aufgestellten Observationsarmee. Der Friede von Lunéville beendete 1801 zwar den Konflikt mit Frankreich, doch infolge eines Streits zwischen Großbritannien und Preußen besetzten nun preußische Truppen das Land. Notgedrungen musste die hannoversche Regierung und Armee diese Besetzung widerstandslos hinnehmen, bis sich die Preußen Ende des Jahres wieder zurückzogen.

Auch nach dem Abzug der Preußen war man in Hannover keineswegs in einer sicheren Position. Noch immer war Frankreich stark und nah, während Großbritannien weit weg war und sich in direkter Konfrontation mit Frankreich befand. Der Friede von Amiens, den Großbritannien und Frankreich 1802 geschlossen hatten, brachte Europa nicht wirklich den ersehnten Frieden. Noch im selben Jahr besetzte Frankreich mit 20 000 Mann die Schweiz. Und Großbritannien blieb auf Malta, obwohl ein Abzug der Briten im Friedensvertrag festgelegt worden war.

Bereits im Frühjahr 1803 begann Napoleon, immer öfter und offener mit der Besetzung des kurhannoverschen Staates zu drohen. Am 8. April ordnete daraufhin der Premierminister von Lenthe die Durchführung erster Sicherheitsmaßnahmen an: „[…] daß es den Umständen angemessen scheine, die jetzige Exercirzeit dazu zu benutzen, die Beurlaubten der Armee einzuziehen, und Anstalten zu einem Übungslager zu treffen, damit die Zusammenziehung der Regimenter ohne Aufsehen bewirkt, und wenigstens soviel vermieden werden möchte, daß die zerstreuten Garnisonen nicht unerwartet abgeschnitten werden könnten."[8]

Dann, am 18. Mai 1803, erfolgte die Kriegserklärung Großbritanniens an Frankreich. Sieben Tage später wurde sie auch in Hannover bekanntgemacht. Die bereits angelaufenen Maßnahmen zur Kriegsvorbereitung trafen auf immer neue Schwierigkeiten; so flüchteten etwa unerwartet viele mehr oder minder waffenfähige junge Männer vor dem Militärdienst. Den Bauern wurden die Pferde direkt auf dem Acker ausgespannt, um sie an Tross, Artillerie oder Kavallerie abzugeben. Es kam vereinzelt sogar zu Misshandlungen von Beamten und immer wieder zu „Befreiungen" der ausgehobenen Rekruten.

Als dann der französische General Mortier in Kurhannover einmarschierte, bestand die Armee des Landes aus 6300 Mann Infanterie und 2700 Mann Kavallerie. Die Armee wurde am östlichen Weserufer versammelt. Statt sich nun aber den einmarschierenden Franzosen entgegenzustellen, schickte man den Franzosen eine Delegation entgegen, die mit ihnen einen Vertrag über eine Neutralisierung der kurhannoverschen Streitkräfte abschloss. Neben Feldmarschall Wallmoden-Gimborn, der die Armee führte, hatte der Herzog von Cambridge das Oberkommando, dieser aber verließ am 2. Juni an Bord der britischen Fregatte „Amethyst" das Land Richtung England.[9]

Am 3. Juni 1803 wurde die Konvention von Sulingen unterzeichnet, die in ihren 17 Artikeln eine Besetzung aller kurhannoverschen Festungen durch die Franzosen sowie deren Übernahme der gesamte Artillerie der Hannoveraner festhielt. Weiterhin habe die Armee alle übrigen Waffen abzuliefern und sich zu verpflichten, nicht mehr gegen Frankreich zu kämpfen. Im Gegenzug könne sie sich in allen Ehren zurückziehen. Eine beidseitige Ratifizierung kam jedoch nicht zustande, da Napoleon ein Schreiben des britischen Königs Georg III. als Ablehnung der Konvention von Sulingen deutete.

General Mortier seinerseits hatte für Feldmarschall Wallmoden-Gimborn inzwischen den Entwurf einer neuen Konvention ausarbeiten lassen. Jetzt, wo Frankreich schon so viel erreicht hatte, ohne überhaupt kämpfen zu müssen, wollte man kein Risiko eingehen und auch weiterhin über Verhandlungen zum Erfolg gelangen. Am 5. Juli trafen sich beide Kommandeure in einem kleinen Boot auf der Elbe bei Artlenburg und handelten eine weniger demütigende Übereinkunft aus: die Konvention von Artlenburg.

Am 6. Juli 1803 legte die Armee des Kurfürstentums Hannover ihre Waffen nieder und wurde aufgelöst. Damit war das Kurfürstentum Hannover politisch und insbesondere auch militärisch ausgeschaltet – allerdings nur vorläufig. Denn noch im selben Jahr begann man in England mit der Aufstellung einer Einheit aus deutschsprachigen Soldaten. Diese als „King's German Legion" (KGL) bekannte Einheit zählte später zu den kampfkräftigsten Verbänden der britischen Armee.[10]

Abgesehen von einem kurzen preußischen Intermezzo 1806 stand das Land fortan unter französischer Kontrolle. 1807 vereinte Napoleon die südlichen Landesteile mit dem von ihm geschaffenen Königreich Westphalen. Der nördliche Teil blieb als „Pays Réservés" unter französischer Verwaltung und wurde 1810 von Frankreich annektiert.[11]

3. Frankreich als die führende Macht

Gegenüber den beiden Herzogtümern sowie dem dänischen Gesamtstaat überhaupt spielte Frankreich die Rolle einer Großmacht. Dänemark zeigte sich zunächst bemüht, sich aus den Konflikten zwischen Paris und den übrigen Mächten Europas herauszuhalten. Ganz anders als Österreich, das eine der treibenden Kräfte im Kampf gegen das revolutionäre Frankreich war. In Wien sah man sich durch das aufrührerische Gedankengut aus Paris ganz konkret bedroht; immerhin grenzten Österreichs Besitzungen vielfach an Frankreich – in Italien, im Breisgau und in den Österreichischen Niederlanden, dem heutigen Belgien. Zudem stellte auch die gesamte lange Westgrenze des Heiligen Römischen Reiches Deutscher Nation eine gemeinsame Grenze zum revolutionären Frankreich dar, auch wenn man seit dem Westfälischen Frieden von 1648 kaum noch ernsthaft von einem „Reich" sprechen konnte.

Die Vorgänge in Frankreich waren ein Schrecken für die absolutistischen Staaten Europas: Als der französische König Ludwig XVI. 1791 versuchte, aus Frankreich zu fliehen, wurde er in Varennes von der Nationalgarde gestoppt und nach Paris zurückgebracht. Letztendlich legten die Revolutionäre den Fluchtversuch des Königs als Verrat aus, stellten ihn als Bürger Louis Capet vor Gericht und verurteilten ihn zum Tode – ein ungeheuerlicher Vorgang. 1793 starb er durch die Guillotine.

Am 20. April 1792 erklärte die französische Nationalversammlung Österreich den Krieg. In Wien und Berlin glaubte man, recht schnell mit der durch die Revolution geschwächten französischen Armee fertigwerden zu können. Doch das revolutionäre Frankreich hatte aus der Not eine Tugend gemacht und die schwache französische Armee mit Freiwilligen verstärkt. In den Schlachten bei Jemappes in den Österreichischen Niederlanden und bei Valmy in Nordfrankreich konnten sich die Franzosen 1792 gegen die Österreicher und die Preußen behaupten und diese letztlich zum Rückzug bewegen.

Letztlich konnten sich die Revolutionäre auch deshalb gegen alle äußeren Angriffe behaupten, weil sie weite Teile der Bevölkerung Frankreichs als Soldaten rekrutierten. So rief am 20. Februar 1793 der Nationalkonvent 300 000 Wehrpflichtige zu den Waffen. Und am 23. August des gleichen Jahres ordnete der Wohlfahrtsausschuss eine Massenaushebung (Leveé en masse) an.[12]

1795 schied Preußen als erstes Mitglied aus der antifranzösischen Koalition aus, indem es einen Separatfrieden mit Frankreich schloss, während Österreich und Großbritannien weiter im Kampf gegen Frankreich verbündet blieben. Der junger Artillerieoffizier Napoleon Bonaparte, der sich bereits bei der Verteidigung von Toulon ausgezeichnet hatte und dafür zum Brigadegeneral befördert worden war, erhielt 1796 den Oberbefehl über die Italienarmee und führte sie von Sieg zu Sieg. Am 18. April 1797 schlossen Frankreich und Österreich in Campo Formio einen für Paris sehr günstigen Friedensvertrag. Damit war auch Österreich aus der Koalition gegen Frankreich ausgeschert und jetzt standen nur noch Großbritannien und Portugal im Krieg gegen Frankreich.

Die Royal Navy kehrte nun ins Mittelmeer zurück, und letztlich gelang es ihr, Frankreichs ägyptisches Abenteuer zum Scheitern zu bringen. Auch wenn Frankreich einige militärische Erfolge verzeichnen konnte, wie zum Beispiel in der Schlacht bei den Pyramiden gegen die Osmanen, bedeutete die Vernichtung der französischen Flotte durch die Briten unter Nelson in der Seeschlacht bei Abukir am 1. und 2. August 1798 das schnelle Ende im Orient. Napoleon verließ im Jahr darauf seine Truppen und kehrte nach Frankreich zurück.[13]

Der Friede von Campo Formio hielt freilich nicht lange: Bereits 1799 bildeten Großbritannien, Russland, das Osmanische Reich, Neapel, Portugal und natürlich Österreich eine neue Koalition gegen Frankreich. Österreichische und russische Streitkräfte eroberten von April bis August 1799 die Schweiz und Italien zurück, eine Landeoperation von britischen und russischen Streitkräften in Nordholland dagegen scheiterte. Nach den erneuten französischen Siegen von Marengo und Hohenlinden wurde im Februar 1801 der Friede von Lunéville geschlossen. Noch im selben Jahr griff die Royal Navy die neutrale dänische Flotte an, eine Operation im hohen Norden, die auch für Frankreich von großem Belang war.

Mit dem Aufstieg Napoleon Bonapartes in Frankreich fand die Revolution ihr Ende – oder vielmehr, sie wurde nun sozusagen in geordnete Bahnen gelenkt. Ihren logischen Schlusspunkt hatte diese Entwicklung im Dezember 1804 in der Selbstkrönung Napoleons zum Kaiser. Bis dahin hatte es nur einen Kaiser gegeben, nämlich den des Deutschen Reiches. Dessen letzter Kaiser, Franz I., änderte aber 1806 seinen Titel von „Kaiser des Heiligen Römischen Reiches Deutscher Nation" in „Kaiser von Österreich".

Mit seiner Krönung vom 2. Dezember 1804 brüskierte Napoleon insbesondere die Habsburger. Diesen Umstand nutzte London, um eine erneute Koalition gegen Frankreich zu schmieden. Insbesondere britisches Geld und britische Diplomatie bildeten das Rückgrat dieser dritten Koalition. In Wien war man erst nach einigem Zögern im August 1805 bereit, dieser neuen Front gegen Frankreich beizutreten. Immerhin sollte Österreich den Hauptanteil der Landtruppen stellen. Auch Russland schloss sich dem Bündnis an.

Als dann die Koalition losschlug, zeigte sich, wie schlecht sie auf diesen dritten Krieg gegen Frankreich vorbereitet war. Österreichs Militärs hatten ihre Aktionen wie gewohnt nach dem Gregorianischen Kalender geplant, dabei aber vergessen, sich in diesem Punkt mit dem russischen Generalstab abzusprechen, der nach dem Julianischen Kalender rechnete, welcher gegenüber dem Gregorianischen um zwei Wochen zurücklag. Als also Österreich seine Militäroperationen begann, war Russland noch mitten im Aufmarsch.

Nach der Besetzung Wiens und der Verteilung seiner Truppen zur Sicherung der Flanken und der Rückfront hatte Napoleon im November 1805 nur noch 70 000 Mann zur Verfügung. Zusammen mit 15 000 Österreichern, die zu den Russen gestoßen waren, standen jetzt 86 000 Mann gegen die Franzosen. Weiterhin sah Napoleon die Gefahr, dass auch Preußen zu dieser dritten Koalition stoßen könnte. Er musste also einen schnellen Erfolg erzwingen. Auf der Straße von Brünn nach Wien stellten sich die Kontrahenten am 2. Dezember 1805 zu jener Schlacht, die bald als die Schlacht von Austerlitz zu den Meisterstücken Napoleons zählen sollte.

Der Erfolg von Austerlitz veränderte die gesamte politisch-militärische Situation in Europa. Preußen nahm jetzt endgültig Abstand von seinen Interventionsplänen und akzeptierte nur allzu bereitwillig Napoleons Angebot, das Kurfürstentum Hannover gegen eine wohlwollende Neutralität Preußens einzutauschen. Hannover wurde nun von Preußen besetzt. Nach seiner Niederlage unterzeichnete Österreich am 26. Dezember den zuvor in Pressburg ausgehandelten Friedensvertrag. Dieser besiegelte letztlich das Ende von Habsburgs deutschem Führungsanspruch.

Jetzt standen Napoleons Machtansprüchen nur noch Großbritannien und Preußen im Weg.

In Preußen standen die Zeichen bald schon wieder auf Konfrontation. Aus preußischer Sicht ausschlaggebend war die Absicht Napoleons, das zuvor Preußen zugesprochene Kurhannover im Gegenzug für einen Friedensschluss an Großbritannien zurückzugeben. Jetzt begann auch Preußen mit Vorbereitungen für einen Waffengang. Friedrich Wilhelm schloss ein Bündnis mit Russlands Zaren Alexander, der 1801 den Thron bestiegen hatte, und brachte auch das Königreich Sachsen dazu, sich ihm anzuschließen. Zudem gesellten sich noch Großbritannien und Schweden zu dieser vierten Koalition gegen Frankreich. Am 26. September 1806 stellte die Koalition Frankreich ein Ultimatum, in dem es aufgefordert wurde, all seine Streitkräfte aus Deutschland abzuziehen.

Napoleon ging sofort in die Offensive. Er plante, Preußen zu isolieren, bevor die Russen ihren Verbündeten zur Hilfe kommen konnten. Am 14. Oktober 1806 gelang es den Franzosen, die Preußen in der Doppelschlacht von Jena und Auerstedt zu schlagen. Der De-facto-Zusammenbruch von Armee und Staat legte die Schwächen Preußens offen, machte aber zugleich den Weg frei für die großen Reformen von Stein, Hardenberg und Scharnhorst. Viel bedeutsamer aber war, dass mit dem Fall Preußens Frankreichs Vorherrschaft in Europa besiegelt zu sein schien.[14]

Auch der Winterfeldzug in Ostpreußen und Polen brachte keine Veränderung der Gesamtsituation. Da Großbritannien sich weniger über direkte militärische Aktivitäten am Kampf gegen Frankreich beteiligte, sondern vor allem durch die Finanzierung des Kampfes auf dem Festland, verordnete Napoleon von Berlin aus eine Blockade der Britischen Inseln und die Schließung aller Häfen unter französischer Kontrolle für den britischen Handel: die Kontinentalsperre.

Napoleon war jetzt zweifellos auf dem Höhepunkt seiner Macht angelangt, Großbritannien war auf seinen Inseln relativ isoliert, Russlands Zar war mit Napoleon ein Bündnis eingegangen. Österreich und Preußen waren als Gegner ausgeschaltet und nach Osten war Frankreich von einem Gürtel von Vasallen, den Rheinbundstaaten, umgeben. Mit Ausnahme von Dänemark, Schweden und Portugal hatten alle europäischen Nationen ihre Häfen für den britischen Handel geschlossen.

Doch auch über Spanien hatten die Briten Zugang nach Europa. Zwar befand sich Spanien offiziell seit 1796 im Bündnis mit Frankreich, aber dennoch hielt man sich auf der Iberischen Halbinsel nur locker an die Blockade. Napoleon wollte nun mit Hilfe Spaniens Portugal angreifen, besetzen und so in die Blockade zwingen. Letztlich verfolgte er damit zugleich das Ziel, Spanien mit französischen Truppen zu besetzen und das Land unter seine Kontrolle zu bringen. Militärisch gelang ihm dies zwar bald, doch kam es dabei nicht nur zu Konfrontationen mit spanischen und portugiesischen Verbänden, die durch ein kleines britisches Korps unterstützt wurden, sondern er stieß auch auf erheblichen Widerstand vonseiten der aufständischen spanischen Bevölkerung.

Österreich sah in den spanischen Volkserhebungen ein ermutigendes Signal, in Deutschland ebenfalls einen Aufstand gegen die französische Herrschaft anzuzetteln. Erzherzog Karl, der Oberbefehlshaber der Österreichischen Armee, befal seine Truppen nach Bayern, wo sie im Raum Regensburg auf französische Streitkräfte trafen und zurückgedrängt wurden. Erst vor Wien, an der Donau, kam es zu heftigen Kämpfen, die sich zur Schlacht entwickelten und im Mai 1809 mit einem Erfolg des Erzherzogs bei Aspern und Essling endeten. Zum ersten Mal überhaupt musste sich Napoleon geschlagen geben. Eine weitere Niederlage konnte er nicht hinnehmen, ohne seine Herrschaft in Gefahr zu bringen. Um seine Schmach zu tilgen, bereitete er sogleich einen neuen Waffengang gegen Österreich vor. In der nun folgenden Schlacht von Wagram konnte er nur unter allergrößten Mühen das Feld behaupten. Österreich indes war erneut geschlagen und Napoleon somit noch einmal Herr der Lage in Mitteleuropa geblieben. Alle Versuche, sich gegen Frankreichs Vorherrschaft zu erheben, waren gescheitert. Napolcon hatte in Wagram einen seiner härtesten Widersache, die Habsburger, nicht nur ausgeschaltet, sondern er ging nun sogar noch einen Schritt weiter. Einen Vorschlag des Fürstprimas des Rheinbundes Karl von Dalberg aufgreifend, ehelichte er mit Marie-Louise von Österreich eine Tochter des Kaisers Franz I. von Österreich und verband so seinen jungen Thron mit einem der ältesten Herrscherhäuser Europas.

Auch wenn Frankreich nun die beherrschende Macht auf dem europäischen Festland war, konnte Napoleon seine Ziele auf dem Kontinent dennoch nicht uneingeschränkt durchsetzen. So war 1810 seine Wirtschaftsblockade gegen Großbritannien durch das Ausscheren des Zaren aus der Kontinentalsperre im Osten durchlässig geworden. Dieses

„Loch" musste Napoleon schließen, wenn er den Handelskrieg mit Großbritannien ernsthaft führen wollte. Als ein Mann des Krieges sah er nur in einem weiteren Waffengang gegen das Riesenreich eine Möglichkeit, seine Ziele durchzusetzen – koste es, was es wolle. Bald zog eine der größten Invasionsarmeen der Geschichte nach Osten, und die Auswirkungen dieses Feldzuges trafen nicht nur Russland.

II. Die Jahre 1811/1812 oder Der Anfang vom Ende Napoleons

Carsten Walczok

Jede Schlacht, auch wenn sie gewonnen worden war, kostete Frankreich Soldaten, und die Verluste summierten sich zu immer höheren Zahlen. Napoleon brauchte also neue Soldaten. Egal, woher.

Der Erfolg der Briten in der Seeschlacht von Trafalgar 1805 hatte deutlich gemacht, dass Frankreich weder Großbritannien auf See bekämpfen noch in absehbarer Zeit ernsthaft an eine Invasion der Britischen Inseln denken konnte. Aber noch blieb Napoleon die Möglichkeit einer Handelsblockade, die er nun mit aller Konsequenz durchsetzen wollte, unter anderem durch Eingliederung der zuvor okkupierten Gebiete in sein Reich.

1. Die deutschen Departements

Am 10. Dezember 1810 wurde der Sénat Conservateur zu einer außerordentlichen Sitzung einberufen. In dieser Sitzung ließ Napoleon laut Sitzungsprotokoll durch einen Sekretär eine Botschaft verlesen. In ihr forderte er die Angliederung Hollands und nannte auch die Gründe dafür. Neue Sicherheitsgarantien für Frankreich seien nun notwendig, und für diese Sicherheit sei auch die Eingliederung der Mündungen von Schelde und Maas, von Ems, Weser und Elbe vonnöten. Das Königreich Holland und weitere Gebiete an Nord- und Ostsee wurden daraufhin ins französische Staatsgebiet einverleibt.

Aus dem Raum östlich der Ems wurde nun am 1. Januar 1811 das Departement Ober-Ems (Ems-Supérieur) – westlich der Ems entstand dann das Departement Lippe –, aus dem Gebiet um den Unterlauf der Weser das Departement Wesermündungen (Bouches-de-Weser), und aus dem Land südlich der Niederelbe sowie dem Gebiet der Städte Hamburg, Lübeck und des Herzogtums Lauenburg entstand das nördlichste Departement Frankreichs, das Departement der Elbmündungen (Bouches-de-l'Elbe).

Das Departement der Elbmündungen

Mit Lübeck und dem Herzogtum Lauenburg umfasste das französische Kaiserreich nun also auch Gebiete des heutigen Schleswig-Holstein. Hamburg wurde ebenso wie das zum

Weserdepartement gehörende Bremen zur Departements-hauptstadt und zur „Bon ville". Generalgouverneur des Departements der Elbmündungen wurde Marschall Louis Nicolas Davout. Weiter sollte Hamburg auch Sitz eines kaiserlichen Gerichtshofes werden.

Für die Menschen in den neuen Departements weit wichtiger war aber, dass mit der Angliederung an Frankreich auch die Verwaltung nach französischem Muster umgestaltet wurde und sich der rechtliche Status der nunmehr französischen Bürger änderte. So sollten von den Departements etwa auch Deputierte für die Pariser Gesetzgebende Versammlung (Corps législatif) nominiert werden.

Aus den bisher nur mit wenigen Untertanenrechten ausgestatten Bewohnern dieser Gebiete wurden nun (zumindest auf dem Papier) selbstbewusste, mit unveräußerlichen Menschenrechten ausgestattete Bürger. Der Code civil, wie das auf Anordnung von Kaiser Napoleon 1804 in ganz Frankreich eingeführte Bürgergesetz hieß, räumte den Franzosen erhebliche Rechte ein, so die Gleichheit vor dem Gesetz, die Freiheit für jedermann, den Schutz des Privateigentums, die Freiheit der Religion und zum Beispiel die Gewerbefreiheit für jedermann.

Jedoch mussten sich die „neuen Franzosen" neben den durchaus angenehmen Freiheiten des neuen Bürgerstatus auch einem ernsten Problem stellen: der Wehrpflicht. Napoleon belastete seine neuen Bürger nicht nur mit den Härten der Kontinentalsperre, sondern brachte sie auch durch die Aufstellung neuer Einheiten gegen sich und die neue Ordnung auf. Kurz nach der Einverleibung der neuen

Gebiete, nämlich im Februar 1811, wurde beschlossen, drei neue Infanterieregimenter aufzustellen, und jedes der neuen Departements sollte für eine der Einheiten die Soldaten liefern. Diese Regimenter bekamen die nächsten Nummern innerhalb der fortlaufenden Nummerierung der französischen Linienregimenter: 127 für das Elbdepartement (Hamburg), 128 für das Weserdepartement (Bremen) und 129 für das Emsdepartement (Osnabrück).

Rekrutenaushebung in Hamburg 1812 (Museum für Hamburgische Geschichte)

Spätestens jetzt wurde klar, dass die Rekrutierung von Soldaten sowie militärischen und zivilen Seeleuten zu den wichtigsten Motiven zählte, die Napoleon zur Annexion des nordwestdeutschen Küstenraumes bewogen hatten. In nur 13 Monaten konnte Napoleon insgesamt 10 500 Männer aus den neuen Gebieten in seine Streitkräfte pressen – doppelt so viel wie in Frankreich sonst pro Jahrgang üblich.

Da sich aber immer mehr junge Männer dem Kriegsdienst zu entziehen suchten, übten die Behörden verstärkt Druck auf die Eltern dieser *réfractaires* (Kriegsdienstverweigerer) aus. Man bestrafte die Eltern mit hohen Geldsummen und Zwangseinquartierungen. Diese zwangseinquartierten Soldaten mussten dann nach bestimmten Vorgaben versorgt werden. Manche Eltern setzten Annoncen in die Zeitungen, in denen sie ihre flüchtigen Söhne aufforderten, sich den Behörden zu stellen. Aus welchen Motiven diese Annoncen aufgegeben wurden, muss hier offen bleiben.[15] Vielleicht waren die Eltern einfach um ihre Kinder besorgt; vielleicht wollten sie aber auch sich selbst schützen, indem sie den Behörden ihre Bereitschaft demonstrierten, ihre Söhne zum Kriegsdienst zu schicken.

Doch kaum jemand in den neuen Departements dürfte geahnt haben, wie rasant sich in den nächsten Monaten die Situation nicht nur in Norddeutschland ändern sollte.

2. Kriegsdienst für Napoleon – Das 127. Linienregiment und der Russlandfeldzug

Die kriegsdienstpflichtigen Männer aus dem Elbdepartement wurden im neu aufgestellten 127. Linienregiment zusammengezogen. Daneben bedienten sich die Franzosen auch des nicht mehr benötigten Stadtmilitärs. Sofern die Angehörigen dieser Truppe noch für den aktiven Dienst tauglich waren, wurden sie als Kern des neuen Linienregiments übernommen. Das war bei 409 Männern, einem

Drittel des ehemaligen Stadtmilitärs, der Fall. Den Rest füllte man mit Freiwilligen und Kriegsdienstpflichtigen, den „Konscribierten", auf. Neben einigen Deutschen und Niederländern wurden dem Regiment vor allem Franzosen als Offiziere zugeteilt, allerdings legte man großen Wert darauf, dass diese die deutsche Sprache beherrschten.[16]

Alle jungen Männer zwischen dem 20. und 25. Lebensjahr unterlagen der Wehrpflicht. In der Regel berief man bei der Aushebung, der *conscription militaire*, die jeweils jüngsten Jahrgänge ein. Die jungen wehrpflichtigen und wehrfähigen Männer wurden zunächst in Listen erfasst und mussten sich sodann dem Konskriptionsverfahren stellen. Der Termin des Verfahrens wurde durch Anschlag, Ausrufung oder in der Kirche öffentlich bekanntgemacht. Die Wehrpflichtigen mussten sich zum angegebenen Zeitpunkt an bestimmten Stellen einfinden. Dort wurde gelost und die Nummern in einer Namensliste eingetragen („conscribiert"). Wenn dann die Zahlen für die zu stellenden Kontingente vorlagen, wurden die Wehrpflichtigen entsprechend ihren Nummern zum Wehrdienst befohlen.

Folgende Personenkreise waren vom Kriegsdienst befreit:
1. Studenten der Theologie
2. Konskribierte für den Dienst im Kriegsdepot oder in Waffenmanufakturen
3. Studenten der Tiermedizin
4. Hochschullehrer
5. Kadetten der Spezial-Militärschulen
6. vom Kaiser ausgezeichnete Künstler

7. wer nachweisen konnte, dass seine Familie sonst der Armenkasse zufiel
8. Konskribierte, die vor dem 28. August 1811 geheiratet hatten
9. Einzelkinder von Witwen
10. der Älteste von mindestens drei Waisen.

Die Geschichte des 127. Linienregiments war zwar nur kurz, umso wichtiger ist es jedoch, ihren Einsatz im Russlandfeldzug nachzuzeichnen.

Als Napoleon sich zum Angriff auf Russland entschloss, war ihm klar, dass ein Angriff auf das Riesenreich im Osten keineswegs mit den Kriegen zu vergleichen war, die er in der Vergangenheit geführt hatte. Also machte er sich daran, umfangreiche logistische Vorbereitungen für den Feldzug zu treffen, ließ gewaltige Vorräte an Nahrung, Ausrüstung, Waffen und Munition hinter der Front in verschiedenen Magazinen einlagern. Im Frühjahr 1812 hatte Napoleon endlich eine Streitmacht zusammengestellt, mit der er es wagen konnte, Russland anzugreifen. Mit einer Armee von rund 450 000 Mann sowie einigen Ersatztruppen hielt er sich für stark genug, um Russland die Stirn zu bieten.[17]

Leo Tolstoi lässt Napoleon über die Zusammensetzung seiner Armee Folgendes sagen: „Von den vierhunderttausend Mann, die die Weichsel überschritten […], bestand die Hälfte aus Österreichern, Preußen, Sachsen, Polen, Bayern, Württembergern, Mecklenburgern, Spaniern, Italienern und Neapolitanern. Die kaiserlichen Armeen bestanden eigentlich zu einem Drittel aus Holländern, Belgiern, Bewohnern der Rheinufer, Piemontesen und Schweizern, Genfern, Toskanern, Römern, Bremensern, Hamburgern usw. Die französisch sprechenden Soldaten zählten kaum hundertvierzigtausend Mann."[18] Ob diese „literarische" Aussage Napoleons so historisch korrekt ist, sei dahingestellt, sie skizziert aber die tatsächlichen Verhältnisse in dieser multikulturellen Armee recht treffend. Zum französischen Kontingent zählten nun auch die Soldaten aus Hamburg, Lauenburg, Bremen, Stade oder Lübeck, die in den neuen Linienregimentern kämpfen mussten.[19]

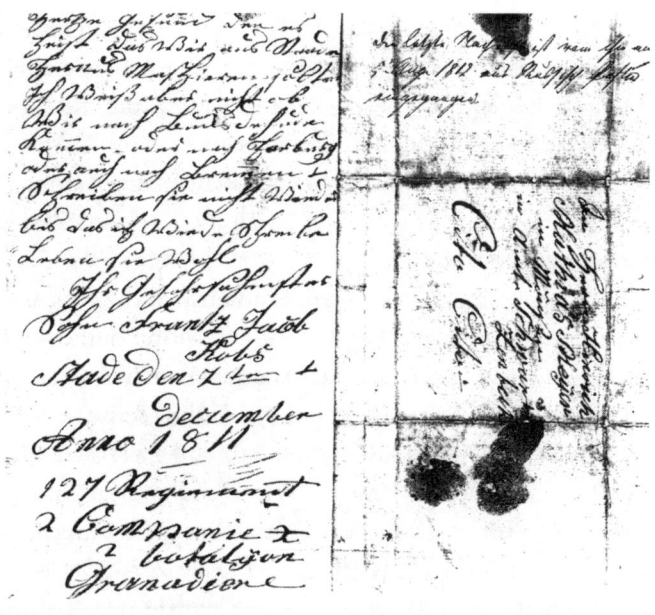

Brief eines Angehörigen des 127. Linienregiments vor dem Marsch nach Russland, Dezember 1811 (Stadtarchiv Lauenburg)

Im Juni 1812 überschritten die Soldaten der Grande Armée ohne Kriegserklärung den Fluss Njemen (die Memel), die Grenze zum russischen Reich. Dort stellten sich die Russen jedoch nicht dem Angreifer entgegen, wie Napoleon erwartet hatte, sondern sie zogen sich kampflos zurück. Für die Kriegspläne des Korsen war das ein ernstes Problem. Schließlich hatte er beabsichtigt, die russische Armee frühzeitig in einer Entscheidungsschlacht zu schlagen. Stattdessen ließen jetzt Erschöpfung, Krankheit und Desertion seine Armee in den Tiefen des Landes einfach dahinschmelzen.

Mit seiner Strategie des Ausweichens, um die Angreifer ins Leere laufen zu lassen, stieß der russische Oberbefehlshaber Barclay de Tolly bei vielen Offizieren und auch beim Zaren auf Kritik. Schließlich musste er dem Druck des Kreml nachgeben und sich bei Smolensk zum Kampf stellen. Auf diese Weise sollte der russische Rückzug über den Dnjepr gedeckt werden.

Gleich beim ersten Angriff auf Smolensk am 17. August befahl Marschall Davout den Divisionen Morand und Gudin, die Vorstädte zu stürmen. Dabei erlebte auch das 127. Linienregiment als Teil der 3. Division (Gudin) seine Feuertaufe. Allerdings soll das Regiment nur mit zwei Bataillonen am Angriff beteiligt gewesen sein. Der Division Gudin als Teil des 1. Korps gelang es in dreistündigem Ringen und zum Teil in heftigen Nahkämpfen, die Vorstädte bis zur Stadtmauer zu erobern. Hinterher wurde das Regiment von Marschall Davout ausdrücklich für seine Leistungen im Kampf gelobt.[20]

Direkt nach der Einnahme von Smolensk machten sich starke französische Kräfte daran, die abziehenden Russen zu verfolgen. Bei Walutina Gora kam es erneut zum Kampf. Zwar war der Angriff erfolgreich, aufgrund des hartnäckigen russischen Widerstands jedoch sehr verlustreich. Auch das 127. Regiment musste hohe Verluste hinnehmen. Friedrich Schmidt gibt die Zahl der Ausfälle mit 109 an. Napoleon hatte nun seine erste Schlacht gegen die Russen gewonnen, doch blieb dieser Waffengang ohne Folgen. Notgedrungen musste er seine Verfolgung der russischen Armee wiederaufnehmen.

Da man auf russischer Seite mit der Hinhaltetaktik Barclay de Tollys weiterhin unzufrieden war, setzte Zar Alexander ihn ab und übergab stattdessen Marschall Kutusow das Kommando über die Streitkräfte. Der neue Oberbefehlshaber beschloss, sich bei Borodino, einem Dorf an einer Wegkreuzung 105 Kilometer vor Moskau, mit seiner Armee zum Kampf zu stellen. In den frühen Morgenstunden des 7. September ließ Napoleon das Feuer eröffnen. Die Soldaten des 127. Linienregiments waren vor Borodino zur Sicherung des Wagenparks abgestellt, und so blieb ihnen die direkte Teilnahme an einer der blutigsten Schlachten des Jahrhunderts erspart. Nach langen Kampfhandlungen ohne klares Ergebnis gelang es gegen 16:00 Uhr einem verzweifelten französischen Infanterie- und Kavallerieangriff, die Große Redoute im Zentrum der russischen Stellung einzunehmen und die Russen zum Rückzug zu zwingen. Allerdings führte Kutusow seine Verbände geordnet zurück und die Truppen der Grande Armée waren zu erschöpft, um die Russen verfolgen zu können.

Doch war jetzt der Weg nach Moskau frei, und am 14. September 1812 zog Napoleon mit 95 000 Mann in Russlands alte Hauptstadt ein. Er hatte sich nun 885 Kilometer weit von seiner Ausgangslinie entfernt, und es war ihm nicht gelungen, die russische Armee zu zerschlagen oder den Widerstandswillen der Russen zu brechen. Obendrein hatten die Russen die Stadt selbst angezündet und damit die Lage für die „Sieger" nicht gerade einfacher gemacht. Da Napoleon von seinen Linien entfernt war und damit eine Überwinterung in Moskau kaum zu bewerkstelligen war, entschloss er sich nach fünfwöchigem Warten zum Abzug. Napoleon hatte lange gehofft, dass der Zar mit ihm in Verhandlungen treten würde, der aber machte keinerlei Anstalten dazu. Am 19. Oktober trat er mit seiner Armee den Weg nach Westen an. Die Russen rückten unaufhaltsam nach und bedrängten die Reste der Grande Armée.

Der alles entscheidende Moment auf dem Rückzug der Grande Armée war die Überquerung der Beresina. Getrieben von Hunger, Kälte und Verzweiflung gelang es den Soldaten zwischen dem 26. und 28. November, unter unmenschlichen Anstrengungen zwei Brücken über den reißenden Fluss zu schlagen, die Russen auf Distanz zu halten und sich nach Westen abzusetzen. Dank dem Opfermut ihrer kämpfenden Kameraden sowie der Pioniere konnten rund 35 000 Männer den nachdrängenden Russen entkommen. 50 000 Tote oder Gefangene blieben an den Ufern der Beresina zurück. Doch noch lag ein langer Weg vor den verbliebenen Truppen Napoleons. Erst am 14. Dezember 1812 überquerte mit Marschall Ney der letzte französische Soldat den Njemen und damit die russische Grenze. Von der Grande Armée war zuletzt nur noch ein armseliges Häufchen zerlumpter Soldaten geblieben. Auch das 127. Linieninfanterieregiment wurde beim Rückzug aus Russland fast vollständig aufgerieben.

Eine kleine Episode am Rande des Russlandfeldzuges sollte Napoleon ahnen lassen, was er in Zukunft von seinen deutschen Verbündeten zu erwarten hatte: Das kleine preußische Hilfskorps unter General Ludwig von Yorck hatte sich auf Druck russischer Offiziere in der Konvention von Tauroggen für neutral erklärt und einen Waffenstillstand mit Russland geschlossen. Zu diesem Schritt überzeugt hatten Yorck eine Reihe von Männern, die ehemals in preußischen Diensten gestanden hatten und nun dem Zaren dienten – unter ihnen Carl von Clausewitz.

III. Die Befreiung?

Carsten Walczok, William Boehart

Als nun im Winter 1812/1813 die Reste der geschlagenen Grande Armée an der Grenze Preußens auftauchten, dicht gefolgt von den Kosaken, begann es im preußischen Heer und auch in Teilen der Bevölkerung zu gären. Blücher, der in Breslau saß, bombardierte seinen König mit Briefen, in denen er ihn zum Losschlagen aufforderte. Die Konvention von Tauroggen hatte Preußens Monarchen unter Zugzwang gebracht: Sollte er wirklich das Zwangsbündnis mit Napoleon brechen und seinen Staat an Russlands Seite in den Krieg gegen Frankreich führen? Nicht wenige seiner Berater drängten ihn zu diesem Schritt, bot sich in diesen Tagen doch die Gelegenheit, Napoleon endgültig zu schlagen.

Die „Befreiung" Hamburgs wurde auch mit einer Ansichtskarte gewürdigt – 100 Jahre danach (Heimat- und Geschichtsverein Geesthacht)

Männer wie Hardenberg in Preußen oder Metternich für Österreich versuchten mit allen Mitteln der Diplomatie gegen Napoleon zu konspirieren. Allerdings wollte man am Wiener Hof, gerade vor dem Hintergrund der Niederlage von 1809, erst einmal abwarten. Sollten doch Preußen und Russland den Anfang machen, Österreich würde erst dann eingreifen, wenn es sich für das Land entsprechend lohnte. Am 26. Februar 1813 unterzeichnete Friedrich Wilhelm III. endlich ein Bündnis mit Russland, am 15. März erklärte Preußen Frankreich formal den Krieg und am 17. März erfolgte der Aufruf „An mein Volk": Erstmals warb ein absolutistischer Monarch bei seinem Volk um Unterstützung für den Kampf.

Während nun in Preußen die Würfel gefallen waren, war die Situation in den anderen deutschen Staaten, die ja ohnehin als Rheinbundstaaten mit Frankreich verbündet waren, noch unsicher. Gleiches galt für die von Frankreich annektierten Gebiete. Die Nachricht von der Niederlage Napoleons in den Weiten Russlands machte in Frankreich, Sachsen, Preußen und Österreich natürlich rasch die Runde. Die Herrscher in den Residenzen reagierten zunächst abwartend; schließlich konnte man sich kaum vorstellen, dass sich Napoleon nun einfach so aus seinem Machtbereich verdrängen lassen würde. Zudem waren nicht wenige dieser Regenten schlichtweg von Napoleons Macht abhängig. Ohne Kaiser Napoleon gäbe es kein Königreich Westphalen, und auch die Königskronen Bayerns und Sachsens waren von Napoleon verliehen worden.

Bereits Anfang Januar 1813 hatten die ersten Kosaken das preußische Königsberg erreicht, und am 2. Februar überschritten sie die Weichsel, um weiter in das besetzte Deutschland vorzudringen. Um den 20. Februar erreichten die Kosaken unter den Obristen Tettenborn und Tschernitschew die Tore von Berlin. Allerdings sollte ihnen eine Befreiung der Stadt nicht gleich gelingen, denn noch standen 10 000 französische Soldaten an der Spree und zumindest offiziell hielten die Streitkräfte Frankreichs noch die Oderlinie. Insgesamt befanden sich weiterhin 80 000 feindliche Soldaten in Preußen und kontrollierten verschiedene wichtige Festungen – noch war also nichts entschieden.

Doch die Russen ließen ihre Kosaken davon gänzlich unbeeindruckt weiter nach Westen vorstoßen: Sie erreichten nach nur wenigen Tagen, nämlich am 15. März, die Grenzen des ehemals kurhannoverschen Herzogtums Lauenburg. Längst war es an verschiedenen Orten des Elbdepartements zu Unruhen gekommen. Bereits am 25. Februar hatte es in Lübeck lärmende Tumulte gegeben, bei denen ein Mann von einer französischen Patrouille erschossen worden war. In den nächsten Tagen ereigneten sich weitere Unruhen, die sogar den Osten des Weserdepartements erreichten. Überall dort, wo man eventuell mit einer Anlandung britischer Truppen rechnete – so bei den Küstenbatterien in Bremerlehe und in Blexen –, hatten aufständische Bürger versucht, diese Stellungen in ihre Hand zu bekommen. Am 3. März verhängte General Carra Saint-Cyr den Belagerungszustand über das Arrondissement Stade. Ob die Kosaken mit solchen Unruhen gerechnet hatten oder einfach nur entschlossen vorgingen, sei dahingestellt; ihr „Siegeszug" hielt jedenfalls an und am 18. März 1813 ritten die Kosaken in die Elbmetropole ein, freudig von den Hamburgern begrüßt.

Erst kurz zuvor hatten die Franzosen die Stadt verlassen und sich über die Elbe abgesetzt. Beim zügigen Vormarsch der Kosaken auf Hamburg war es bei Mölln, Escheburg und Bergedorf noch zu kleineren Kampfhandlungen gekommen[21], und am 17. März gab es am Zollenspieker ein weiteres Gefecht, als General Morand, unterstützt von sechs Kanonen, seinen Rückzug über die Elbe von seinen Truppen decken ließ.[22] Allerdings sollte es den Franzosen sehr bald deutlich werden, dass die Räumung Hamburgs voreilig und letztlich unnötig erfolgt war.

Mit ihrem Einzug in Hamburg hatten die Russen und damit die Alliierten nach französischem Verständnis einen Teil des französischen Staatsgebiets besetzt. Obendrein war Hamburg ein wichtiger Hafen im Norden. Den Franzosen war natürlich bewusst, dass es nach einer Räumung Hamburgs und des gesamten Elbdepartements den Briten leicht möglich sein würde, Waffen, Ausrüstung und auch Truppen nach Norddeutschland zu bringen. Allzu bald stellte sich heraus, dass der überstürzte Abzug aus Hamburg indes völlig grundlos erfolgt war, denn außer Tettenborns Kosaken waren keine weiteren Truppen der Alliierten so weit nach Westen vorgedrungen. Diesen wenigen leichten Reitern hätte die französische Garnison in Hamburg leicht die Stirn bieten können. Marschall Davout machte sich deshalb umgehend daran, die Niederelberegion und ganz besonders Hamburg erneut unter französische Kontrolle zu bekommen. Der übereilte Rückzug vom März sollte durch eine Rückeroberungsbewegung korrigiert werden. Unklar blieb freilich, wie sich die Dänen im nahen Altona oder im benachbarten Stormarn hierzu stellen würden.

In Dänemark war man 1807 gezwungenermaßen ein Bündnis mit Frankreich eingegangen. Nun befand sich der dänische König in einem Dilemma. Er stand zwischen den schwächelnden Franzosen und den erfolgreichen Schweden, und sollte er die Seiten wechseln, so wäre sein Staat fortan so etwas wie der Juniorpartner des Erzrivalen Schweden. In dieser schwierigen Situation beobachtete die dänische Armee das Vordringen der Kosaken nach Hamburg besonders aufmerksam und ließ entlang der Südgrenze des Landes Truppen aufmarschieren – auf einer Linie von Altona (damals immerhin die zweitgrößte Stadt des Gesamtstaates), entlang der Bille, über Schiffbek und Reinbek bis nach Trittau und hinauf nach Lübeck.

Bis zu diesem Zeitpunkt hatten die Menschen in Schleswig und Holstein letztlich nur relativ wenig mit den Kriegen Napoleons zu tun gehabt. Selbst die Angriffe der Briten auf Kopenhagen betrafen sie nicht. Zwar war man sich darüber im Klaren, dass man über das Bündnis zwischen Dänemark und Frankreich doch in den Krieg hingezogen worden war, doch 1813 hatten sich die Kämpfe im Norden zunächst auf den Raum um Hamburg und südlich der Bille (der Südgrenze des Gesamtstaates) begrenzt. Kurz: Der „Freiheitskampf" der Deutschen gegen Napoleon wurde von den Menschen in Schleswig und Holstein nicht mitgekämpft.

Stattdessen sahen sich die Schleswig-Holsteiner im August 1813 aufseiten der Franzosen im Krieg kämpfen, und zwar *gegen* die „Befreier" aus dem Osten, die Russen und Preußen. Und im Dezember griffen diese „Befreier" dann sogar ihre Heimat direkt an, denn hier in Schleswig-Holstein wollte der schwedische Kronprinz Karl Johann, der vormalige Marschall Napoleons und spätere König Karl XIV. Johann von Schweden, für Schweden Norwegen „erobern", indem er Dänemark von der Unumgänglichkeit einer Abtretung zu überzeugen versuchte.

IV. Norddeutsche Streitkräfte im Befreiungskrieg

Carsten Walczok

In den Monaten des Widerstandes gegen Napoleon kamen sehr unterschiedliche Einheiten zum Einsatz. Einige, wie zum Beispiel die Hanseatische Legion, wurden extra für diesen Zweck aufgestellt, andere, wie die King's German Legion, kämpften schon länger gegen die Franzosen. Im Folgenden sollen einige dieser besonderen Formationen skizziert werden.

1. Lützows Freikorps

Das Freikorps des Majors von Lützow zählt aus heutiger Sicht zweifellos zu den populärsten Formationen des Befreiungskrieges. Seine Geschichte war zwar nur kurz, dafür sollte sein Nachruhm jedoch umso länger währen. Dies ist umso bemerkenswerter, als sein militärischer Wert weit hinter seinen Ruhm zurücktrat.

Im Frühjahr des Jahres 1813 rief König Friedrich Wilhelm III. im Aufruf „An mein Volk" die Preußen zum Kampf gegen die Fremdherrschaft Kaiser Napoleons auf, und zum Zeitpunkt der Befreiung Berlins Anfang März hatten sich Russland und Preußen bereits im Vertrag von Kalisch vom 28. Februar zum gemeinsamen Kampf gegen Napoleon verbündet. Am 25. März wandte sich Marschall Kutusow in einem weiteren Aufruf an das gesamte deutsche Volk und forderte es ebenfalls zum Kampf gegen Frankreich auf. Diese beiden Aufrufe trafen zumindest bei Teilen der Bevölkerung auf fruchtbaren Boden. In praktisch allen deutschen Staaten hatte sich im Volk die Kampfbereitschaft regelrecht aufgestaut; man wollte die Fremdherrschaft loswerden und ein neues Deutschland, am liebsten einen Nationalstaat ganz nach französischem Vorbild, schaffen. Doch für den Kampf brauchte man Soldaten und Waffen.

Hier bot die Idee der Freikorps eine willkommene Möglichkeit, Kampfverbände gegen die Franzosen aufzubieten. Freikorps waren keine regulären Teile der Armee, sondern leichte Formationen aus Freiwilligen für den sogenannten kleinen Krieg, also das Aufklären des Feindes, die Störung seiner Verbindungswege und ähnliche Aufgaben. In Preußen hatte man in der Vergangenheit bereits einige Erfahrungen mit solchen Freikorps gesammelt (und sollte es noch 1919 wieder tun). Nun beschloss man, sich auch für den Kampf gegen die Franzosen solcher Truppen zur Unterstützung der eigentlichen Streitkräfte zu bedienen.

Bereits im Krieg von 1806/07, als zahlreiche preußische Städte und Festungen kampflos an die Franzosen übergeben wurden, hatten man die Stadt Kolberg mit Hilfe von Freikorpsverbänden erfolgreich gegen alle Eroberungsversuche verteidigen können – die vom preußische Leutnant Ferdinand von Schill aufgestellten irregulären leichten Kämpfer hatten sich dabei besonders hervorgetan. Der junge preußische Adlige Adolf von Lützow, der in Kolberg den Wert solcher Truppen kennengelernt hatte, nahm nun die Gelegenheit wahr und warb zusammen mit einigen

Kameraden beim preußischen König darum, ein Freikorps aufzustellen zu dürfen. [23]

Bereits am 18. Februar erhielten die Majore von Lützow, von Petersdorff und von Sarnowsky die Erlaubnis, ein Korps aus Freiwilligen aus den ehemaligen preußischen Gebieten westlich der Elbe zu bilden. Und schon Mitte März hatten Lützow und Petersdorff vier Kompanien Infanterie und zwei Schwadronen Kavallerie aufgestellt. Neben jungen Bauern- und Handwerkersöhnen meldeten sich auch immer wieder Studenten als Freiwillige: „Der Revers ward sofort von 24 Studenten vollzogen, die bis zum Abend des nächstfolgenden Tages ihre Verhältnisse insoweit geordnet hatten, dass sie, nachdem sie sich auf einem verabredeten Platz vor der Stadt am späten Abend versammelt hatten, von dort aus ihre Reise über die Elbe und weiter nach Breslau antraten.“[24] Im schlesischen Breslau hatten Lützow und Petersdorff im Gasthof „Zum goldenen Hirsch“ ein Werbebüro für ihr Freikorps eingerichtet. Ganz im patriotischen Geist soll auch Lützows Gemahlin, eine geborene Gräfin Elisa von Ahlefeldt, die Freiwilligen in die Meldelisten eingetragen haben.

Eine Bedingung für die königliche Erlaubnis zur Aufstellung des Korps war die Fähigkeit gewesen, sich selbst mit Kleidung und Ausrüstung zu versorgen. Als Uniformfarbe für die Legion wurde Schwarz gewählt – einfach weil es leicht möglich war, jedes Kleidungsstück schwarz zu färben. Die ersten vier Kompanien bestanden zusammen aus 10 Offizieren, 56 Oberjägern, 12 Spielleuten, einem Chirurgen und 627 Jägern (Mannschaftsdienstgrade). Die Reiterei war zu Beginn in zwei Eskadronen unterteilt, sie zählten insgesamt 5 Offiziere, 26 Oberjäger, 6 Trompeter und 204 Reiter, insgesamt also 241 Reiter. Allerdings fehlte es überall an Pferden, so auch bei diesem Freikorps, es verfügte anfangs nur über 218 Pferde.[25]

Im Lützowschen Freikorps dienten mehrere Persönlichkeiten, deren Namen später eng mit der Geschichte des Krieges von 1813 verbunden sein sollten. Allen voran der Namensgeber des Korps, Major Adolf von Lützow (1782–1834). Lützow war preußischer Offizier und hatte 1809 am gescheiterten Aufstandsversuch Ferdinand von Schills gegen die französischen Besatzer teilgenommen. Lützow war im Laufe des Kampfes gegen Napoleon fünfmal verwundet worden. Damit war er bestens dazu geeignet, als Persönlichkeit zum „Helden" stilisiert zu werden.

Eine weitere schillernde Persönlichkeit im Freikorps war Friedrich Ludwig Jahn (1778–1852). Seine Idee vom durch körperliche Ertüchtigung gestählten jungen Deutschen, der seinen Körper über fleißiges Üben bereits im Frieden „kriegsbereit" hält, machte ihn als Turnvater Jahn bis in die Gegenwart bekannt. Allerdings trat Jahn, im Korps mit einer Offiziersstelle ausgestattet, weniger durch militärische Leistungen hervor. Er zeichnete sich als Organisator aus.

Theodor Körner (1791–1813) diente als Nichtpreuße im Korps. Der geborene Dresdner war von seiner Herkunft her eigentlich ein „Feind", da das Königreich Sachsen noch immer aufseiten Frankreichs stand. Theodor Körners Vater Christian Gottfried war ein Freund Friedrich Schillers gewesen, und der „Theaterschriftsteller" Theodor hatte es bereits in jungen Jahren verstanden, durch seine Schriften die Aufmerksamkeit einer breiten Öffentlichkeit auf den Kampf gegen die Franzosenherrschaft zu richten. Nachdem er im August 1813 gefallen war, machte ihn sein früher Tod zum perfekten tragischen Helden.

Eine bekannte Figur anderer Art ist zweifellos Eleonore Prochaska (1785–1813), die sich als Mann verkleidet in der Infanterie des Freikorps eingeschrieben hatte und bis zu ihrer letztlich tödlichen Verletzung in der Schlacht an der Göhrde angeblich unerkannt diente. Auf jeden Fall trifft auf sie das Körner-Zitat zu: „Zum Heldentode ist auch kein Weib zu schwach."[26]

Ungeduldig entschlossen sich bereits am 28. Mai erste Teile des Freikorps Lützow, unterstützt von 50 Kosaken, zu einem Zug durch das noch immer französisch beherrschte Thüringen. Lützows Ziel war es, ganz im Sinne des kleinen Kriegs mit seiner Freischar das Hinterland der Franzosen zu verunsichern. Der am 4. Juni vereinbarte Waffenstillstand von Pläswitz lief dabei Lützows Plänen zuwider. Am 17. Juni ereignete sich dann ein Vorfall, der das Freikorps in Verruf und zugleich in ernste Gefahr brachte. In der Nähe des sächsischen Dorfes Kitzen im Raum Leipzig kam es trotz des Waffenstillstands zu einem Kampf zwischen der Freischar und württembergischen Truppen. Die Württemberger rieben Lützows Truppe fast auf. 305 Mann fielen oder gerieten in Gefangenschaft, lediglich ein kleiner Rest konnte sich retten. Die Ursachen dieses Gefechtes sind ungeklärt. Lützow gab an, er habe sich hinter den Linien des Feindes aufgehalten und deshalb erst spät von dem Waffenstillstand erfahren. Die Württemberger wiederum erklärten, dass sie die Freischar angegriffen hätten, weil diese den Waffenstillstand ignoriert hätten. In einem Brief an den Oberbefehlshaber der Alliierten in diesem Gebiet wiederum heißt es: „Der Major von Lützow hat dem Stabsoffizier, der ihm die Abschrift des Waffenstillstandes überbrachte, sagen lassen, er erkenne den Waffenstillstand nicht an."

Theodor Körner soll sich gegenüber dem Herrn von Einsiedel dahingehend geäußert haben, dass er, wenn er könnte, nicht wieder zum verwahrlosten Trupp der Lützower zurückkehren würde.[27] Letztlich gab es aber keine weitere Untersuchung der Affäre. Offenbar hatten alle Seiten Wichtigeres zu tun, als die von einer Truppe von ohnehin zweifelhaftem Ruf unternommene mutmaßliche Missachtung geltender Vereinbarungen zu untersuchen.

Später wurde das Freikorps zur Verstärkung des schwachen Sicherungskontingents von Generalleutnant Graf Wallmoden, dem sogenannten Observationskorps, nach Norden geschickt. In dem kleinen Elbestädtchen Lauenburg sollte das Freikorps dann auch gleich zu Beginn der Kampfhandlungen eine Sternstunde seiner Geschichte erleben. Mit dem Ende des Waffenstillstandes am 16. August nahmen die Franzosen die Kampfhandlungen sofort wieder auf, und schon am Folgetag griff das 13. Korps des Marschalls Davout bei Lauenburg die Positionen des Observationskorps an, wo es allerdings auf den heftigen Widerstand des Lützowschen Freikorps stieß. Einige Tage später fiel dann bei einem Überfall auf eine Transportkolonne der Franzosen in Mecklenburg eines der bekanntesten Mitglieder des Freikorps: Theodor Körner.

Die Gefechte um Lauenburg waren keineswegs die einzige Kampfhandlung des Freikorps im Krieg von 1813. Später kämpfte es auch an der Göhrde und nahm außerdem am Feldzug gegen Dänemark teil. Das Freikorps als solches wurde 1814 aufgelöst und seine Männer in die preußische Armee übernommen. Als 1815 die Feindseligkeiten erneut ausbrachen, erhielt Oberstleutnant von Lützow das Kommando über eine Brigade, wurde dann bei den Kämpfen von Ligny im Vorfeld von Waterloo verwundet und von den Franzosen gefangen genommen.[28]

2. Hanseatische Legion

Mir der Befreiung durch die Kosaken im Frühjahr des Jahres 1813 begannen die Kämpfe um die Hansestädte Lübeck und Hamburg erst richtig. Die Kosakenverbände waren viel zu schwach, um sie zu verteidigen. Allerdings gab es in beiden Städten viele Männer im waffenfähigen Alter, die bereit waren, in den Kampf zu ziehen. Dies wollte sich Oberst Tettenborn zunutze machen und er gab bekannt, dass ihm der Zar aufgetragen habe, eine aus freiwilligen Jägern zu Pferde und zu Fuß bestehende Legion aufzustellen. Diese Freiwilligen sollten, vereint mit den übrigen verbündeten Truppen, für die Dauer des Krieges unter dem Namen „Hanseatische Legion" gegen den Feind kämpfen.

In einer gemeinsamen Proklamation forderten nun Tettenborn die Hamburger und Oberstleutnant von Benckendorff die Lübecker zum freiwilligen Dienst in der Legion auf: „In

Hamburg, Lübeck und Bremen soll ein Corps Freiwilliger errichtet werden, das den Namen *Hanseatische Legion* führen, und einen Theil der Norddeutschen Armee ausmachen wird. Diejenigen wehrhaften Jünglinge und Männer der Stadt Lübeck und ihres Gebietes, welche sich dem Dienste des Vaterlandes weihen wollen, werden hiermit aufgefordert, sich ohne Verzug in dem bei mir zu diesem Behufe errichteten Bureau zu melden. Das in Lübeck zu errichtende Corps wird aus Jägern zu Pferde und zu Fuß bestehen, und von der Stadt Lübeck besoldet werden; wer sich selbst völlig ausgerüstet stellt, wird sich um so verdienstlicher ums Vaterland machen."[29]

Ein Brief des Bürgers Friedrich Gottlieb Crome wirft ein kritisches Bild auf die Rekrutierungspraxis für die Legion: „Aber man nahm überhaupt Alles an, was sich anbot, schlechtes, verlaufnes Gesindel, das jedem dient, der ihm Kleidung, Kost und Sold giebt, und davonläuft, wenn es gegen den Feind geht, oder der Feind besser bezahlt und beköstiget [...]."[30]

Während sich einige Einheiten noch in der Aufstellung befanden, wurden andere Teile der Truppe bereits zum Einsatz gebracht. Im Frühjahr 1813 bestand die Legion aus über 3000 Freiwilligen bei 126 Offiziersstellen. Als Truppe unterstand die Legion dem russischen Oberbefehl, und der Zar selbst musste die von Tettenborn vorgeschlagenen Offiziere bestätigen. Die gesamte Legion wurde auf den Zaren vereidigt. Damit hatte die Truppe einen regulären Kriegsherrn und war völkerrechtlich anerkannt. Die Franzosen konnten die Angehörigen der Legion somit auch nicht mehr als Rebellen und Aufrührer ansehen und entsprechend behandeln.

Großbritannien hatte zwar mehrere Tausend Gewehre geliefert, doch die reichten nicht für die ganze Truppe aus, deshalb wurde die Reiterei nur mit Lanzen ausgerüstet. Die Uniformierung der Legion erfolgte im russischen Stil, wer sich allerdings selbst einkleiden konnte, bekam dafür eine Beschreibung geliefert. Die Männer, die das nicht konnten, wurden aus einer eigens dafür eingerichteten Kasse unterstützt. Die Soldaten des Reiterkorps, das ursprünglich als ein Korps reitender Jäger geplant war, wurden halb als Jäger und halb als Ulanen ausgestattet. Bereits zwei Wochen nach Beginn der Aufstellung konnten 120 Freiwillige aus Lübeck komplett ausgerüstet nach Hamburg ziehen. Die Legion war in drei Bataillone Infanterie, acht Schwadronen Reiterei, eine Fußbatterie und eine reitende Batterie gegliedert worden. Allerdings ist die Legion nie als geschlossener Verband eingesetzt worden.[31] Um die vollkommen unerfahrenen Hanseaten militärisch auszubilden, halfen anfangs preußische Soldaten in der zukünftigen Legion aus.

Gemeinsam mit verschiedenen anderen Truppen bildete die Hanseatische Legion nun das Observationskorps. Befehligt wurde die Legion, die hier eine eigene Brigade bildete, von dem Freiherrn August von Witzleben. Im Rahmen ihrer Verwendung als Teil des Observationskorps nahmen die Einheiten der Legion an einer Reihe von Kämpfen teil. Bis Ende Mai agierten die verschiedenen Truppenteile hauptsächlich entlang der Elbe zwischen Blankenese und Geesthacht. Nach der Rückeroberung Hamburgs durch die Franzosen wurden die Einheiten der Legion an mehrere Punkte in Mecklenburg verlegt.

Die Teilnahme an der Schlacht an der Göhrde im September 1813 war für die Legion, insbesondere für die Artillerie, sicherlich die größte Kampfhandlung. Doch auch am Feldzug gegen Dänemark nahm die Hanseatische Legion teil. Einige Einheiten waren auch an der Belagerung Hamburgs beteiligt. Im Frühjahr 1814 wurden alle Einheiten der Legion in Bremen zusammengezogen, um sie neu auszurüsten. Ab August wurde die 4100 Mann starke Truppe (171 Offiziere und 3930 Mannschaften) verkleinert – schließlich war Napoleon längst besiegt und saß auf Elba im Exil. Später, als Napoleon aus seinem Exil geflohen war und erneut die Macht in Paris übernommen hatte, wurde auch die Hanseatische Legion reaktiviert.

3. King's German Legion

Die Geschichte der King's German Legion (KGL), auch Königlich Deutsche Legion genannt, reicht bis weit vor die Zeit der Befreiungskriege zurück. Doch soll im Folgenden nur kurz auf die Aufstellung der King's German Legion eingegangen werden, während der Schwerpunkt der Betrachtungen auf das Jahr 1813 gelegt wird.

Als sich 1803 die kurhannoversche Armee gemäß der Konvention von Artlenburg vom 5. Juli auflöste, wurde es versäumt, den Soldaten das Ehrenwort abzunehmen, nicht gegen Frankreich zu kämpfen.[32] Somit konnten sich die Soldaten sofort wieder in andere Dienste begeben. Zugleich gelang es Oberstleutnant Friedrich von der Decken, der bereits nach Großbritannien gereist war, am 28. Juli vom britischen König die Erlaubnis zur Aufstellung eines Korps aus Ausländern zu bekommen.

Unter den ehemaligen Soldaten, die nun ohne Sold ein Auskommen finden mussten, stieß die Aussicht, in britische Dienste zu treten, auf reges Interesse. Deutsche Offiziere wurden in die Häfen von Plymouth und Harwich entsandt, wo sie die Freiwilligen empfangen sollten. Allerdings betrachteten viele Soldaten das Angebot der britischen Regierung durchaus auch mit Misstrauen, bestand doch die Gefahr, irgendwo fernab in den Kolonien Dienst tun zu müssen. Am 5. November, also gute drei Monate nach Beginn der Anwerbung, befanden sich 450 Mann unter dem Kommando des Majors von Hinüber; diese Einheit führte bereits seit dem 13. Oktober die Bezeichnung King's German Regiment. Bereits einen Monat später zählte die inzwischen in die Hilsea Barracks bei Portsmouth verlegte Einheit 1000 Mann. Diese günstige Entwicklung erleichterte London den Entschluss, aus dem Infanterieregiment eine Legion zu machen, also alle Waffengattungen einzubeziehen.

Zwar waren die ehemaligen Soldaten der aufgelösten kurhannoverschen Armee die bevorzugte Zielgruppe zur Aufnahme in die King's German Legion, aber es waren auch andere nichtbritische Ausländer zugelassen. So wurden nicht nur Deutsche aus anderen Territorien, sondern darüber hinaus auch Nichtdeutsche in die Truppe aufgenommen. Von den später 15 000 Angehörigen der KGL stammten etwa drei Viertel aus dem Kurfürstentum, 17 Prozent waren Deutsche anderer Herkunft und zirka 7,5 Prozent nichtdeutsche Ausländer.

Ihren ersten Einsatz sollte die KGL erst 1805 haben. Ziel war die Norddeutsche Tiefebene, also das von Frankreich besetzte Kurfürstentum Hannover. Großbritannien, Österreich, Russland und Schweden bildeten in diesem Dritten Koalitionskrieg ein starkes Bündnis, das allerdings bereits am 2. Dezember auf dem Schlachtfeld von Austerlitz ein jähes Ende finden sollte. Die Streitmacht des Expeditionskorps von insgesamt 18 000 Mann bestand zu einem Drittel aus Truppenteilen der KGL, nämlich zwei Regimentern Kavallerie, fünf Batterien der Artillerie und sechs Bataillonen Infanterie. Noch kurz vor ihrer Abfahrt an die norddeutsche Küste erfuhr die Transportflotte von 80 Schiffen vom Erfolg des Admirals Nelson am Kap Trafalgar. Am 18. November 1805 erreichte die Flotte die deutsche Küste und begann bei Twielenfleth mit der Ausschiffung.

Doch der Erfolg Napoleons über die Österreicher und Russen in Austerlitz sowie der Separatfrieden, den Preußen am 15. Dezember mit Frankreich abgeschlossen hatte, machte die Lage des Expeditionskorps sehr gefährlich, daher wurde schon bald eine Evakuierung des Korps eingeleitet. Im Februar 1806 landete die KGL wieder in Portsmouth an. In den Folgejahren kam die KGL auf Rügen, in Dänemark und auf der Iberischen Halbinsel zum Einsatz.

Für den Krieg in Norddeutschland im Jahre 1813 stellte Großbritannien rund zwei Millionen Pfund sowie Waffen,

Ausrüstung und etwas Militärpersonal bereit. Im April 1813 wurde ein Kontingent aus verschiedenen Teilen der Linienbataillone, dem 1. Husaren-Regiment sowie sechs Kanonen unter dem Kommando von Hugh Halkett nach Hamburg geschickt. Diese Einheiten wurden dem Korps von Generalleutnant Wallmoden unterstellt und bei der Verteidigung Hamburgs eingesetzt. Eine besondere Aufgabe der KGL war auch die Ausbildung der Freiwilligen, die den neu aufzustellenden hannoverschen Truppen beitreten wollten.

Die größte Kampfhandlung der KGL in Norddeutschland war die Teilnahme an der Schlacht an der Göhrde, wo sie zusammen mit anderen Einheiten gegen die Franzosen antrat. Im Dezember 1813 nahmen die hannoverschen Truppen auch am Feldzug der Alliierten gegen Dänemark teil. Bei der Schlacht von Waterloo kam einigen Einheiten der KGL eine entscheidende Rolle bei der Verteidigung von La Haye Sainte zu.[33] Doch nach Napoleons letzter Niederlage wurde die King's German Legion 1816 endgültig aufgelöst und in die neue hannoversche Armee integriert.

4. Das Lauenburgische Freiwilligenbataillon

Eine weitere kurhannoversche Formation, die indes nicht die Bekanntheit der King's German Legion erlangte, war das Freiwilligenbataillon Lauenburg. Im Folgenden soll in groben Zügen die Aufstellung des Freiwilligenbataillons sowie seine kurze militärische Verwendung geschildert werden.[34]

Am 20. März 1813 trat in Ratzeburg die ehemalige Regierung des Herzogtums Lauenburg zusammen. Dies geschah auf Aufforderung des russischen Obersten Graf Tettenborn, dessen Kosaken gerade das Herzogtum befreit hatten. Nachdem Tettenborn bereits die Bewohner Hamburgs und Bremens im Namen des Zaren aufgefordert hatte, sich am Befreiungskampf zu beteiligen, forderte er ein Gleiches nun auch von den Lauenburgern. Den Städten und Ämtern war aufgetragen worden, Freiwillige oder – falls diese ausbleiben sollten – die diensttauglichen Männer zwischen dem 20. und dem 30. Lebensjahr zum Kriegsdienst heranzuziehen.

Als Ergebnis dieser Anordnung der herzoglichen Regierung meldeten sich in Ratzeburg bis zu den letzten Märztagen 1813 fast 1000 Männer als Freiwillige. Nach Feststellung der Diensttauglichkeit wurde mit den Freiwilligen die Vereinbarung getroffen, sich zu verpflichten, bis sechs Monate nach Abschluss eines Friedens zu dienen.

Um die Aufstellung und militärische Verwendung der neuen Einheit machten sich insbesondere drei Männer verdient: zwei Grafen von Kielmannsegg sowie Major von Berger. Einer der beiden Grafen verfügte über die nötigen Verbindungen, um die dringend notwendigen britischen Hilfsquellen für diese und letztlich auch andere Formationen zu organisieren. Außerdem wurde er als Inspekteur für diese Einheiten bestellt. Der andere Graf von Kielmannsegg wiederum rief selbst ein Korps aus freiwilligen Jägern ins Leben. Major von Berger schließlich war maßgeblich an der Aufstellung des Bataillons Lauenburg beteiligt. Er hatte bereits in der KGL ein Bataillon als Major geführt, war aber nach seiner Verwundung in der Schlacht von Talavera in Spanien aus dem Dienst geschieden und hatte sich auf sein Gut bei Ratzeburg zurückgezogen.

Ihre erste Ausstattung erhielten die Freiwilligen von Bewohnern des Herzogtums. Die Männer wurden mit roten Ärmelwesten, weißen Hosen und blauen Mützen gekleidet und mit verschiedenen von überall aus dem Lauenburgischen zusammengetragenen und teilweise unbrauchbaren Gewehren ausgerüstet. In Ratzeburg wurden die ersten Versuche unternommen, die Freiwilligen zu drillen. Nach und nach stellten sich die ersten Männer ein, die genügend Vorwissen besaßen, um als Offiziere eingesetzt werden zu können. Das Bataillon wurde sodann in acht Kompanien gegliedert. Kommandeur Major von Berger dienten Leutnant von Waltersdorf als Adjutant sowie Leutnant Spall als Regiments-Quartiermeister. Den Kern der Unteroffiziere stellten einige ehemalige, aber noch dienstfähige Lauenburger Unteroffiziere der aufgelösten kurhannoverschen Armee, die durch Schreiber aus den Ämtern sowie entlaufene Unteroffiziere der dänischen Armee verstärkt wurden.

Bereits am 8. April 1813 marschierte das nunmehr notdürftig ausgestattete Bataillon von 600 Mann von Ratzeburg ab nach Bergedorf. Allerdings wurde zwecks weiterer Ausrüstung und Aufnahme von Freiwilligen in Ratzeburg ein Depot hinterlassen. In Bergedorf erhielt die Truppe ihre im Weg über Hamburg aus England gelieferte Ausrüstung. Die Männer bekamen rote Uniformjacken, graue Hosen und Mäntel, Tschakos, Tornister sowie kleine Monturstücke aller Art. Auch wurde das Bataillon jetzt mit Gewehren und Munition für über tausend Mann ausgestattet. Die Unteroffiziere erhielten zudem Spontons (schwere Spieße), Degen und blaugestreifte Schärpen.

In Bergedorf wurde die Vorbereitung des Bataillons auf den Kampf eilig vorangetrieben. Durch Offiziere und Unteroffiziere der Linieninfanterie der KGL konnte eine Intensivierung der Ausbildung erfolgen. Später wurde das Bataillon durch weitere Freiwillige auf 800 Mann aufgestockt. Diese brachten auch gleich die Bataillonsfahnen mit, die von den Ratzeburger Frauen genäht worden waren. Der englische Generalmajor Sir James Lyon, der am 21. April in Hamburg landete, inspizierte das Bataillon und soll gegenüber dem Kommandeur seine Zufriedenheit geäußert haben.

Das Bataillon erlebte seinen ersten Kriegseinsatz bei der Verteidigung Hamburgs. Davout und Vandamme hatten den Auftrag erhalten, mit ihren Truppen bei Winsen und Harburg über die Elbe zu gehen und Hamburg wieder unter französische Kontrolle zu bringen. Dabei kam es zu einem kurzen Kampf um das Harburger Schloss, das die Jäger des Grafen Kielmannsegg vergeblich zu verteidigen suchten.

Am 9. Mai waren die Franzosen auf dem Ochsenwerder gelandet, hatten das 2. Hanseatische Bataillon zurückgeworfen und drangen auf Fünfhausen vor. Das Lauenburger Bataillon wurde sofort dem Feinde entgegengesandt. Unterstützt von einer mitgeführten russischen Kanone stellten sich die Lauenburger erstmals zum Kampf und konnten das Feld behaupten. Allerdings verlor die Einheit zwölf

Männer, darunter auch einen Offizier. Abends zog sich das Bataillon zum Zollenspieker zurück.

Bereits am 14. Mai mussten die Lauenburger einen weiteren Angriff der Franzosen abwehren. Diesmal hatte das Bataillon durch einen Überläufer erfahren, dass der Feind versuchen wollte, am Zollenspieker die Elbe zu überqueren. Ungefähr 200 Lauenburger und Hanseaten stellten sich gemeinsam den Truppen entgegen. Dank der herangeführter Verstärkung durch zwei weitere Kompanien Lauenburger gelang es, die Franzosen im Nahkampf mit Bajonetten zu bezwingen. Das Bataillon hatte an diesem Tag nur fünf Tote sowie mehrere Verwundete zu beklagen – gegenüber 50 Toten und Verwundeten aufseiten der Franzosen, die obendrein 160 Mann als Gefangene verloren hatten. Die Gefangenen wurden unter der Führung eines Leutnants nach Ratzeburg gebracht.

Im weiteren Verlauf des Kampfes kam es zu verschiedenen weiteren Einsätzen des Bataillons als Teil des Hannoverschen Korps – so zum Beispiel an der Göhrde oder auch in Sehestedt. Später nahm es an der Belagerung von Harburg teil und marschierte über Bremen in die Niederlande und bis nach Waterloo. Als die Lauenburger 1815 an den Operationen gegen Napoleon teilnahmen, konnten sie noch nicht ahnen, dass sie trotz all ihrer Anstrengungen für Kurhannover in Kürze zuerst an Preußen und von Preußen weiter an Dänemark getauscht werden sollten.

5. Die Russisch-Deutsche Legion

Die Geschichte der Entstehung der Russisch-Deutschen Legion ist ebenso spannend wie komplex und kann hier nur knapp skizziert werden. Einen wichtigen Eckpunkt zum Verständnis der Ursachen, die zur Gründung dieser Einheit führten, bildet das Jahr 1809. In diesem Jahr versuchte Österreich als führende deutsche Macht den Kampf gegen Frankreich aufzunehmen.

In Wagram musste sich dann letztlich auch Österreich geschlagen geben. Zahlreiche deutsche Patrioten wollten sich mit dieser Niederlage gleichwohl nicht abfinden. Es hatte sich nun gezeigt, dass die Bevölkerung in den einzelnen deutschen Staaten den Aufrührern zwar zujubelte, sie aber kaum unterstützte. Folglich musste die Befreiung auf andere Weise erfolgen. Hierzu sollte eine Legion nach russischem Muster aufgestellt werden, die aus freiwilligen Deutschen bestand. Finanziert werden sollte die neue Truppe zwar mit britischen Geldern, würde den Kampf gegen Napoleon aber dennoch als Teil der russischen Streitkräfte führen. Diese Legion sollte sozusagen eine erste allgemeindeutsche Streitmacht bilden.[35]

In seinem Tagebuch notierte Oberstleutnant Wardenburg: „Die Errichtung der Russisch-Deutschen Legion wurde in Wilna im Haupt-Quartier beschlossen. […] Es meldeten sich dort viele auswärtige deutschen Offiziere, vorzüglich Preußische, die ihr Vaterland verlassen hatten, um unter den russischen Fahnen an dem großen Kriege für Europas Freyheit Theil zu nehmen. Um diesen Offizieren einen angemessenen Wirkungskreis zu verschaffen, beschloß der Kaiser, ein Corps deutscher Freiwilliger zu errichten."[36]

Von den 66 Offizieren, die gleich bei der Aufstellung in die Russisch-Deutsche Legion eintraten, stammten 31 aus Preußen, 16 aus Russland, sechs aus Österreich, je drei aus Livland und aus Kurland, zwei aus Oldenburg und je einer aus Estland, Schweden, Dänemark, Sachsen und Braunschweig. Unter den preußischen Offizieren finden sich so bekannte Namen wie Alvensleben, Bronsart, Clausewitz (der bekannte Militärtheoretiker), Lützow oder Stülpnagel.[37]

Doch erst mit Napoleons Angriff auf Russland kam der Aufbau der Legion allmählich voran. Erst fünf Wochen nach Beginn des Krieges, also Ende Juli 1812, hatte die Werbung für Offiziere und Mannschaften für die Legion begonnen, allerdings nur mit spärlichem Erfolg. Notgedrungen warb man von nun an unter den zahlreichen deutschen Kriegsgefangenen, indem man ihnen die Möglichkeit bot, statt nach Sibirien geschickt zu werden, für eine gute Sache zu kämpfen und bald wieder nach Deutschland zu kommen.

1812 waren zwar noch keine Offiziere der Russisch-Deutschen Legion an Kampfhandlungen beteiligt, dafür halfen sie aber beim Zustandekommen der Konvention von Tauroggen mit. 1813 ging die Werbung für die Legion dann in Deutschland weiter. So trat zum Beispiel fast das gesamte Königlich Sächsische Regiment Prinz Maximilian in die Legion ein; dort formierte man das 6. Bataillon aus den Sachsen. Das kleine sächsische Freiwilligenkorps des Kapitäns Reiche wurde zum Grundstock des 7. Bataillons.

Die Spitze der Russisch-Deutschen Legion stellte sich wie folgt da:

Oberbefehlshaber: Generalleutnant Graf von Wallmoden-Gimborn; Brigadiers: Oberst von Arentsschildt und Generalmajor von Dörnberg; Chef des Generalquartiermeisterstabes: Oberstleutnant von Clausewitz.

In Norddeutschland agierte die Russisch-Deutsche Legion als Teil des Observationskorps. Die Legion kämpfte mit einigem Erfolg an der Göhrde sowie mit eher geringem Erfolg in Sehestedt. Das 5. Bataillon wurde wegen Feigheit vor dem Feind in Sehestedt im Dezember 1813 sogar aufgelöst. Dennoch war das Betragen der Truppen im weiteren Verlauf des Krieges eher untadelig.

Nach der Abdankung Napoleons war die Zukunft der Russisch-Deutschen Legion ungewiss. Zeitweilig gab es die Überlegung, die Einheiten in hannoversche Dienste zu nehmen. Letztlich jedoch wurden die einzelnen Truppenteile in die preußische Armee eingegliedert. Dies bedeutete für nicht wenige Angehörige der Legion ohnehin nur eine Rückkehr in die alten Dienste.

V. Soldaten, Besatzer und Besetzte

1. Nikolaus Pehmöllers besondere Aufgaben während der Franzosenzeit

Traute Matthes-Walk

Die „Einquartirungs-Commission"

Seit im November 1806 französische Truppen auch die freie Hansestadt Hamburg besetzt hatten, litt die Bevölkerung unter Einquartierungen, Abgaben und anderen Belastungen. Noch schlimmer aber sollte es ab Februar 1811 kommen, als der Hamburger Senat seine Amtsgeschäfte niederlegen musste und eine neue Stadtverwaltung – der sogenannte Munizipalrat – nach französischem Muster eingerichtet wurde. „Einige Senatoren nahmen in dieser ‚Munizipalität' Stellen an im Interesse ihrer Stadt […]. An der Spitze stand ab 13. Mai 1811 der frühere Senator Abendroth als Maire" (Bürgermeister). [38]

Eine „Einquartirungs-Commission" war eingerichtet worden, um für die reibungslose Abwicklung der Unterbringung und Verpflegung des Militärs zu sorgen. Sie bestand unter anderem aus einem „Adjoint de Maire" und „vier Mitgliedern des Municipalrathes". Zum Präsidenten dieser Kommission wurde der 42-jährige Kaufmann Christian Nikolaus Pehmöller ernannt. Als junger Mann hatte er die Gelegenheit bekommen, neben anderen Auslandsaufenthalten auch nach Amerika zu reisen. Dort lernte er in einem Landhaus bei Georgetown unter anderem Georg Washington kennen, knüpfte zahlreiche Kontakte und sammelte wertvolle Erfahrungen.[39] Diese Erfahrungen waren wohl der Grund, warum Pehmöller mit dieser schwierigen Aufgabe beauftragt wurde. Er hatte die vorgeschriebenen Maßnahmen der Einquartierungen umzusetzen. In einer undatierten Anweisung heißt es:

Die Hauptgrundsätze der Bequartirung sind
    a. Localitaet,
    b. Vermögenheit.
Die Localität wird, wo sie anzutreffen ist, in Anspruch genommen, und nach Beschaffenheit derselben der Grad und die Zahl des Militärs bestimmt, wofür ein jedes Local am päßlichsten gehalten wird.

Nach „Vermögenheit" wurden Einwohner herangezogen, die nicht mit einer „Natural-Einquartierung" belegt werden konnten (weil keine Räumlichkeiten vorhanden waren). Sie hatten dafür höhere Steuern zu zahlen. Wer gegen diese Bestimmung verstieß und seine Steuern und Abgaben nicht rechtzeitig zahlte, wurde mit Zwangsbefehlen und weiteren Rechtsmitteln dazu gezwungen.

Um jeden Haushalt lückenlos zu erfassen, wurde die Stadt in sechs Kantone eingeteilt, wobei man dem ersten Kanton die Vorstadt St. Georg angliederte und dem fünften Kantonen den Hamburger Berg. Für jeden Kanton (mit Ausnahme des ersten und des fünften) war ein Quartiermeister zuständig. Die Quartiermeister sorgten in den ihnen zugeteilten Kantonen für die Durchführung der Einquartierungen nach vorgeschriebenen Listen. Für die Quartiere der höheren Ränge – die „Stabsoffiziere vom Divisions-General bis Major inclusive" – war ebenfalls das Einquartierungsbüro zuständig. Die Einquartierung des übrigen Militärs besorgten die Quartiersleute.

Wie sehr die Einquartierung und die damit verbundene Verpflegung der gesamten Armee des Generalgouverneurs Davout durchorganisiert war, zeigt sich auch in dem Tagesbefehl vom 7. März 1811, in dem Davout die Abwicklung der Verpflegung genauestens festlegte.

Die Einquartierungen galten allerdings nicht nur für den Stadtbereich, sondern auch für die von Hamburger Bürgern bewohnten Sommersitze, die sogenannten „Lustgärten", die sich in den umliegenden zu Hamburg gehörenden Dörfern befanden. In dem Dorf Borstel (heute Groß Borstel) gab es vier dieser Lustgärten. Einer von ihnen, der „Frustbergpark", gehörte seit 1793 Elisabeth Berenberg-Gossler, der Witwe des 1791 verstorbenen Johann Hinrich Gossler, der 1768 als Schwiegersohn in das Bankhaus Berenberg eingestiegen war.[40]

Elisabeth Gossler hatte schon vor Jahren ihr altes niedersächsisches Landhaus für ihre große Familie ausbauen lassen, um mehr Räumlichkeiten zu schaffen.[41] Nun blieb auch sie von Einquartierungen nicht verschont, so dass bald sowohl das Herrenhaus mit hohen Generälen als auch sämtliche bewohnbaren Nebengebäude bis unter die Dächer mit Soldaten belegt waren. Zunächst beherbergte sie französisches Militär. Als dann von Tettenborn die Stadt im März 1813 mit der russischen Armee vorübergehend von der französischen Besatzung befreit hatte, gingen „Generäle und hohe russische Offiziere […] im Gosslerschen Hause in Borstel aus und ein", schreibt Marie Zacharias.

Dass die Verständigung auch mit dem russischen Militär nicht immer ganz einfach war, zeigen die folgenden Begebenheiten: „[…] ihnen zu Ehren wurden große Feste gegeben. Auf einem solcher Feste nahm ein baumlanger, schwarzbärtiger Offizier meine zwölfjährige, damals sehr kleingewachsene Mutter [die Enkelin von Elisabeth Gossler] vor allen Anwesenden wie ein kleines Kind auf den Arm und küßte sie mehrmals auf Stirn und Mund. Sie war so empört darüber, daß sie fortlief und den ganzen Abend nicht wieder zum Vorschein kommen mochte." Schlimmer aber waren die einquartierten Kosaken und Baschkiren. „Aus den Messingleuchtern zogen sie die Talglichter heraus und verzehrten sie, indem sie mit Wohlbehagen in die glatten, weißen Stangen hineinbissen. Aber am gefährlichsten war ihre Leidenschaft für Hundefleisch. Das Gebell der bissigen Dorfhunde in Borstel verstummte nach und nach, denn entweder hielten die verschiedenen Bauern die Hunde in ihren Häusern, oder sie wurden aufgegessen. Der lustige Pudel Fripon, der Liebling der Kinder des Hauses, wurde mit größter Sorgfalt gehütet; aber auch ihn ereilte das Schicksal. Eines Tages war er verschwunden. Alles rief und suchte, vergebens. Aber am andern Morgen hing im Sonnenschein an der Zeugleine eine Reihe von Würsten und trockneten im Wind. Es waren die Überreste des treuen Fripon."[42]

Nikolaus Pehmöllers Aufgabe als Präsident der „Einquartirungs-Commission" endete mit dem Einmarsch Oberst von Tettenborns in Hamburg. Nach mehr als zwei Jahren wurde er von diesem Amt befreit.

Die Hamburger Bank

Doch häusliche Ruhe war Nikolaus Pehmöller auch nach Ende dieser unliebsamen Aufgabe wenig vergönnt, denn er war zu dieser Zeit Leiter der Hamburger Bank. Eine Position, die ihm schon bald seine volle Konzentration und großes Verhandlungsgeschick abverlangen sollte. In den Jahren 1813/14 blieb die politische Situation in Hamburg sowohl für die Bevölkerung als auch für Pehmöller katastrophal. Nur kurze Zeit konnte er sich von der anstrengenden Arbeit als Präsident der Einquartierungs-Kommission erholen. Bereits am 30. Mai 1813 zogen Marschall Davout und seine Armee wieder in Hamburg ein.

Am 4. November 1813 erhielt Nikolaus Pehmöller einen Brief des französischen Grafen Chaban, eines Unterhändlers des Marschalls Davout, mit der Aufforderung zu einer Unterredung bei ihm sowie zur Beantwortung von drei Fragen:

1. *Wo befinden sich sämmtliche Register der Bank?*
2. *Wo befinden sich die sämmtlichen Silberbarren und alles Silber und Geld, welches zur Bank gehört?*
3. *Wieviel ist der Betrag des Fonds in der Bank?*

Mit dieser Unterredung begann für Pehmöller ein monatelanger Kampf. Er wurde aufgefordert, die Schlüssel der Bank herauszugeben, weigerte sich jedoch standhaft. Mit viel taktischem Geschick bei den Verhandlungen mit den Unter-

händlern des Marschalls Davout erreichte er zunächst, die
Auslieferung des „Hamburger Silbers" zu verzögern.

Raub der Hamburger Bank
durch die Franzosen in der Nacht vom 4.auf den 5.November 1813.

*Die Beraubung der Hamburger Bank im Dezember 1812 (Museum
für Hamburgische Geschichte)*

Am 8. November erhielt er den Befehl, „zum Lokal der
Bank" zu gehen und das Siegel abzunehmen. Pehmöller
weigerte sich, die Schlüssel auszuhändigen, mit der Begründung, dass man nicht von ihm verlangen könne, über
das „Guthaben der Interessenten der Bank" zu verfügen,
da er weder befugt noch bevollmächtigt sei. Das könne
man allenfalls von seinem eigenen in der Bank befindlichen Guthaben fordern.
Es wurde ein neuer Termin auf 21.00 Uhr am Abend festge-
setzt. Pehmöller erhielt die Aufforderung, sich mit seinen
Kollegen in seinem Haus in der Katharinenstraße 112 zu ver-

sammeln. Dort kam es zwischen einer Abordnung des Marschalls Davout und ihm zu heftigen Wortgefechten, die mit der Drohung endeten, jetzt sei nicht mehr die Rede von Briefen, sondern von Bajonnetten. Er und seine Kollegen wurden aufgefordert, den militärischen Anweisungen zu folgen: „Indem ich aus meiner Hausthür trat, sah ich vor dem Hause ein Commando von 30 Gendarmen aufgestellt, wobey noch einige Offiziere gegenwärtig waren. Als wir auf die Straße kamen, wurden sie commandirt, uns zu excortiren, und so ging der Zug hin zur Bank, welche außerdem noch durch zahlreiches Militär besetzt war. Nach unserer Ankunft daselbst entsiegelte der Inspecteur Caire die äußere Thür der Bank, nahm die Schlüssel und ließ öffnen. Alle übrigen Siegel, mit Ausnahme der an den Thüren der Buchhalter-Zimmer und des eisernen Schranks, worin die Bücher aufgewahrt werden, wurden abgenommen; man öffnete die Gewölbe und überzählte die Beutel, Silberbarren und Partheyen von belehntem Silbergeräthe; die Commissaire verlangten die letzte Bilanz […]."[43]

Am 24. November erhielt Pehmöller ein Schreiben des Grafen Chaban mit der Aufforderung, sich um 19.00 Uhr mit seinen Bankkollegen in der Bank einzufinden. Anwesend waren an diesem Abend unter anderem auch drei Beauftragte der Königlich Dänischen Regierungsbehörde, die Pehmöller klarzumachen versuchten, dass sie als vom dänischen König Beauftragte autorisiert seien, die seiner königlichen Majestät gehörenden Fonds in der Hamburger Bank von ihm entgegenzunehmen und dem König zu überliefern. Die Aufforderung, gemeinsam mit den dänischen Agenten ein *Procès verbal* (Protokoll) zu unterzeichnen, lehnte Pehmöller kategorisch ab. Dies wurde letztlich auch akzeptiert, die Fonds aber der Bank entnommen.

In den folgenden Monaten bis zum 8. Mai 1814 wurde Pehmöller gezwungen, nach und nach die Silberbarren herauszugeben. Mit der größten Genauigkeit hat er jedes Treffen mit den Unterhändlern Davouts und jede Entnahme von Silber protokollarisch festhalten und bestätigen lassen. Inzwischen waren jedoch die Tage der französischen Okkupation gezählt. An diesem 8. Mai wurden ihm als Leiter der Hamburger Bank durch den Präfekten Baron de Breteuil im Beisein sieben weiterer Personen die Schlüssel zurückgegeben. Es war Nikolaus Pehmöller bewusst, dass dieses möglicherweise letzte *Procès verbal* von äußerster Wichtigkeit für den Fortbestand der Bank war. Er verhandelte hart um jedes Detail in diesem Dokument, legte besonderen Wert auf die Erwähnung der Entnahme des Fonds an den dänischen König und auf die Nennung der genauen Summe des entnommenen Silbers.

Am 11. Mai traf der Divisionsgeneral Gérard in Hamburg ein, um das 13. Armeekorps von Marschall Davout zu übernehmen. Pehmöller, beunruhigt über das weitere Schicksal der Bank, meldete sich umgehend bei ihm an. Gérard sicherte ihm zu, „daß ein vollständiger Ersatz der aus der Bank genommenen Fonds von der Regierung erfolgen würde". Pehmöllers Bericht endet am 29. Mai mit den Worten: „Auf Verlangen des königlichen Commissair, General Fouchet, überreichte ich demselben am 29th Mai eine von meinen Collegen und mir beglaubigte Abschrift des Procès

verbal vom 8th Mai, welcher bey Veranlassung der Zurück-
gabe der Schlüssel der Bank ausgefertigt worden, und worin die Total-Summe des aus der Bank genommenen Silbers
mit Bancomark 7.506.956:4 aufgeführt steht. Der General
äußerte, daß bey seiner Rückkehr nach Paris die Angelegenheit der Bank mit der erste Gegenstand seyn solle, welchen er Sr. Majestät dem Könige unter Augen legen würde,
und wozu er die Ausfertigung dieses Documents zu erhalten gewünscht habe. Der Ersatz der Bank wäre als unbe-
zweifelt zu betrachten."[44]

Damit hatte Pehmöller die Grundlage zu den Verhandlungen in Paris 1814/16 geschaffen. Am 13. Juli 1814 wurde Pehmöller zusammen mit den Herren de Chapeaurouge, Dr.
Sieveking und Schwarze vom Senat nach Paris entsandt,
wo sie sich, mit Unterstützung des britischen Feldherrn
Wellington, für die Rückzahlung des entwendeten Geldes
einsetzten. Doch „mangelte es an der Übereinstimmung
der verbündeten Fürsten, die von den Franzosen ihre
Rechte nicht forderten, geschweige erlangten. Nachdem
sie drei Monate vergeblich in Paris geweilt hatten und eine
Fürstenversammlung zur Beilegung dieser Kontroversen
nach Wien einberufen war, kehrten unsere Abgesandten
zurück […]."[45]

Erst die endgültige Niederlage Napoleons im Juni 1815 ließ
die Hoffnung aufkeimen, durch neue Verhandlungen bessere Ergebnisse erzielen zu können. Als nun Pehmöller im
Februar 1816 zum zweiten Mal nach Paris kam, „nahm die
Sache einen besseren Fortgang […]. Mit Unterstützung
der Abgesandten der Verbündeten erlangten die Unseren

zum großen Teil das, was sie gefordert hatten. Es wurde ausgemacht, daß den Kaufleuten für die 7.506.956 Banko-mark, die aus der Bank entwendet waren, 14.000.000 Franken gezahlt werden sollten."

Noch während Pehmöller in Paris weilte, wurde er am 19. Juni 1816 zum Senator gewählt. Wenige Jahre später erwarb er einen der vier „Lustgärten" in Borstel, der nach seinem Tod dann „Pehmöllers Garten" genannt wurde.

2. Lübeck 1813

Michael Hundt

Am 19. März 1813 herrschte in Lübeck Festtagsstimmung. Tausende Menschen feierten vor dem Rathaus und auf dem Markt das Ende der französischen Besatzungszeit. Die Glocken aller Kirchen wurden geläutet, Freudenschüsse abgefeuert, den Wagen der beiden alten Bürgermeister die Pferde ausgespannt und die Wagen von den jubelnden Bürgern durch die Stadt gezogen. Bis in die Nacht hallten die Rufe „Es lebe Alexander! Es lebe Lübeck!" in den festlich erleuchteten Straßen wider.[46]

Was war geschehen? Drei Tage zuvor hatten nach mehr als sechs Jahren die letzten französischen Soldaten und Beamten die Stadt verlassen. Der von den Franzosen eingesetzte Munizipalrat war zurückgetreten und der alte Rat hatte seine Funktion wieder übernommen.[47] Damit schien in Lübeck ein Alptraum zu Ende gegangen zu sein, der im November 1806 seinen Anfang genommen hatte.

Seit 1226 freie Reichsstadt, war Lübeck im Mittelalter informelles Haupt der Hanse und eine Macht nordeuropäischen Ranges gewesen. Nach 1629/30 war Lübeck gemeinsam mit den Schwesterstädten Bremen und Hamburg Sachwalterin der Hanse und verlegte sich, wie diese, auf eine strikte Territorial- und Handelsneutralität.[48] Dies galt auch für die Jahre nach dem Ausbruch der Französischen Revolution sowie der Kriege gegen die Revolutionsregierungen. Unter der neutralen Flagge wurde fleißig mit allen kriegführenden Parteien Handel getrieben und im Verbund mit Bremen und Hamburg die eigene politische Existenz durch umfangreiche Bestechungsgelder an französische Politiker und Militärs gesichert.[49]

Doch der Schein der geretteten Selbstständigkeit trog. Denn das internationale europäische Staatensystem, die Voraussetzung für eine unabhängige und neutrale Politik, stand unmittelbar vor dem gänzlichen Zusammenbruch. An seine Stelle sollte das von Napoleon ersonnene Kontinentalsystem mit Frankreich als einziger Vormacht in Europa treten.[50]

Das alles schien Norddeutschland, das alles schien Lübeck zunächst nicht weiter zu berühren. Doch nach der Schlacht bei Jena und Auerstedt im Oktober 1806 hatte ein fliehendes preußisches Korps unter Verletzung der Neutralität die Tore der Stadt aufgesprengt und sich am 6. November mit den drei verfolgenden französischen Korps vor und in der Stadt eine Schlacht geliefert. Die siegreichen Franzosen ignorierten die Neutralität ebenfalls und plünderten Lübeck als eroberte feindliche Stadt drei Tage lang. Fortan stand

Lübeck, unter formeller Wahrung seiner Souveränität, bis Ende 1810 unter französischer Besatzung und Herrschaft. Danach wurde die Stadt auf Weisung Napoleons mit dem französischen Kaiserreich „vereinigt".[51]

In jenen gut sechs Jahren vom November 1806 bis März 1813 waren die finanziellen Belastungen für die Stadt und ihre Einwohner enorm und beliefen sich auf über 15 Millionen Mark Lübisch.[52] Dabei schlugen allein die anerkannten Schäden der Plünderungen im November 1806 mit 2,8 Millionen Mark zu Buche. Rund 7,7 Millionen Mark mussten für die Einquartierung von teilweise bis zu 4500 französischen Soldaten – und das bei rund 25 000 Einwohnern in der eigentlichen Stadt – aufgewandt werden. Mit 0,7 Millionen Mark schlug der Unterhalt der Militärhospitäler zu Buche, mit 1,5 Millionen Mark die umfangreichen Naturalleistungen an die französische Armee: Stoffe für Uniformen, fertige Überröcke, Schuhe, Lebensmittel, Pferde und Wagen, Fourage sowie die dazugehörigen Transporte. Weitere 0,4 Millionen Mark mussten für sogenannte „Geschenke" an französische Offiziere und höhere Beamte ausgegeben werden, um so deren Wohlwollen und das Wohlverhalten der Truppen zu erkaufen. Hinzukamen schließlich noch 1,4 Millionen Mark für den Rückkauf der von den Franzosen gleich im November 1806 unabhängig von den Eigentumsverhältnissen beschlagnahmten englischen Waren.[53]

Denn neben den direkten finanziellen Forderungen hatte sich Lübeck auch der von Napoleon gegen England verhängten Kontinentalsperre zu beugen.[54] Hatte es 1806 noch mehr als 3000 Schiffsbewegungen im Lübecker Hafen gegeben, so sank diese Zahl bis 1810 rapide auf 150. In den Jahren 1811 und 1812 gab es dann überhaupt keine Schiffsbewegungen mehr.[55] Da aber der Handel die Lebensgrundlage fast der gesamten Lübecker Bevölkerung war – entweder direkt als Händler, Seeleute und Hafenarbeiter oder indirekt als Zulieferer –, griffen mit dem Zusammenbruch des Handels nun Arbeitslosigkeit und Armut um sich. Die Zahl der Konkurse schnellte in die Höhe, ebenso wie die der Hauspfandprozesse und der Hauszwangsversteigerungen. Ende 1810 waren schließlich etwa 30 Prozent der Bevölkerung auf die staatliche und private Armenfürsorge angewiesen, auf Essensausgabe, Feuerholz- und Kleiderspenden.[56]

Mit der Einverleibung in das französische Kaiserreich zum 1. Januar 1811 änderte sich an den finanziellen Lasten für die Lübecker nichts.[57] Vielmehr wurden die Lübecker Staatsschulden von der französischen Regierung nicht anerkannt. Da viele Privatpersonen und mildtätige Stiftungen Gläubiger waren, kam dies einer faktischen Enteignung und einem ersatzlosen Zusammenbruch des traditionellen Lübecker Sozialsystems gleich. Ein Teil der niederen Lübecker Staatsbeamten wurde ohne Pensionsanspruch entlassen. Reisen ins Ausland wurden durch ein strenges Meldewesen und restriktive Passvergabe beinahe unmöglich gemacht (und das in einer Handelsstadt!). Die Schifffahrt blieb faktisch unterbunden, und sogar die Fischerei kam zeitweilig zum Erliegen und konnte später nur unter Bewachung durch bewaffnete Schoner fortgesetzt werden. Darüber hinaus wurden Mitte 1811 die neuen französischen Steuern eingeführt, für die teilweise viel zu hohe Ansätze zugrunde gelegt wurden. So etwa bei den direkten Steuern, da der Wert der Immobilien und das Vermögen der Einwohner seit Ende 1806 dramatisch gesunken war, dies aber bei der Berechnung unberücksichtigt blieb. Ebenso eingeführt wurden die französischen Zölle, wobei als besondere Brisanz die Zollgrenze zwischen den vier neuen Departements in Norddeutschland und den alten französischen Departements fortbestand. Gegen den Widerstand der alten Ämter und Zünfte wurde auch die Gewerbefreiheit eingeführt. Zu einer nennenswerten Ausweitung der Zahl der Gewerbetreibenden kam es freilich nicht. Und auch die 1811 gebildete Handelskammer vermochte angesichts der politischen Vorgaben aus Paris keine Belebung von Handel und Gewerbe zu bewirken.

Zudem wurden das französische Verwaltungs- und Rechts- sowie das politische System konsequent eingeführt, ebenso die vermeintlich rationale französische Verwaltungsstruktur.[58] Lübeck wurde Hauptort des gleichnamigen Arrondissements im Departement der Elbmündungen. Die Stadt bildete eine Mairie mit zwei Kantonen und erhielt zudem, ungefragt und ungebeten, den Ehrentitel einer „bonne ville de l'Empire". In der Verwaltung blieb Paris jedoch auf die Fachkompetenz der bisherigen politischen Elite angewiesen. Munizipalrat, Finanzkommission und Tribunal erster Instanz wurden ganz überwiegend mit Senatsmitgliedern, Ältesten der bürgerlichen Kollegien und alteingesessenen Advokaten besetzt. Zum provisorischen Maire wurde einer der vier Bürgermeister bestellt, Johann Matthaeus Tesdorpf, der dann Ende 1811 von dem ehemaligen Senatssyndikus Anton Dietrich Gütschow abgelöst wurde. Dagegen bestand die Ebene der höheren Entscheidungsträger ausschließlich aus Franzosen: Zu nennen wären etwa der Generalgouverneur der Hanseatischen Departements, der Kommandant der 32. Militärdivision, der Präfekt des Departements, der Unterpräfekt, die Präsidenten des Tribunals erster Instanz und der Liquiditätskommission usw.

Eingeführt wurde schließlich auch das französische Konskriptionssystem, also die Wehrpflicht – etwas, was in Lübeck zuvor gänzlich unbekannt gewesen war. Von diesem Dienst konnte man sich durch Aufbringung eines Stellvertreters freikaufen, die Kosten dafür betrugen aber 1812 bis zu 6000 Mark Lübisch – und das bei einem Existenzminimum von etwa 350 Mark pro Kopf und Jahr. Entsprechend gab es große Schwierigkeiten, die geforderte Zahl an Rekruten zu stellen. Viele junge Männer flohen oder desertierten bei der erstbesten Gelegenheit. Diejenigen, die bei der französischen Armee blieben, bildeten mit den Hamburgern und anderen Norddeutschen das 127. und das 129. französische Linieninfanterieregiment, die beide fast vollständig in Russland untergingen.[59]

Angesichts dieser Erfahrungen und Belastungen überraschen die Reaktionen der Lübecker Bevölkerung Ende 1812 und Anfang 1813 kaum. Auf der einen Seite gab es in der breiten Bevölkerung einen lange aufgestauten Unmut über die französischen Besatzer. Auf der anderen Seite fürchteten die politischen Verantwortungsträger Repressionen und Strafmaßnahmen der Franzosen. Daher hatte der Munizipalrat in Lübeck noch im Januar 1813 seine Ergebenheit gegenüber Napoleon erklärt und auf einen Wink des Generalgouverneurs in Hamburg hin angeboten, 15 Kavalleristen aus Lübeck für neuerliche Kriegsrüstungen zu stellen, wozu es jedoch nicht kam. Dagegen war es schon bei den ersten Nachrichten über den Untergang der Grande Armée zu Unruhen in der städtischen Bevölkerung gekommen, waren einzelne französische Beamte auf offener Straße beschimpft und angegriffen worden.[60] Ende Februar, beim Näherrücken russischer Truppen, kam es dann mehrfach zu offenem Aufruhr, am 26. Februar auch zum Waffeneinsatz durch die französische Garnison mit einem Toten aufseiten der Lübecker Zivilbevölkerung. Die Unruhen endeten erst, als Anfang März in Hamburg Beteiligte der dortigen Unruhen standrechtlich erschossen wurden. Als dann am 9. März das gesamte französische Militär sowie die meisten und am 16. März schließlich auch die letzten französischen Beamten Lübeck verließen, blieb es in der Stadt angespannt ruhig.[61]

Für die öffentliche Sicherheit sorgte eine Bürgerwache, die sich bereits am 27. Februar, nach einem eintägigen Rückzug der Franzosen aus der Stadt, gebildet hatte. Sie war zwar nach der Rückkehr der Franzosen wieder entwaffnet worden, formierte sich gleich nach dem 9. März aber neu. Diese Bürgerwache war eher pittoresk ausstaffiert – mit alten Jagdflinten und Säbeln, Piken und gar Dreschflegeln. Sie erfüllte jedoch ihre Aufgabe und verhinderte Ausschreitungen gegen die abrückenden französischen Soldaten und Beamten sowie Plünderungen.[62]

In der zweiten Märzwoche näherten sich dann schnell russische Truppeneinheiten dem westlichen Mecklenburg und veranlassten die französischen Soldaten und Beamten, aus dem Departement der Elbmündungen zu fliehen. Am 17. März erreichten die Russen Bergedorf und zogen am folgenden Tag in Hamburg ein, begrüßt als Befreier.[63] Der Lübecker Munizipalrat entsandte daraufhin die beiden früheren Senatoren Johann Christoph Coht und Johann Friedrich Hach in die Schwesterstadt, um Verhandlungen mit dem Kommandanten der russischen Truppen, Oberst von Tettenborn, aufzunehmen. Der erklärte den Lübecker Deputierten jedoch, was er Hamburger Gesandten schon zwei Tage zuvor verdeutlicht hatte: dass er nicht mit französischen Munizipalräten verhandeln würde, sondern nur mit den Senaten der freien Städte.[64] Ob er hierzu vom russischen Oberkommando oder gar dem Zaren bevollmächtigt war, bleibt zweifelhaft. Er ist allerdings nie für sein Verhalten zur Rechenschaft gezogen worden, so dass zumindest von einem stillschweigenden Einverständnis der Alliierten auszugehen ist.

In Lübeck baten daher noch am 19. März Maire und Munizipalrat die beiden noch lebenden Bürgermeister sowie den alten Senat – faktisch handelte es sich in der Mehrzahl um Mitglieder des Munizipalrats, also sie sich selbst –, ihre alten Ämter wieder einzunehmen.[65] Am Nachmittag und Abend jenes Tages kam es dann zu der eingangs geschilderten Festtagsstimmung. Unverzüglich wurden die französischen Gesetze außer Kraft gesetzt und die alten Verfassungsverhältnisse mit Modifikationen wiederhergestellt. Dabei wurde das alte Rechtssystem modernisiert und etwa das von den Franzosen eingeführte Zivilstandsregister mit einigen Anpassungen beibehalten. Ebenso wurden, allerdings auf massives Drängen der Bürgerschaft, der Zunftzwang wieder eingeführt und die rechtliche Gleichstellung der Juden zurückgenommen.[66]

Am 21. März rückte dann eine kleine russische Abteilung von 250 Mann unter Oberstleutnant von Benckendorff in Lübeck ein, wo sie vom Senat und der Bevölkerung erneut mit Volksfeststimmung begrüßt wurde. Zugleich trat Lübeck sofort an die Seite der Alliierten und stellte bereits ab dem 20. März ein Freiwilligenkorps auf. Gemeinsam mit den Freiwilligen aus Hamburg bildeten sie einen insgesamt etwa 3650 Mann starken hanseatischen Verband, der unter russischem Oberkommando stand. Das Lübecker Kontingent bestand aus einem Bataillon Infanterie – mit fünf Kompanien, davon eine Kompanie Jäger – und zwei Schwadronen Kavallerie. Allerdings traten nicht nur Hansestädter in den Verband ein, sondern auch Einwohner der benachbarten Länder. Zudem bildeten preußische Soldaten eine Kerntruppe, was angesichts der militärischen Unerfahrenheit der meisten Lübecker und Hamburger eine unabdingbare Voraussetzung für den raschen Kampfeinsatz war.[67]

Parallel zum militärischen Engagement bemühte sich der Lübecker Senat seit März 1813, die wiedergewonnene Eigenständigkeit seitens der europäischen Mächte anerkennen und absichern zu lassen. Er entsandte zu diesem Zweck seine Mitglieder Christian Adolf Overbeck und Johann Christoph Coht ins alliierte Hauptquartier, das sich in Sachsen befand. Unbegründet war die Lübecker Vorsicht nicht, denn zum einen hatte Dänemark Ansprüche auf alle Gebiete nördlich der Elbe angemeldet;[68] zum anderen hatten die Alliierten im April 1813 einen Zentralverwaltungsrat unter Leitung des Freiherrn vom Stein eingerichtet, in dessen Zuständigkeitsbereich neben Sachsen und den beiden Mecklenburg auch die Hansestädte Lübeck und Hamburg fielen.[69]

Zwar wurden die beiden Lübecker Senatoren im alliierten Hauptquartier wohlwollend aufgenommen, erreichen konnten sie jedoch nicht viel. Denn Minister und Monarchen waren zu sehr mit dem militärischen Tagesgeschehen beschäftigt, das die Alliierten nach mehreren verlorenen Schlachten zudem zum vorübergehenden Rückzug nach Schlesien zwang.

Betroffen hiervon war auch Lübeck, das am 3. Juni 1813, nur einen Tag vor Inkrafttreten des Waffenstillstandes von Pläswitz zwischen Napoleon und den Alliierten, durch dänische Truppen besetzt wurde. Dänemark hatte, da seine Territorialforderungen von den Alliierten zurückgewiesen worden waren, ein neues Bündnis mit Frankreich geschlossen. Entsprechend folgten den Dänen bald starke französische Verbände, die Lübeck erneut für das napoleonische Kaiserreich in Besitz nahmen.[70]

In den folgenden sechs Monaten trat dann das ein, was die politische Elite Lübecks schon im März befürchtet hatte: Es kam zu umfangreichen französischen Repressionen. Bereits Anfang April 1813 hatte Napoleon für die aus seiner Perspektive abtrünnigen Gebiete in Norddeutschland die französische Verfassung und fast alle Gesetze außer Kraft gesetzt. Die 1500 reichsten und „schuldigsten Empörer" sollten verhaftet und ihr Vermögen konfisziert werden. Zudem sollten alle in Gefangenschaft geratenen Offiziere des hanseatischen Verbandes sofort standrechtlich erschossen, alle Soldaten auf die Galeeren geschickt werden. Als sich Anfang Juni 1813 das baldige Wiedereinrücken der Franzosen in Lübeck abzeichnete, verließen infolge dieser Drohungen viele Familien, darunter auch Senatsmitglieder, die Stadt und flohen nach Mecklenburg oder Holstein, oder sie tauchten in der Stadt unter.[71]

Nach dem 3. Juni, dem am Vortag der kollektive Rücktritt des Senats vorangegangen war, erließ Napoleon mehrere Amnestien, von denen auch der im alliierten Hauptquartier befindliche Senator Overbeck profitierte, aber nicht sein Kollege Coht.[72] Doch wurde das Besatzungsregime insgesamt noch einmal deutlich verschärft. Dennoch kam es, vor allem in den ersten Wochen, in der Bevölkerung wiederholt zu Unmutsäußerungen gegen die Besatzer. Als Gegenmaßnahme wurden Ende Juni zunächst 68 Lübecker verhaftet und als Geiseln nach Hamburg gebracht – darunter angesehene Bürger wie die Anwälte Dr. Carl August Buchholz und Dr. Paul Christian Nicolaus Lembke, Kaufleute wie Wilhelm Ganslandt, Johann Philipp Plessing, Marc André Souchay (der bis 1810 das Amt eines französischen Konsuls in Lübeck bekleidet hatte!) und Joachim Nicolaus Stolterfoht sowie der Apotheker Gabriel Ludwig Kindt und der Arzt Dr. Theodor Friedrich Trendelenburg.[73]

Nichtsdestoweniger hielten die Unruhen in der Stadt an. Und am 6. Juli ereignete sich auf dem Markt in Lübeck ein schwerwiegender Zwischenfall. Nach lautstarken Unmutsäußerungen kam es zu einem heftigen Streit zwischen Bürgern und Militär. Der Schlachtermeister Jürgen Prahl und drei weitere beteiligte Bürger wurden verhaftet und am folgenden Tag vor ein französisches Militärtribunal gestellt. Während die drei anderen Bürger freigesprochen wurden, wurde Prahl zum Tode verurteilt und noch am 7. Juli standrechtlich erschossen.[74] Ihm zum Gedenken wurde im Jahre 1820 von den Ämtern an der Stätte der Exekution ein Denkmal errichtet, das noch heute existiert; allerdings wurde es beim Bau des Elbe-Lübeck-Kanals 1900 ein wenig versetzt.[75] Die Exekution Prahls zeigte die von den Franzosen gewünschte Wirkung. Nachfolgend kam es in Lübeck bis zum Dezember 1813 zu keinen weiteren öffentlichen Unmutsäußerungen oder gar Unruhen. Und so konnten denn auch bis zum 19. Juli die 68 nach Hamburg verbrachten Geiseln wieder nach Lübeck zurückkehren.

Die in der Stadt stationierten bis zu 6000 französischen und dänischen Soldaten wurden zunächst, wie schon zuvor seit November 1806, als Naturaleinquartierung in die Häuser der Bürger gelegt; das heißt, die Bürger hatten Soldaten bei sich aufzunehmen und gemäß einem vorab festgesetzten Tagessatz zu versorgen. Die Kosten für den nach wie vor von der Stadt aufzubringenden Unterhalt der Truppen wurden anhand einer nach dem geschätzten Vermögensstand ermittelten Quote auf alle Bürger umgelegt.[76] Darüber hinaus belegte die französische Besatzungsmacht Lübeck und seine Bewohner mit einer außerordentlichen Kontribution, also mit einer Strafsteuer. Zunächst war erwogen worden, die mobilen und immobilen Güter jener

Lübecker zu beschlagnahmen, die geflüchtet waren oder sich nach dem März 1813 besonders exponiert hatten, wovon immerhin 207 Personen betroffen gewesen wären, also etwa 3,5 Prozent der erwachsenen männlichen Bevölkerung. Dieser Plan wurde aber aufgegeben und der Stadt stattdessen eine außerordentliche Kontribution in Höhe von sechs Millionen Francs (ca. vier Millionen Mark) auferlegt, von der ein Drittel in barem Geld, ein Drittel in Wechseln auf Paris und ein Drittel in Warenlieferungen erfolgen sollte. Zudem sollte die Hälfte der Summe von 33 ausgewählten Personen aufgebracht werden, die sich in den Augen der Franzosen besonders exponiert hatten. In Zahlen sollte der Senator und Kaufmann Coht, der sich mit seinem Kollegen Overbeck im Hauptquartier der Alliierten aufhielt, am stärksten belastet werden, nämlich mit 475 000 Franc. Bei einem geschätzten Vermögen von rund 1,4 Millionen Franc war das rund ein Drittel seines Gesamtvermögens.[77]

Bis Ende November 1813 konnten von den Franzosen jedoch nur rund 955 000 Franc dieser Kontributionen eingetrieben werden, obwohl auch Zahlungen in Silbergerät und anderen Wertgegenständen zugelassen waren, bei Säumigkeit Zwangseinquartierungen und bei weiterer Weigerung Beschlagnahmungen vorgenommen wurden sowie mit neuerlicher Geiselnahme gedroht wurde.[78]

Hinzukamen kamen noch weitere Naturalleistungen, die Lübeck und die Lübecker zu erbringen hatten. Zum einen wurde die Stadt von den Franzosen zur Festung ausgebaut. Die 1805 als sinnfälliges Symbol der erklärten Neutralität großenteils demolierten alten Befestigungsanlagen wurden instand gesetzt und neue Schanzen vor dem Burg-, dem Holsten- und dem Mühlentor sowie bei Kronsforde, Moisling und Grönau aufgeworfen. Für diese Arbeiten wurden bis zu 2000 Lübecker zwangsrekrutiert, darunter auch Jugendliche und Frauen; ebenso wurden bis zu 560 Lübecker zu Schanzarbeiten nach Hamburg verbracht.[79] Zum anderen hatte Lübeck Warenlieferungen zu erbringen, so etwa Pferde für die französische Armee und Lebensmittel – vor allem Weizen und Roggen – sowie Wein, Branntwein (über eine Millionen Liter) und Eisen (rund 425 Tonnen) für die Garnison in Hamburg. Der Wert dieser Lieferungen addierte sich auf mehr als 2,5 Millionen Mark, die Gesamtkosten für Lübeck und die Lübecker für die sechs Monate von Anfang Juni bis Anfang Dezember 1813 auf rund fünf Millionen Mark.[80]

Nach dem Juni 1813 führten die Franzosen zudem erneut ihr Verwaltungs- und Justizsystem in Lübeck ein. Dabei fiel es ihnen aber deutlich schwerer als 1811, Funktionsträger für kommunale Ämter aus dem Kreis der Lübecker Elite zu rekrutieren. Der neue provisorische Munizipalrat bestand daher nicht aus den geforderten 30, sondern nur noch aus 19 Mitgliedern. Außerdem handelte es sich größtenteils um Personen mit wenig oder gar keiner Verwaltungserfahrung. Bis Anfang Dezember 1813 traten zudem mehrere Räte zurück oder tauchten unter, ohne dass Ersatz bestimmt worden wäre. Zum neuen Maire wurde der Arzt Friedrich Adolph von Heinze ernannt, der Besitzer des Gutes Niendorf, wo er allerdings erst seit 1802 ansässig war. Da aber auch er sich bemühte, die Forderungen der französischen Besatzer für die Lübecker Bevölkerung zu mindern, wurde er Mitte Oktober verhaftet und von den Franzosen nach Hamburg gebracht, wo er für zwei Wochen gefangen gehalten wurde. Danach wurde ihm gestattet, sich auf sein zweites Gut nach Holstein zurückzuziehen, das er bis Ende 1813 nicht mehr verließ. Sein erster Stellvertreter (Maire-adjoint) in Lübeck, der Anwalt Dr. Gotthard Hinrich Meyersieck, weigerte sich, das Amt des Maires zu übernehmen, so dass der zweite Maire-adjoint, der Kaufmann Friedrich Wilhelm Grabau, diese Funktion übernehmen musste. Doch auch er wurde, ebenso wie der gesamte restliche Munizipalrat, Ende November verhaftet und vom französischen Militär als Geisel genommen, um weiteres Geld zu erpressen.[81]

Inzwischen war Mitte August im mecklenburgischen Güstrow das „Interimistische Directorium der hanseatischen Angelegenheiten" ins Leben gerufen worden. Seine hauptsächlichen Aufgaben waren die Versorgung der zahlreichen Flüchtlinge aus den beiden Schwesterstädten, der Unterhalt der hanseatischen Truppen und die Vertretung der Hansestädte bei den Alliierten. Mitglieder dieses Direktoriums waren der Lübecker Syndikus Curtius und sein Hamburger Kollege Johann Michael Gries – weshalb auch von einer Exilregierung gesprochen werden kann – sowie aus Hamburg der Chef der im Frühjahr gebildeten Hamburger Bürgergarde David Christopher Mettlerkamp, der Buchhändler Friedrich Perthes, der Anwalt und spätere Oberaltensekretär Ferdinand Beneke und der Anwalt und spätere Hamburger Senatssyndikus Karl Sieveking. Zu ihnen stießen im September noch der Lübecker Pastor Johann Geibel und der Hamburger Kaufmann Peter Godeffroy hinzu. Recht erfolgreich war das Direktorium bei der Versorgung der hansestädtischen Flüchtlinge, das heißt bei der Verteilung der eingegangenen Hilfsgelder. Was die auswärtige Vertretung der Städte anbelangt, so wurde das Direktorium zwar von Mecklenburg-Schwerin, Schweden und Russland als Exilregierung offiziell anerkannt, nicht jedoch von der Gesamtheit der Alliierten, also insbesondere nicht von Großbritannien, Preußen und Österreich.[82] Und auch auf die Entwicklung der militärischen Lage hatte das Direktorium keinen Einfluss, ebenso wenig wie auf die Einsätze der hanseatischen Einheiten.

Während des Waffenstillstandes zwischen Frankreich und den Alliierten vom 4. Juni bis 17. August war die Zeit für eine grundlegende Reorganisation der hanseatischen Truppen aus Lübeck und Hamburg genutzt worden. Da die Heimatstädte vom Kriegsgegner besetzt waren, konnte von dort weder eine Besoldung noch eine Ergänzung der Einheiten erfolgen; die Truppen selbst sollen sich zudem in einem ausgesprochen desolaten Zustand befunden haben. Dies änderte sich erst Anfang August, als Großbritannien die Hanseaten in seinen Sold nahm.[83]

Nach dem Wiederausbruch der Feindseligkeiten wurden Teile der Legion in Gefechte im südwestlichen Mecklenburg und im nordöstlichen Niedersachsen verwickelt, andere Teile standen als Vorhut direkt der französischen Verteidigungslinie an der Stecknitz von der Lübecker Bucht bis zur Elbe gegenüber.[84] Im Zuge von Vorpostengefechten stieß am 5. September eine Schwadron der Hanseatischen Legion unter Major von Arnim bis an das Lübecker Burgtor vor und verwickelte die französischen Einheiten im Umfeld der Stadt in ein mehrstündiges Gefecht. Auf dem Rückzug ins Mecklenburgische ist von Arnim dann in der Nähe des Dorfes Wesloe nordöstlich von Lübeck gefallen. Ihm zum Gedenken wurde im Oktober 1814 das noch heute bestehende Denkmal bei Wesloe errichtet.[85]

Erinnerung an von Arnim von der Hanseatischen Legion (Michael Hundt)

Die Niederlage Napoleons in der Völkerschlacht bei Leipzig vom 16. bis 18. Oktober 1813 hatte zunächst keine direkten Auswirkungen auf Norddeutschland. Erst nachdem der französische Marschall Davout am 11. November die Weisung erhalten hatte, das zur Festung ausgebaute Hamburg um jeden Preis zu halten, gab er die Stecknitzlinie auf.[86] Daraufhin wurden bis Ende November weite Teile des Herzogtums Lauenburg von den Alliierten besetzt, so dass sich die französischen Truppen in Lübeck in einer militärisch höchst prekären Vorpostenposition wiederfanden, die dauerhaft kaum zu halten war. Anfang Dezember rückten dann schwedische und hanseatische Einheiten auf Lübeck vor und begannen, die Stadt einzukreisen.[87]

General Lallemand hatte als Platzkommandant Weisungen an die Lübecker zum Verhalten bei der Annäherung der alliierten Truppen gegeben, wonach im Alarmfall eine strikte Ausgangssperre greifen sollte.[88] Zudem waren auf seine Weisung 13 Schiffe, die sich noch im Hafen von Lübeck befanden, nach Travemünde geschleppt worden, um dort in der Fahrrinne versenkt zu werden. Tatsächlich wurden bis zum Abzug der Franzosen Anfang Dezember jedoch nur zwei dieser Schiffe versenkt.[89] Wäre dies mit allen Schiffe so geschehen, wäre die Travemündung auf lange Zeit blockiert gewesen und die Seefahrt und der Handel Lübecks – auch nach dem Ende der Franzosenzeit – auf Monate, wenn nicht Jahre zum Erliegen gekommen.

Am 2. Dezember hatte ein Bataillon der Hanseatischen Legion Grönau erreicht und nach längeren Gefechten die dortigen französischen und dänischen Vorposten vertrieben. Am 4. Dezember traf dann der schwedische Kronprinz Karl Johann mit dem Hauptteil seiner Armee in Grönau ein, ließ einen Teil des Heeres über die Wakenitz zum Burgtor vorstoßen und im Bereich der heutigen Teerhofsinsel eine Brücke über die Trave schlagen, um so Lübeck vollkommen einzuschließen. Am folgenden Tag rückten die schwedischen Truppen von Grönau bis unmittelbar vor das Mühlentor und bereiteten sich auf einen Sturmangriff vor. Zuvor ließ Karl Johann dem französischen General Lallemand jedoch noch im Falle der Kapitulation freien Abzug anbieten, was der General zunächst ablehnte. Da aber der größte Teil der dänischen Truppen Lübeck bereits gegen Mittag verlassen hatte, willigte am Nachmittag des 5. Dezember nach langen und wiederholten Verhandlungen endlich auch Lallemand in die Kapitulation ein.[90]

Der Auszug der französischen und der verbliebenen dänischen Einheiten aus Lübeck erfolgte noch am selben Abend gegen 22 Uhr aus dem Holstentor, bei fast gleichzeitigem Einrücken der schwedischen Armee mit ihrem Kronprinzen an der Spitze. Es mutet wie ein Treppenwitz der Geschichte an, dass ausgerechnet der Mann, der Lübeck als französischer Marschall unter dem Namen Jean-Baptiste Bernadotte am 6. November 1806 erobert hatte, nun sieben Jahre und einen Monat später als schwedischer Kronprinz Karl Johann die Stadt wieder von der französischen Fremdherrschaft befreite. Am folgenden Morgen, dem 6. Dezember 1813, bestellte Karl Johann die in der Stadt anwesenden Mitglieder des Senats ein und gab ihnen die Wiederherstellung des eigenständigen Lübecker Staates und seiner Verfassung bekannt.[91]

In den folgenden Tagen und Wochen begann nun der mühsame Wiederaufbau der eigenen staatlichen Strukturen, der Abbau der von den Franzosen errichteten Befestigungsanlagen, die sehr langsame Erholung von den anhaltenden finanziellen Belastungen durch den Krieg und nicht zum wenigsten die Aufnahme zahlreicher Vertriebener aus Hamburg.[92]

Auffallend jedoch ist das Ausbleiben jedes Vorgehens gegen Amtsträger des französischen Staates. Gegenüber den französischen Beamten waren zwar keine Maßnahmen möglich, denn sie waren alle mit den Truppen abgezogen, aber selbst die Lübecker in französischen Diensten blieben zumindest physisch unbehelligt. Kein Einziger ist wegen der Übernahme eines Amtes – etwa als Munizipalrat oder gar als Maire –, wegen Kollaboration oder wegen Tätigkeit für die französische Geheime Polizei verfolgt oder bestraft worden. Die Kontinuität, die insbesondere bei jenen Senatsmitgliedern zu beobachten ist, die nach 1811 Funktionen im französischen Munizipalrat innehatten, dann aber 1813 sowohl nach der ersten wie auch nach der zweiten Befreiung wieder ihre alten Senatsämter übernahmen, zeigt vielmehr, wie sehr sich diese zwischen 1811 und 1813 nur dem äußeren Druck gebeugt und auch in den französischen Ämtern letztlich nicht anders als zum Nutzen Lübecks und seiner Bürger gewirkt hatten. Und sogar der Maire Grabau genoss weiterhin großes Ansehen, wurde 1817 gar in den Senat berufen.[93]

Lediglich der in der Lübecker Bevölkerung als besonders verhasst beschriebene französische Polizeikommissar Johann Carl Raspe hätte eine Ausnahme bilden können. Auf Weisung eines russischen Generals wurde er im Februar 1814 vom holsteinischen Amt Ahrensburg, wo er sich inzwischen niedergelassen hatte, unter Spionageverdacht verhaftet und unaufgefordert nach Lübeck überstellt. Dort wurde er inhaftiert und mehrfach nach den Zuträgern der Geheimen Polizei befragt. Seine Aussagen, bei denen er offensichtlich unbescholtene Bürger belastete, sorgten für erhebliche Unruhe in der Stadt. In einem Fall sah sich der Senat sogar zu einer öffentlichen Ehrenerklärung genötigt. Raspe wurde schließlich im Herbst 1814 aus dem Gefängnis entlassen und der Stadt verwiesen.[94]

An den Folgen der Franzosenzeit trug Lübeck noch lange. Zum einen fiel nun das Herzogtum Sachsen-Lauenburg an Dänemark. Damit lag die für Lübeck lebenswichtige Landverbindung nach Hamburg zur Gänze in dänischen Händen – mit fatalen Folgen für die Lübecker Wirtschaft, da Kopenhagen die Verbindung nach Möglichkeit zu stören suchte, um so den eigenen Städten Kiel und Neustadt einen Wettbewerbsvorteil zu verschaffen. Eine moderne Chaussee nach Hamburg wurde erst 1838 gebaut, eine direkte Eisenbahnverbindung sogar erst 1865.[95]

Noch sehr viel gravierender waren zum anderen die finanziellen Lasten. Gegenüber Frankreich konnten infolge der Bestimmungen des Zweiten Pariser Friedens vom 20. November 1815 lediglich die Lieferungen von Privatpersonen an die französische Armee von Juni bis Dezember 1813 geltend gemacht werden. Allerdings summierten sich diese Lieferungen immerhin auf rund 5,7 Millionen Franc (etwa

3,8 Millionen Mark), von denen Lübeck nach langen und zähen Verhandlungen im April 1818 zwei Millionen Franc – also 35 Prozent – erstattet wurden. Das lag im Mittelfeld dessen, was auch die anderen Alliierten zur Kompensation ihre Forderungen erhielten.[96] Zudem hatten sich die Lübecker Staatsschulden von Ende 1806 bis Ende 1813 auf rund 10 Millionen Mark erhöht. Sie konnten in den folgenden Jahrzehnten nur durch eine strikte Haushaltsdisziplin und harte Sparmaßnahmen abgetragen werden. Die letzte Teiltilgung erfolgte sogar erst im Jahr 1891.[97] Dadurch standen der Staatskasse vor allem bis zu Beginn der 1860er Jahre kaum Gelder für dringend erforderliche Investitionen zur Verfügung, so dass Lübeck immer weiter hinter die beiden Schwesterstädte Hamburg und Bremen, aber auch hinter andere Ostseestädte wie Stettin oder Rostock zurückfiel.

In der kollektiven Erinnerung der Lübecker blieben die Franzosenzeit und vor allem das Jahr 1813 noch lange präsent. Erst durch die beiden Weltkriege und die Zeit des Nationalsozialismus verblasste das Bild langsam. Ein offizielles oder sonstiges öffentliches Gedenken an die Franzosenzeit fand weder 2006 noch 2013 statt. Geblieben sind eine Plakette am Burgtor sowie zwei in Privathäuser eingemauerte Kanonenkugeln als Erinnerung an die Schlacht bei und in Lübeck 1806, außerdem die beiden oben erwähnten Denkmäler für Prahl und von Arnim.

3. Die Last der Besatzung – Französisches Militär und französische Verwaltung im Herzogtum Sachsen-Lauenburg

William Boehart

In der lokalen Geschichtsschreibung wird die Epoche der französischen Besatzung des Herzogtums Sachsen-Lauenburg als drückende Last dargestellt. Hermann Harms schrieb in seiner populären Kreisgeschichte, das Herzogtum sei von den französischen Okkupanten „wie eine Zitrone" ausgequetscht worden.[98] Dieses Bild zeichnet auch der jüngere Aufsatz von Helmut Stubbe de Luz über die „Last der Besatzung" für die Bevölkerung.[99] Das Bild der Franzosenzeit in der lokalen Literatur wird vom Aufkommen des Nationalismus im 19. Jahrhundert geprägt. Werke wie C. L. E. Zanders Darstellung aus dem Jahre 1861[100] oder Friedrich Bertheaus Aufsatz aus dem Jahre 1886 strotzen von einer deutschnationalen Gesinnung und stempeln die Franzosen als „Feinde" ab. Der schillernde Begriff „Befreiungskrieg" zur Bezeichnung der militärischen Konflikte der Jahre 1812 bis 1815 in Deutschland gewinnt vor diesem Hintergrund im regionalen Bewusstsein eine interpretative Bedeutung.

Im vorliegenden Aufsatz wird der aktuelle Forschungsstand zur konkreten „Last der Besatzung" exemplarisch an der Stadt Lauenburg/Elbe vorgestellt. Darüber hinaus wird der Frage nachgegangen, was die „Befreiung" für die Betroffenen eigentlich bedeutete. Empfanden die damaligen Untertanen im Lauenburgischen die „Last der Besatzung" als eine reine materielle Angelegenheit, oder gibt es Hinweise, dass es sich eher um eine „Fremdherrschaft" handelte, gegen die Widerstand geleistet werden sollte?

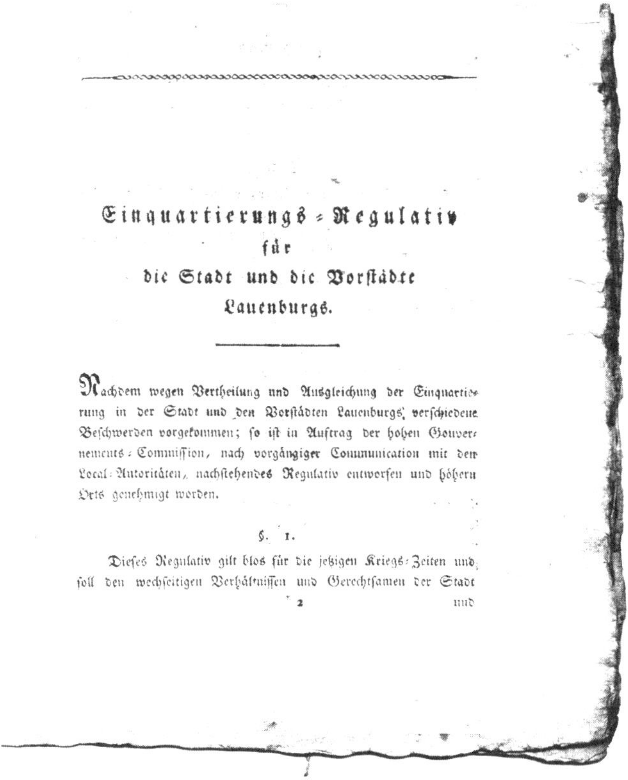

Einquartierungs-Regulativ
für
die Stadt und die Vorstädte
Lauenburgs.

Nachdem wegen Vertheilung und Ausgleichung der Einquartierung in der Stadt und den Vorstädten Lauenburgs, verschiedene Beschwerden vorgekommen; so ist in Auftrag der hohen Gouvernements-Commission, nach vorgängiger Communication mit den Local-Autoritäten, nachstehendes Regulativ entworfen und höhern Orts genehmigt worden.

§. 1.

Dieses Regulativ gilt blos für die jetzigen Kriegs-Zeiten und soll den wechseitigen Verhältnissen und Gerechtsamen der Stadt

2 und

Die erste Seite des „Einquartirungs-Regulativ für die Stadt und die Vorstädte Lauenburgs" vom 20. Januar 1810 (Stadtarchiv Lauenburg)

Hierzu empfiehlt sich zunächst ein kurzer geschichtlicher Rückblick. Das Jahr 1689 bedeutete für das Lauenburger Land mit dem Aussterben der heimischen Askanier nicht nur einen Herrschaftswechsel, sondern auch eine neue räumliche Zuordnung. Durch die Verbindung mit den Welfen, die im heutigen Niedersachsen das Regiment führten, orientierte sich das Land nach Süden. Diese Neuorientierung sollte sich während der Franzosenzeit als schicksalhaft erweisen. Nach 1705 wurde für das Herzogtum Hannover zum oberen Verwaltungssitz. Ansonsten blieb die Verwaltungsstruktur bestehen – die Regierung, das Hofgericht und das Konsistorium in Ratzeburg, die fünf herrschaftlichen Ämter, die drei Städte (Ratzeburg, Mölln und Lauenburg) sowie die Gutsbezirke beziehungsweise die Adligen Gerichte. Während auf der politischen und der Verwaltungsebene unter den Welfen keine Änderungen erfolgten, gab es diese im Bereich der Wirtschaft durchaus. Die folgenreichste Maßnahme war die große Agrarreform der Verkoppelung. Dadurch steigerte sich die Produktivität der Guts- und Bauernländereien. Die Geldregister über Einnahmen und Ausnahmen der herrschaftlichen Ämter liefern ein deutliches Bild von der wachsenden Produktivität. Das Amt Schwarzenbek zum Beispiel verzeichnete zwischen 1700 und 1800 eine Verdreifachung des Überschusses, das Amt Ratzeburg gar eine Verachtfachung.

Am Vorabend der Französischen Revolution wies das kleine Herzogtum Sachsen-Lauenburg eine stabile Herrschaftsstruktur sowie eine steigende, land- und forstwirtschaftlich orientierte Wirtschaftskraft auf. Im Vergleich zum 17. Jahrhundert war diese Zeit eine Epoche des relativen Friedens. In einem Punkt genossen die Lauenburger Untertanen eine milde Herrschaft: Laut Abschnitt XVII des Landesrezesses von 1702 (das Verfassungsdokument für das Land) durften den Untertanen in Kriegszeiten nicht ungebührlich Lasten aufgebürdet werden. Sie sollten, wenn nötig, „darüber gehöret und also gedachte ihre Leuthe nicht anders, als mit deren Einwilligung dazu gezogen werden". Der Lauenburger galt als ein friedlicher Zeitgenosse. Sollte es Krieg geben, wollte er nicht hingehen. Diese Haltung zeigte sich vor allem bei den militärischen Auseinandersetzungen im Jahre 1803, als sich die jungen wehrfähigen Männer scharenweise nach Holstein und Mecklenburg absetzten, um dem Kriegsdienst gegen die französischen Invasoren zu entgehen.

Für die Stadt Lauenburg liegen konkrete Forschungsergebnisse vor, die den Gegenstand der nachstehenden Ausführungen bilden. Vor allem ist die Lauenburger Historikerin Claudia Tanck in einem 2004 erschienenen Aufsatz der Frage nachgegangen, ob die von der bisherigen Literatur bloß angenommene „große Last" der Besatzungszeit auch wirklich den Tatsachen entspricht.[101]

Am Vorabend der Besatzung bestand der Ort Lauenburg aus einem Flickenteppich von unterschiedlichen Verwaltungsbereichen.[102] Die eigentliche Stadt Lauenburg, im 13. Jahrhundert gegründet und mit Stadtrechten versehen,[103] erstreckte sich entlang der Elbstraße dicht am Fluss und wurde vom Magistrat der Stadt verwaltet. Die Erweiterung der Stadt elbaufwärts (Neustadt genannt) erfolgte im 17. Jahrhundert, als auch die sogenannten Vorstädte Hohler Weg, Oberbrück und Unterberg entstanden. Erst 1872 wurden die Stadt und die Vorstädte zur heutigen Stadt Lauenburg vereinigt.[104]

Seit seiner Entstehung bildeten Schifffahrt und Handel die wirtschaftliche Grundlage des Ortes. 1417 gewährte Herzog Erich V. das Lauenburger Schiffamtsprivileg und begründete das „Ehrliebende Schiffsamt". Mit dem Privileg erhielten die Lauenburger Schiffer ein Monopol für den Weitertransport der von Lübeck über die Stecknitzfahrt (die sogenannte „nasse Salzstraße") eintreffenden Güter. Die Güter wurden von den Stecknitzkähnen auf die größeren Elbkähne der Lauenburger Schiffer umgeladen. Damit beherrschten die Lauenburger den Handelsweg zwischen der Elbstadt und dem Hamburger Hafen.

1803 zählte Lauenburg insgesamt 469 Häuser mit 3280 Einwohnern. Der Ort befand sich in einer Wirtschaftskrise, denn er war nach 1750 zusammen mit seinem wichtigen Gewerbezweig Schifffahrt in wirtschaftliche Schwierigkeiten geraten.[105] Aufgrund diverser Zollkonflikte gingen die Transportmengen der Lauenburger Schiffer gegenüber denen der Konkurrenz aus Mecklenburg und Preußen stark zurück. 1795 richtete der Magistrat einen Hilferuf an die Regierung in Ratzeburg, „um den gänzlichen Untergang zu vermeiden". Die früher wichtigen „Nahrungsquellen" Korn- und Holzhandel sowie Schifffahrt seien fast gänzlich versiegt. Es herrsche „Elend in der Stadt".

Die Lauenburger blickten schon 1803 auf eine lange Geschichte von Einquartierungen und der Anwesenheit von Militär zurück. Bereits im Dreißigjährigen Krieg zogen Söldnerscharen durch den Ort. Im Zuge des Lauenburger Erbfolgekrieges 1689 besetzte Georg Wilhelm, Herzog zu Braunschweig und Lüneburg, den Ort Lauenburg. Seit dieser Zeit war Lauenburg Garnisonsstandort. Die Bevölkerung hatte sich auf das Zusammenleben mit den Soldaten eingerichtet.

Aufgrund der hohen Zahl der zu versorgenden Soldaten entfaltete die französische Besatzung nach 1803 jedoch eine andere Qualität. Die Bürger waren verpflichtet, das in ihren Häusern einquartierte Militärpersonal zu verpflegen, und die Stadt hatte die Aufgabe, für die Instandhaltung der vom Militär genutzten Gebäude sowie für Futter aufzukommen. In den Jahren 1803 bis 1807 waren durchschnittlich 5626 französische Militärpersonen in der Stadt Lauenburg und den Vorstädten einquartiert. Für die Stadt im engeren Sinne liegen Berechnungen vor: Bei 200 Häusern ergibt sich pro Haus eine durchschnittliche Zahl von 28 in diesem Zeitraum zu quartierenden Personen. Ein großer Teil der Soldaten war vermutlich in Zelten und Baracken untergebracht.

Eine Aufstellung des Schustermeisters Heitmann hält fest, dass von Mai 1803 bis März 1808 meistens nur ein Soldat, seltener und dann auch nur für eine kurze Zeit zwei bis fünf und an insgesamt 14 Tagen acht Soldaten bei ihm einquartiert waren. Die Liste enthält für den besagten Zeitraum über 200 Einquartierungen. Auch wie hoch die errechnete Entschädigungssumme lag, zeigt das Beispiel Heitmanns, der 1808 beim Magistrat der Stadt eine Entschädigungsforderung wegen „ungerechtfertigter Einquartierung" stellte.[106] Insgesamt bezifferte Heitmann Kosten in Höhe von über 800 Reichstalern. Interessant an seiner Aufstellung ist die Tatsache, dass er keinen Unterschied zwischen französischen und anderen Soldaten machte.

Mit detaillierten Berechnungen zeigt der Aufsatz von Tanck die „Last der Besatzung" für den Ort auf. Die Bilanz der Stadtkasse über die Ausgaben vom 8. Juni 1803 bis zum 31. Juli 1806 „in Ansehung der fremden Truppen" belegt, dass in diesem Zeitraum 6387 Reichstaler aufgewendet wurden. Davon entfielen 3699 Reichstaler auf die Einquartierung der Truppen, 1988 auf die Tafelgelder und 700 auf Zinsen. Die Kapitalschulden der Stadt stiegen von 1642 Reichstalern im Jahr 1803 auf 13 907 im Jahr 1807. Die Besatzungskosten belasteten die Stadtkasse noch bis in die vierziger Jahre des 19. Jahrhunderts hinein, denn der erhöhte Geldbedarf musste durch Aufnahme von Kapitalmitteln gedeckt werden.

Zu der Belastung durch die Einquartierungen kamen nach 1807 die Kriegsanleihen. Mit der Einverleibung des Herzogtums in das Departement der Elbmündungen erhöhte sich der Druck der Franzosen. Die Aushebung der jungen Männer für das französische Heer stellte eine neue Qualität der Besatzung dar. 1803 hatte sich der Lauenburger weitestgehend dem Kriegsdienst in der hannoverschen Armee verweigert, nur wurde er zwangsweise Soldat der französischen Streitkräfte. Als die Grande Armée zusammengestellt wurde, befanden sich unter den Truppen auch junge Lauenburger, die im Rahmen der Konskription Kriegsdienst für Frankreich leisten mussten.

Der Aufsatz von Claudia Tanck belegt, welch enorme Belastung die militärische Besatzung Lauenburgs zwischen 1803 und 1813 für den Ort darstellte. Ihr Fazit, dass diese Zeit in der Tat eine „Last" für die Bevölkerung war, lässt sich mit Sicherheit auch auf den Rest des Herzogtums übertragen. Es stellt sich dennoch die Frage, ob die Bevölkerung diese Last denn nicht nur materiell, sondern auch „moralisch" als erdrückend empfand, weil sie von einer „fremden", also nicht deutschen, Macht verursacht wurde. Andersherum gefragt: Hat die damalige Bevölkerung des Herzogtums die auf ihrem Gebiet erfolgten militärischen Auseinandersetzungen zwischen französischen und alliierten Truppen 1813 als „Befreiungskrieg" empfunden?

Es ist außerordentlich schwierig, diesbezüglich gesicherte Aussagen zur Mentalitätsgeschichte zu treffen. Es lässt sich indes konstatieren, dass der Begriff „Befreiungskrieg" erst nachträglich entstanden ist. Es waren vor allem konservative preußische Meinungsmacher, die in der Restaurationsphase nach 1815 den Begriff „Befreiungskrieg" zur Betonung des Kampfes gegen Napoleon als eine gegen die französische Hegemonie und die Besetzung Europas gerichtete Kampagne prägten. Dabei sollte die Rolle Preußens bei der „Befreiung" der Deutschen in den Vordergrund gerückt werden. Dagegen pflegten liberale Kräfte interessanterweise den anders nuancierten Begriff „Freiheitskrieg" zu verwenden, der sich jedoch in der allgemeinen Geschichtsschreibung nicht durchgesetzt hat. Der Begriff „Befreiung" ist hier auf jeden Fall ideologisch geprägt. Es geht dabei um den Kampf gegen den „Erzfeind" Frankreich, also um einen Begriff aus der Mottenkiste der deutschnationalistisch geprägten Denkschablonen des 19. Jahrhunderts. Die Rückbesinnung auf die „Befreiungskriege" gegen die „Fremdherrschaft" der Franzosen bildete einen Stützpfeiler in der ideologischen Begründung des neuen Deutsches Reiches, das nach dem gewonnenen Krieg 1870/71 gegen Frankreich entstanden war. Im Lauenburgischen entstanden bis zum „Jubiläumsjahr" 1913 – das im Übrigen mit großen, deutschnationalen Festen und Umzügen begangen wurde – Denkmäler, die an den „Befreiungskrieg" erinnerten. Es drängt sich die Vermutung auf, dass nicht die Lauenburger um 1813, sondern ihre Nachfahren zwischen 1883 und 1913 den Krieg gegen Napoleon als „Befreiungskrieg" deuteten.

Der Lauenburger war um 1800 Kummer gewohnt, es herrschte die rigide, fast undurchlässige Struktur der im Mittelalter entstandenen alteuropäischen Gesellschaft mit Obrigkeit und Untertanen. „Freyheit" bedeutete ein von der Obrigkeit gewährtes Privileg, eine durchaus notwendige Eigenschaft, um gesellschaftlich und wirtschaftlich zu bestehen. Der moderne Begriff von individueller Freiheit bestand nur als Schimäre in den Schriften der Aufklärer wie Gotthold Ephraim Lessing. Seit dem Aussterben der Askanier 1689 wurde das kleine Herzogtum von einer „fremden" Macht regiert. Dass diese Macht nach 1803 französisch war, dürfte den Durchschnittsuntertanen wenig beeindruckt haben. Man könnte eher die Frage stellen, ob der Franzose nicht vielmehr als „Befreier" verstanden wurde. Denn die Französische Revolution kündigte die Menschenrechte von Gleichheit, Freiheit und Brüderlichkeit an, also die Ideale der Aufklärung. Sollte das Herzogtum 1803 vom Joch der feudalen Gesellschaft befreit werden? In Hamburg entstanden nach 1789 jakobinische Gesellschaften, welche die Revolution als Verheißung empfanden. Für das Lauenburgische gibt es keine Hinweise auf vergleichbare Strömungen, entsprechende Untersuchungen stellten noch ein Forschungsdesiderat dar.

Für die Stadt Lauenburg ist ein Fall überliefert, der einen Einblick in das Verhältnis zwischen den französischen Besatzern und der Bevölkerung ermöglicht. Im Winter 1805 kam es in der Elbstraße zu einem Scharmützel zwischen französischem Militär und den Lauenburgern. Am 11. Januar brach im Zollhaus (Elbstraße 26) Feuer aus. Als der Alarm geschlagen wurde, eilten die Menschen mit Eimern, Leitern, Haken und Beilen zur Feuerstätte. Die große Menschenansammlung in den engen Straßen mündete in einen Zusammenstoß mit dem französischen Militär, bei dem zwei Lauenburger ums Leben kamen – der Kranknecht Lente und der Schiffer Haustein.

Die Behörden leiteten eine Untersuchung ein. Die Untersuchungsakte wird im Stadtarchiv verwahrt, sie enthält 24 Zeugenaussagen. Hervorzuheben ist, dass der Vorgang unter den wachsamen Augen der französischen Besatzung untersucht wurde – mit dem Ergebnis, dass die Hauptschuld an der Auseinandersetzung bei den eigenen Militärs festgestellt wurde. Die betreffende Einheit wurde in eine andere Gegend verlegt.

In der heimatlichen Literatur wird diese „Straßenschlacht" als Beleg für die Existenz einer franzosenfeindlichen Gesinnung bei den Lauenburgern bereits um 1805 gewertet.[107] Diese Einschätzung ist jedoch fraglich. Es zeigt sich hier vielmehr, dass die Franzosen bemüht waren, durch eine amtliche Untersuchung rechtsstaatlichen Formen zu entsprechen. Aus der Akte geht nicht hervor, dass es die französische Nationalität der Soldaten war, die zur Eskalation geführt hat; Auslöser war vielmehr allein das brutale Verhalten der beteiligten Soldaten.

Wollten sich die Lauenburger 1813 von den französischen Besatzern befreien? Die materielle „Last der Besatzung" war erdrückend, und nach 1812 bot sich die Möglichkeit, diese Last abzuwerfen und die Besatzer loszuwerden. Entstanden ist immerhin ein freiwilliges lauenburgisches Bataillon von zirka 1000 Mann, die an den Kampfhandlungen teilnahmen. Die Bildung dieses Bataillons deutet darauf hin, dass zumindest eine ansehnliche Zahl junger Männer von einer patriotischen Stimmung („der Rettung Deutschlands") mitgerissen wurde.

4. Der lange Kampf um Hamburg 1813/14

Ortwin Pelc

Am 25. Dezember 1812 wurde im „Hamburgischen Correspondenten" das 29. Kriegsbulletin der Grande Armée veröffentlich, durch das die Hamburger offiziell erfuhren, dass Napoleon und seine Armee den Russlandfeldzug verloren hatten. Bereits in den Wochen zuvor hatten Geschäftspartner Hamburger Kaufleute aus dem Ostseeraum vom Rückzug der französischen Armee, dem verlustreichen Übergang über die Beresina und dem Vorrücken der russischen Armee berichtet. Die Stadt war am 1. Januar 1811 durch ein Dekret Napoleons in das französische Kaiserreich einverleibt worden, deshalb waren auch hier junge

Männer als Soldaten für diesen Feldzug eingezogen worden; von diesem neu gebildeten 127. Linienregiment kehrten aber nur wenige verwundet zurück und konnten von den erlittenen Strapazen erzählen. Diese Nachrichten beeinflussten in den Weihnachtstagen die Stimmung der Hamburger, die sich gegenüber den französischen Besatzungsbehörden im Laufe des Jahres 1812 immer mehr verschlechtert hatte.[108] Während der vergangenen Jahre der Besatzungszeit hatten die französischen Behörden versucht, Verwaltung und Justiz der Stadt zu modernisieren und zugleich die Bevölkerung durch Bälle, Lotterien und Volksbelustigungen für sich einzunehmen. Auf der anderen Seite standen aber Pressezensur und Verhaftungen, Durchsuchungen, hohe Abgaben und weitverbreitete Korruption. Betroffen waren sowohl die wohlhabenden Bürger als auch die ärmeren Bevölkerungsschichten, denn alle waren in die andauernde Wirtschaftskrise verwickelt; jede Kontrolle und Repression der Besatzungsbehörden führte zu weiterem Unmut. Diese bedrückenden politischen und wirtschaftlichen Verhältnisse führten zu gelegentlichen spontanen Tumulten insbesondere an den Toren, wenn nach Schmuggelware gesucht wurde.

Aufstand und erste Befreiung

Aus den Berichten der französischen Verwaltungsbeamten nach Paris wurde im Januar 1813 deutlich, dass es nur eines Funkens bedurfte, um die Unzufriedenheit vor allem in der ärmeren Bevölkerung in offenen Widerstand zu verwandeln. An den Hauswänden tauchten antinapoleonische Plakate und Karikaturen auf. Die französischen Befehlshaber überlegten, den französischen Beamten zu empfehlen, ihre Familien unauffällig aus der Stadt zu bringen.

Mitte Februar 1813 gab es immer mehr Gerüchte, dass russische Truppen bereits Berlin erreicht hätten und weiter vormarschieren würden. Das Hamburger Bürgertum befürchtete allerdings mögliche Unruhen in der Stadt. Am 22. Februar informierte der Maire Amandus Augustus Abendroth[109] den Munizipalrat vertraulich, dass die Aufstellung einer Bürgerwehr bevorstünde, um die öffentliche Ordnung aufrechtzuerhalten, wenn die französische Garnison abzöge.

Am 24. Februar 1813 brach dann der Aufstand tatsächlich aus. Er wurde in der bürgerlichen Historiographie des 19. Jahrhunderts heruntergespielt, nicht zuletzt, weil er von den Hamburger Unterschichten ausging, gar nicht im Interesse des Bürgertums war und dessen Verhalten im Aufstand dem wenig später propagierten lokal- und nationalpatriotischen Idealen widersprach.[110] Die Unruhen begannen gleichzeitig am Baumhaus und am Millerntor, wo ein Wagen des Zolls mit konfiszierten Waren geplündert wurde beziehungsweise ein Handgemenge zwischen Schmugglern, Seeleuten, Tagelöhnern und Arbeitern mit Zollbeamten mehrere Tote forderte. Am Millerntor kam es zu Plünderungen der Gebäude von Zoll- und Steuereinnehmern und am Hafen zu Übergriffen auf Schiffe, da sich dort französische Familien und Soldaten einschifften und die Aufständischen vermuteten, dass ein Teil der Zolleinnahmen fortgeschafft werden sollte. Es gab Verletzte und Tote. Die inzwischen kleine französi-

sche Garnison versuchte, die Aufständischen an der Schaar-
torbrücke und am Zeughausmarkt in Schach zu halten, dies
gelang aber nicht. Erst mit Hilfe von 300 bewaffneten Matrosen konnte Konteradmiral Lhermite die Aufständischen in
die Stadtmitte abdrängen, wo aber – ebenso wie in St. Georg
und auf dem Hamburger Berg – die Plünderungen von Häusern verhasster französischer Beamter fortgesetzt wurden.

Da eine Niederschlagung des Aufstandes mit den vorhan-
denen militärischen Kräften nicht zu gelingen schien, er-
bat der Oberbefehlshaber der 32. Militärdivision, General
Carra St.-Cyr[111], Hilfe aus Altona. Bereits am Nachmittag
kamen 200 dänische Husaren, denen es mit Hilfe der vor-
handenen französischen Kräfte gelang, die Ruhe wieder-
herzustellen. Auf vier Plätzen der Stadt wurden Kanonen
aufgestellt. Auf den Waffenplätzen durfte sich ein Teil der
alten Bürgerwache versammeln und wurde von den französischen Behörden sogar mit Flinten und Säbeln ausgerüstet; es wurde auch geduldet, dass sich eine „Sicherheits-
garde" aus Söhnen wohlhabender Hamburger Familien
bildete, exerzierte und durch die Straßen patrouillierte.
Dahinter standen patriotische Hamburger wie der Buchhändler Friedrich Perthes[112], die Juristen Ferdinand Beneke
und Karl Sieveking, der Arzt und Schriftsteller Jonas Ludwig von Heß und der Bleideckermeister David Christoph
Mettlerkamp. In diesen Vorgängen spiegelt sich eine be-
merkenswerte Spaltung der Hamburger: Das wohlhaben-
de Bürgertum sah in dem Aufstand der Unterschichten
eine Bedrohung seiner Position und besonders seines Besitzes; diese Einstellung überwog gegenüber den antifran-

zösischen Einstellungen und ließ Hamburger gegen Hamburger vorgehen.[113] Obwohl die französischen Behörden feststellten, dass es weiterhin unter der Bevölkerung gärte und die Befreiung durch russische Truppen erwartet wurde, kam es in den folgenden Tagen nur noch zu einzelnen Menschenansammlungen, und 400 deutsche Matrosen desertierten vor der Rekrutierung in den französischen Militärdienst. Die Nachricht vom Aufstand in Hamburg verbreitete sich aber in Norddeutschland wie ein Lauffeuer und es kam unter anderem in Lübeck, Lüneburg, Stade, Buxtehude, Harburg, Moorburg, Wilhelmsburg und Bergedorf zu Aufruhr und Gewaltaktionen gegen Zoll- und Steuerbehörden sowie die Polizei.[114]

Der Aufstand hatte die französische Verwaltung in Hamburg weitgehend wirkungslos gemacht, die Zollgrenzen spielten kaum noch eine Rolle und entsprechend setzte ein reger unkontrollierter Handel ein, wodurch auch die Warenpreise in der Stadt sanken.

General Carra St.-Cyr begann einerseits erste Maßnahmen für einen Rückzug vorzubereiten – er beorderte am 28. Februar drei Schiffe zum Zollenspieker, die die Elbpassage bewachen sollten, verbot alle öffentlichen Feiern und drohte, mit Kanonen auf Menschenansammlungen zu schießen.[115] Andererseits rief er am 27. Februar ein militärisches Sondergericht ein, das noch am selben Tag vor dem Steintor einen Kurländer als angeblichen russischen Spion exekutieren ließ. Weit größeres Aufsehen erregte dann eine weitere Schnellverurteilung und Hinrichtung von sechs Hamburgern, die angeblich an den Unruhen vom 24. Februar teilgenommen hatten. Sie wurden morgens aus den Betten geholt, vor das Kriegsgericht gestellt und ohne Gelegenheit zur Verteidigung wenige Stunden später auf dem Heiligengeistfeld so ungeschickt erschossen, das mehrere erst nach längerer Qual starben.[116] Diese willkürliche Maßnahme des Regimes hatte wie gewünscht eine abschreckende Wirkung, provozierte aber auch weitere Unruhen, so dass die Behörden – vorsichtig geworden – auf weitere Hinrichtungen verzichteten. Die Ursache für den Aufstand vom Februar 1813 war die wirtschaftliche und soziale Krise, die durch die französische Besetzung bewirkt worden war und vor allem die Unterschichten betraf[117]; das Wissen um die anrückenden russischen Truppen begünstigte den Aufstand. Erst mit der vorübergehenden Befreiung durch die Soldaten Oberst Tettenborns im März 1813 und die erneute französische Besetzung formte sich eine größere Widerstandsfront gegen die Besatzer.

Am 3. März 1813 verfügte Carra St.-Cyr, dass sich alle höheren französischen Verwaltungsbeamten, die nicht für militärische Aufgaben benötigt würden, mit ihren Familien auf einen Abzug vorbreiten sollten. Am 7. März ordnete General Lauriston die Räumung von Hamburg und des gesamten rechten Elbufers an. Bis zum 9. März wurden nun die Staats- und Militärkassen in Militärbegleitung weggebracht und es verließen die Angestellten des Zolls, der Vereinigten Abgaben, der Post, der Finanzadministration und der Justiz mit ihren Familien die Stadt Richtung Bremen, aber auch nach Holstein und Altona. Konteradmiral Lhermite ließ 21 schlecht erhaltene Schiffe und Kähne mit Ka-

nonen und Pulver versenken und fuhr mit den restlichen
13 Schiffen nach Cuxhaven, wo er auch diese versenken
ließ, um dann mit den Mannschaften auf dem Landweg
nach Bremen zu marschieren.[118]

Vor dem Abzug der restlichen französischen Zivil- und
Militärangestellten am 12. März schrieb Carra St.-Cyr an
den Maire Abendroth, dass alle gegen Frankreich gerichteten Maßnahmen aussichtslos seien, da die Franzosen innerhalb der nächsten drei Monate ihre vormalige Stellung
wiedererlangen würden. Mit dieser Einschätzung hatte er
durchaus Recht, wie sich zeigen sollte.[119] In Bergedorf entschloss er sich zur Überquerung der Elbe, obwohl etwa
3000 bis 4000 Soldaten unter General Morand aus Schwedisch-Pommern nur zwei Tage entfernt waren; zugleich
gab es aber Gerüchte, dass russische Truppen aus Boitzen-
burg bereits in Richtung Lauenburg marschierten. Diese
Tage bildeten nach der französischen Besetzung Hamburgs im November 1806 eine Zäsur, denn nun wurde die
Stadt für über ein Jahr zum Kriegsschauplatz. Obwohl die
Franzosen Hamburg über sieben Jahre besetzt hielten, gingen vor allem die folgenden Monate als „Franzosenzeit" in
das „Kollektivbewußtsein späterer Generationen"[120] ein
und prägten das Hamburger Geschichtsbild während des
gesamten 19. Jahrhunderts.

Am 17. März 1813 erklärte Friedrich Wilhelm III. von Preußen Frankreich den Krieg und erließ in Breslau seine
patriotische Proklamation „An mein Volk". Tags darauf
marschierten russische Truppen unter Führung des in russischen Diensten stehenden Friedrich Karl von Tettenborn

unter dem Jubel der Bevölkerung in Hamburg ein.[121] Die zeitgenössischen Künstler waren von dem exotischen Anblick der 1500 Kosaken so beeindruckt, dass sie ihn mehrfach in Bildern festhielten. Oberst Tettenborn hatte zuvor allerdings gedroht, Hamburg als eroberte französische Stadt zu behandeln, wenn sich der Munizipalrat nicht auflöse und der alte Rat wieder eingesetzt werde. Die Hamburger nahmen sofort wahr, dass die Befreiungstruppen nur relativ gering an Zahl und die Franzosen nicht allzu weit entfernt waren, somit deren Rückkehr – und Rache – nicht ausgeschlossen werden konnten. Entsprechend unentschlossen und ergebnislos blieben die Anstrengungen, die Stadt verteidigungsbereit zu machen, obwohl Tettenborn entsprechende Anweisungen gab. Zwei Tage nach der Befreiung wurde immerhin von einem Rats- und Bürgerkonvent beschlossen, eine Hanseatische Legion aufzustellen und auszurüsten. Innerhalb einer Woche meldeten sich 2000 Freiwillige. Die Mitglieder dieser Freiwilligen-Armee sollten auf Zar Alexander I. vereidigt werden, um ihnen den Status einer offiziellen Militäreinheit zu geben.[122] Die anderen männlichen Einwohner Hamburgs zwischen 18 und 45 Jahren sollten eine Bürgergarde für die Verteidigung der Stadt bilden; Ende April bestand sie bereits aus 6000 Mann. Ihre unzureichende Ausrüstung wurde durch Waffenlieferungen aus England ergänzt.[123] Tettenborn erwies sich allerdings als nicht geeignet, die Verteidigung der Stadt zu betreiben; ganz im Gegenteil: Er gefiel sich in der Rolle des Befreiers und gab sich dem Wohlleben hin. Rat und Bürgerschaft forderte er auf, ihn

zum Ehrenbürger zu ernennen und ihm 5000 Friedrichs-
dor als Geschenk zu überlassen.[124] So wurde Tettenborn
zum ersten Ehrenbürger Hamburgs.

Der russische Zar Alexander I. ernannte Ende März 1813
Ludwig-Thedel Graf von Wallmoden-Gimborn zum Befehlshaber der drei Korps von Tschernitschew, Dörnberg
und Tettenborn und gab ihm auch den Oberbefehl über alle
an der Unterelbe neu zu bildenden Truppenteile.[125] Gemeinsam mit den Truppen des schwedischen Kronprinzen Bernadotte sollten so die Verbündeten an der Unterelbe unterstützt werden. Inzwischen konsolidierte sich die französische
Armee jedoch wieder und marschierte unter den Generälen
Vandamme und Davout Richtung Elbe. Die Furcht vieler
Hamburger vor einer Rückkehr der französischen Besatzungstruppen war nur zu berechtigt gewesen, denn am 29.
Mai zogen sich Tettenborn und seine Soldaten vor den her-
anrückenden Franzosen zurück und verließen die Stadt zusammen mit der Hanseatischen Legion und Teilen der Bürgergarde. Bei Lauenburg vereinte der nun unter Bernadottes
Befehl stehende Wallmoden seine Truppen.

Festung Hamburg

Am 30. Mai 1813 zog Davout mit seinen Truppen wieder in
Hamburg ein. Der bisherige Oberbefehlshaber der 32. Militärdivision übernahm erneut das Amt des Generalgouverneurs, das er bereits seit dem 9. Februar 1811 bekleidet hatte,
bevor er im März 1812 mit der napoleonischen Armee nach
Russland gezogen war. Für Napoleon war der Besitz Hamburgs nach wie vor von besonderer Wichtigkeit, denn die

Hafenstadt war weiterhin ein bedeutender Verbindungspunkt zwischen England und dem Kontinent und Hamburg war immer noch wohlhabend, also eine unentbehrliche wirtschaftliche Ressource. Zudem wollte Napoleon eine enge Nachbarschaft zum verbündeten Dänemark haben sowie einen strategischen Ausgangspunkt an der Elblinie für weitere Operationen nach Osten. Der Waffenstillstand von Pläswitz vom 4. Juni zwischen den Alliierten und Frankreich, der bis zum 15. August galt, erleichterte es den Franzosen, sich wieder in Hamburg zu etablieren. Am 7. Juni befahl Napoleon dem Kommandanten Davout, Hamburg und Harburg zur Festung auszubauen, am 8. Juni wurde die Stadt durch ein kaiserliches Edikt für drei Monate für außer Gesetz erklärt, am 18. Juni der Belagerungszustand über Hamburg und Lübeck verhängt. Damit wurde die strategische Absicht deutlich, die für die kommenden Monate in Norddeutschland maßgeblich war. Zwölf Monate dauerte die erneute Besetzung der Stadt – noch über die Abdankung Napoleons hinaus. Dieses ungewöhnliche, mit vielfältigem Leiden verbundene Schicksal erlitt in der Zeit der Befreiungskriege keine andere Stadt.

In Hamburg ergriff Davout – wie nicht anders zu erwarten – Maßnahmen gegen die Illoyalität der Hamburger in den vergangenen Monaten. Der alte Rat wurde wieder aufgelöst und der Munizipalrat wieder eingesetzt. Auf Befehl Napoleons sollten die Ratsmitglieder gefangen genommen, fünf von ihnen wegen Hochverrats erschossen und die Mitglieder der Hanseatischen Legion entweder zum Galeerendienst verurteilt oder – wenn sie Offiziere waren – ebenfalls erschossen werden. Davout hob diese Verurteilungen allerdings auf und sprach acht Verbannungen aus; so oder so gab es diese Urteile nur auf dem Papier, denn die von einer Anklagekommission am 24. Juni benannten und aus deren Sicht hauptschuldigen Aufständischen waren längst aus der Stadt geflohen. Wesentlich wirkungsvoller allerdings war Napoleons Einsicht: „Ich ziehe es vor, die Hamburger zahlen zu lassen, das ist die beste Art, Kaufleute zu bestrafen." Die daraufhin festgelegte Zwangskontribution von 48 Millionen Franc, also etwa 25 Millionen Mark, war von den Hamburgern nicht mehr aufzubringen. Eine erste Rate konnte noch mit der Geiselnahme von 30 Kaufleuten erpresst werden, zu weiteren Zahlungen war die Kaufmannschaft aber nicht mehr in der Lage.

DAVOUST.

Marschall Louis Nicolas Davout (Museum für Hamburgische Geschichte)

Die Anordnung Napoleons, Hamburg zusammen mit Harburg zu einem gewaltigen Festungskomplex auszubauen, stieß auf immense Schwierigkeiten. Bereits Ende des 18. Jahrhunderts war begonnen worden, die mächtigen Wallanlagen des 17. Jahrhunderts in Parkanlagen umzuwandeln, da sie angesichts der fortgeschrittenen Artillerie ihre Funktion verloren hatten. Seit 1806 wurden sie dann gezielt abgetragen.[126] Nun verpflichtete die französische Besatzungsmacht bis zu 7000 Hamburger täglich zwangsweise zu Schanzarbeiten.[127] Auf zeitgenössischen Stichen sieht man vornehme Damen und Herren in Gehrock und Zylinder mit Schubkarren Erde auf die neuen Befestigungen fahren. Harburg wurde ebenso wie Hamburg durch Wälle, Blockhäuser und Redouten abwehrbereit gemacht. Es war auch geplant, als letzte Zuflucht innerhalb der Festung eine Zitadelle für die Besatzungsmacht zu errichten; das vorgesehene Gelände auf dem Grasbrook war jedoch zu feucht und einer Alternative auf dem Hamburger Berg fehlte die schnelle Verbindung nach Harburg.

Um rasche Truppenverlegungen zwischen Hamburg und Harburg, also zwischen rechtem und linkem Elbufer, zu gewährleisten, wurde in kurzer Zeit durch 3798 einheimische Handwerker sowie 1800 Soldaten unter Leitung des Ingenieurs Jousselin eine kombinierte Straßen-Holzbrücken-Verbindung über die Elbinsel Wilhelmsburg gebaut, mit der das niedrige Marschland bequem überquert werden konnte.[128] Über die Insel führte eine Chaussee, an den Ufern der beiden Elbarme gab es jeweils eine hölzerne Landbrücke von etwa sechs Metern Breite. An deren Enden vor Harburg und am Grasbrook wurden die Süder- und Norderelbe mit Hilfe von leistungsfähigen Fährpontons überquert, die an Seilen gezogen wurden und bis zu 600 Infanteristen oder 80 Reiter transportieren konnten. Am 18.Oktober war diese erste Elbquerung vollendet und erlaubte nun die schnelle Kommunikation zwischen den zwei Festungsstädten.[129] Die Brücke war Teil eines umfangreichen Transport- und Chausseenetzes im französischen Kaiserreich, das von Frankreich, Holland und vom Rhein aus über Bremen (Bremer Chaussee) bereits zuvor fertiggestellt worden war und vorrangig den militärischen Plänen Napoleons diente. Wie wichtig die Verbindung zwischen den beiden Festungen war, zeigt auch die Einrichtung eines optischen Telegraphen mit Stationen auf der Michaeliskirche (am 17. August eingerichtet), am Wilhelmsburger Brückenkopf, am Harburger Schloss und später auf dem Schwarzenberg bei Harburg.[130]

Während der Sommermonate 1813 wurde auch außerhalb Hamburgs über die Zukunft der Stadt befunden. In der russisch-preußischen Konvention von Reichenbach wurde am 27. Juni die Wiederherstellung der Hansestädte als eines der Kriegsziele formuliert. Das neue Korps der – im Mai mit Tettenborn ausgezogenen – Hanseatischen Bürgergarden wurde am 14. Juli in Güstrow auf die Hanse vereidigt. Am selben Ort bildeten engagierte Hamburger und Lübecker am 15. August das „interimistische Directorium der hanseatischen Angelegenheiten". Die Vertreter dieser „Exilregierung" sahen ihre Hauptaufgabe in der Vertretung der Interessen der drei besetzten Hansestädte bei den Alliierten sowie im Kontakt zu den hanseatischen Truppen.[131] Ob sie wirklich viel ausrichten konnten, ist fraglich.

Am Brooktor und Übergang zur Elbbrücke 1813/14 (Museum für
Hamburgische Geschichte)

Dabei bleibt zu beachten, dass sich die kritischen Geister der
Hansestädte im Exil befanden, während die in den Städten
zurückgebliebenen einflussreichen konservativen Honora-
tioren die Aktivitäten der Exilanten vor allem in Hinblick
auf Reform und Modernisierung der Stadtverfassungen
skeptisch betrachteten. Sie mussten befürchten, dass deren
Nähe zu den Alliierten nach einem Sieg zu unerwünschten
Veränderungen in den Städten führen konnte.[132] Der Maire
Abendroth war Ende Mai 1813 von Hamburg nach Kiel gezogen, wo er Anfang 1814 eine Schrift „Wünsche bey Hamburgs Wiedergeburt" veröffentlichte. Immerhin erhielten
der Bremer Gesandte Smidt und der Hamburger Perthes am
10. Dezember in Frankfurt am Main vom preußischen Frei-

herrn vom Stein, dem österreichischen Kaiser Franz I. sowie dessen Außenminister Metternich die Versicherung, dass die Hansestädte wiederhergestellt würden. Die Hanseatische Legion und die Bürgergarden kämpften inzwischen unter dem Befehl Wallmodens erfolgreich in Mecklenburg und Lauenburg.[133]

Im Oktober 1813 nahm die Kriegslage eine dramatische Wende, die für die nächsten Monate auch die Lage in Hamburg verschärfte. Nach der verlorenen „Völkerschlacht" bei Leipzig (16.–19. Oktober) zog Napoleon seine Truppen hinter den Rhein zurück. Er ließ allerdings 120 000 Soldaten in 16 Festungen an Weichsel, Oder, Elbe, Main und Rhein stationiert, denn er plante weiterhin, seinen vormaligen Machtbereich wiederzuerlangen, und band damit alliierte Truppen. Hamburg war seine Hauptbastion im Unterelberaum, die nördlichste Festung an der Elbelinie Dresden, Torgau, Wittenberg, Magdeburg.[134] Am 22. Oktober erklärte auch die dänische Regierung Russland und Preußen den Krieg. Davout ergriff jetzt eine Vielzahl rigoroser Maßnahmen, um Hamburg als Festung verteidigungsbereit zu machen. Von Ratzeburg aus, wo er die militärischen Operationen in Lauenburg und Mecklenburg leitete, befahl er am 2. November die Beschlagnahme des Silberdepots der Hamburger Bank, da die Commerzdeputation die Kosten für die Soldzahlungen der Soldaten nicht aufbringen konnte. Aus der Bank wurden dann bis zum 17. April 1814 Werte in Höhe von 7,5 Millionen Mark abtransportiert. Dies war ein eklatanter Eingriff in das Privateigentum der besetzten Stadt und erregte auch außerhalb Aufsehen.[135]

Am 11. November 1813 erhielt Davout seinen letzten Befehl von Napoleon: Er solle sich in der Festung Hamburg verschanzen. Davout verlegte nun sein Hauptquartier in die Festung Hamburg (einschließlich Harburg). Dort ließ er die noch nicht beschlagnahmten öffentlichen Gebäude in Truppenunterkünfte umwandeln, die Waisenkinder wurden in Dörfer außerhalb der Stadt verwiesen, da man die Gebäude als Lazarette benötigte. Die vier Hauptkirchen – bis auf St. Michaelis – wurden als Ställe und Heulager für die Tausende von Pferden genutzt; eine Entweihung, die die Zeitgenossen aufbrachte und auch später noch jahrzehntelang als Sinnbild für die Schreckensherrschaft der Besatzungszeit diente. Bremen war bereits Ende Oktober 1813 von Tettenborn endgültig befreit worden. Am 18. November bot der Kronprinz von Schweden Davout vergeblich den Abzug nach Frankreich an.[136] Stattdessen schloss sich dieser mit rund 40 000 Soldaten in Hamburg vor der Nordarmee Karl Johanns ein, die dann am 5. Dezember Lübeck von französischen und dänischen Truppen befreite. Ende November zog General Levin Graf von Benningsen mit der Kaiserlich Russischen Armee, aus Magdeburg kommend, die Elbe abwärts, um gemeinsam mit Bernadottes Armee gegen Dänemark und Hamburg vorzugehen. Am 21. Dezember richtete er im Bergedorfer Schloss sein Hauptquartier ein, drei Tage später standen 30 000 Soldaten vor der Festung Hamburg, die damit praktisch eingeschlossen war. Von einem Angriff sah Benningsen allerdings noch ab, da ihm nicht genügend Artillerie zur Verfügung stand.

Um sich in Hamburg auf eine längere Belagerung einzurichten, ergriff Davout weitere radikale Maßnahmen. Besonders diese prägten später das durchweg negative Bild Davouts in den Veröffentlichungen über die „Franzosenzeit", die mitunter sogar von offensichtlichem Hass geprägt sind und in denen vielfach bis heute von ihm als „Teufel" gesprochen wird.[137] Erst in den letzten Jahren wurde sein Bild etwas relativiert. Auch wenn seine brutalen Maßnahmen, die viele Menschenleben kosteten, weiterhin negativ eingeschätzt werden, so handelte er als absolut loyaler Anhänger Napoleons aus militärstrategischer Sicht doch verständlich und es kann ihm zugutegehalten werden, dass er dabei unbestechlich blieb.[138]

Austreibung
vieler Männer, Frauen und Kinder am 1ten Weihnachtstage.

Die Vertreibung armer Hamburger Weihnachten 1813 (Museum für Hamburgische Geschichte)

Eine Maßnahme der Besatzungsmacht war bereits im Juli begonnen worden und traf die Bewohner des Hamburger Umlandes hart. Um ein freies Schussfeld zu haben, die

Stadt also mit einem Glacis zu umgeben, wurden alle Bäume vor der Stadt gefällt und die Landhäuser und Villen von Hamm bis Harvestehude abgerissen oder in Brand gesteckt. Am 7. Dezember wurde das Dorf Hamm in Flammen gesteckt, es folgte die Vorstadt Hamburger Berg mit der St.-Pauli-Kirche, damals bereits ein Ausflugs- und Vergnügungsziel zwischen Hamburg und Altona. Die Vorstadt wurde vollständig niedergebrannt und ihre Bewohner wurden vertrieben.

Zu diesen nach zeitgenössischen Angaben etwa 20 000[139] Obdachlosen aus dem Gebiet um Hamburg kamen Ende Dezember 1813 weitere Tausende aus der Stadt hinzu. Davout ordnete am 18. Dezember an, dass alle, die sich nicht mit Lebensmitteln und Brennmaterial für die nächsten sechs Monate versorgen konnten, die Stadt verlassen müssten oder sonst vertrieben würden. Davon waren vor allem die Unterschichten betroffen, denn allein die vermögenderen Mittel- und Oberschichten konnten solche Vorräte anlegen. Auch Nichtansässige wie Handwerksgesellen oder Prostituierte mussten die Stadt verlassen. Nach mehreren Vorwarnungen und nachdem ab 19. Dezember die Tore verschlossen worden waren, begann am 25. Dezember die Ausweisung von rund 25 000 Hamburgern. Die zeitgenössischen Schrift- und Bildquellen verdeutlichen das Elend, das mit dieser Ausweisung verbunden war: Soldaten trieben die Menschen, auch Kranke, Kinder und Alte, in diesen Wintertagen zusammen, holten sie teils nachts aus ihren Wohnungen und brachten sie vor die Tore. Nicht allen gelang es, irgendwo Aufnahme zu finden, denn die meisten waren durch den plötzlichen Aufbruch in diesen kalten Tagen unzureichend gekleidet und von den Strapazen geschwächt; allein 1138 starben, nachdem sie aus dem Millerntor getrieben worden waren, und wurden in einem Massengrab bei Ottensen beerdigt.[140] Einen Großteil der schließlich etwa 26 000 Vertriebenen nahm das nahe Altona auf, andere kamen über Blankenese und Buxtehude in Bremen, den holsteinischen Städten und etwa 5500 in Lübeck unter, wo sie über Monate vorbildlich versorgt wurden.[141] Karl Johann befahl, dass sich die männlichen Vertriebenen in Segeberg, Oldesloe und Lübeck sammeln sollten, um später für die Befreiung Hamburgs eingesetzt werden zu können. Aus der alliierten Kriegskasse wurden 40 000 Reichstaler zur Verfügung gestellt, um die Unglücklichen zu unterstützen. In mehreren Orten bildeten sich Hilfskomitees, um die Versorgung der Vertriebenen zu organisieren und auch um die – sogar aus dem Ausland – eingehenden Spenden zu verwalten.[142]

Die Belagerung im Frühjahr 1814

Im Januar 1814 zog sich der Ring der alliierten Truppen um Hamburg immer enger, die Festung war nun rundum belagert. Dänemark schied im Frieden von Kiel am 14. Januar als Verbündeter Frankreichs aus und stellte den Verbündeten Hilfskontingente zur Verfügung. Nun begannen fast fünf Monate von Hunger, Krankheiten und Entbehrungen für die verbliebenen etwa 55 000 Einwohner und 40 000 Soldaten in Hamburg. Zugleich gab es sowohl im Hamburger Umland als auch auf den Elbinseln und bei Harburg ständig kleinere Scharmützel und militärische Untern ehmungen mit Gefangenen, Verwundeten und Toten. Benningsen hatte sein Hauptquartier am 19. Januar 1814 nach Pinneberg verlegt, von wo aus er die dänische Stadt Altona besser kontrollieren konnte. Die Belagerung erfolgte vor dem Hintergrund, dass sich die alliierten Truppen Richtung Flandern und Frankreich orientierten und es mithin immer wieder zu Umstrukturierungen der Belagerungstruppen vor Hamburg kam, Teile abgezogen wurden, neue hinzukamen und die Kommandeure wiederholt wechselten.[143] Solange die Winterkälte anhielt und das Eis Truppenbewegungen auch auf der Elbe erlaubte – was bis 23. März der Fall war – wurden die Belagerten immer wieder durch kleine Störangriffe in Unruhe versetzt. Insbesondere die Elbinsel Wilhelmsburg und die dortige Brücke waren Ziel solcher Attacken – zum Beispiel am 9. und am 17. Februar –, denn mit der Trennung von Harburg und Hamburg drohte ein empfindlicher strategischer Verlust für die Festung. Nachdem General Wallmoden mit seinem Korps an den Rhein abgezogen worden war, übernahm der britische General Lyon mit Hannoveranern und der Hanseatischen Bürgergarde unter Mettlerkamp, die inzwischen auf 1400 Infanteristen und 40 Reiter gewachsen war, die Belagerung südlich der Elbe. Sie mussten natürlich auch auf Ausfälle der Belagerten gefasst sein, die Davout besonders von Harburg aus befahl.[144]

Die Bevölkerung litt auf beiden Seiten unter der langen Belagerungszeit Hamburgs und Harburgs: in den Städten selbst und um die Städte herum, wo Zehntausende von Soldaten lebten, kämpften und versorgt werden wollten. Es galt nicht nur, mit der Ungewissheit zu leben, wie und wann die Belagerung und die Kämpfe beendet würden, sondern auch mit Übergriffen, Krankheiten, Straftaten, Nahrungs- und Unterkunftsmangel. Der ständige Versorgungsmangel erforderte über eine lange Zeit hinweg vielfältige Maßnahmen der verantwortlichen Militärführer, die die Stadt und das Umland zunehmend auszehrten, denn trotz zahlreicher Anforderungen an die alliierten Oberbefehlshaber blieb die Versorgungslage schlecht. Dieser wichtige Aspekt der Belagerung Hamburgs wurde gegenüber dem militärischen in der Forschung bisher vernachlässigt.[145]

Das Ende der Franzosenzeit in Hamburg

Nachdem die Verbündeten am 31. März 1814 in Paris eingezogen waren, sich eine provisorische Regierung gebildet hatte und Napoleon abgesetzt worden war, forderte die neue Regierung Davout am 5. April auf, sich ihr anzuschließen. Davout ließ im April durch einen Gesandten erst einmal die Lage in Paris prüfen, erklärte sich aber zu einer Waffenruhe bereit. Am 5. Mai traf ein Emissär aus Paris in Hamburg ein und gab bekannt, dass die Stadt in den nächsten Wochen geräumt werden solle. Am 11. Mai wurde Davout dann durch den aus Paris nach Hamburg gekommenen General Gérard abgelöst. Mit dem Ersten Frieden von Paris am 30. Mai 1814 zogen die französischen Besatzungstruppen schließlich aus Hamburg ab. Damit war die letzte der französisch besetzten Festungsstädte in Deutschland geräumt.[146] Am selben Tag nahmen hannoversche Truppen Harburg ein, am 1. Juni zogen dann die

Truppen unter Benningsen und dem Jubel der Bevölkerung in Hamburg ein.

Nun war die Stadt wieder frei, es galt aber, vieles neu zu regeln und vor allem die Not zu lindern. Der alte Senat konstituierte sich wieder und die hamburgischen Kriegsteilnehmer kehrten allmählich zurück, ebenso wie die im Dezember vertriebenen Hamburger. Das Gros der russischen Truppen verließ Hamburg am 4. Januar 1815. Ein letztes Mal mussten sich die Hamburger dann nochmals 1815 gegen Napoleon engagieren, bis dieser in der Schlacht von Waterloo endgültig besiegt war.[147]

Die Monate von der ersten Befreiung Hamburgs im März 1813 bis zum Abzug der Franzosen im Mai 1814 fanden sofort einen ungewöhnlich reichhaltigen literarischen Niederschlag in Tagebüchern, Zeitzeugenberichten, Analysen, historischen Darstellungen, Rechtfertigungsschriften und Gegenschriften; schließlich ging es auch um die Beurteilung der Zeit, um Kollaboration und Widerstand. Weitere Schriften von Zeitzeugen und für alle Altersgruppen folgten bis in die zweite Hälfte des 19. Jahrhunderts. Einen Höhepunkt und auch Abschluss fand diese Publikationswelle mit dem 100. Jubiläum der Befreiung 1913/14. Denkmäler und regelmäßige Gedenkfeiern versinnbildlichen – wie woanders so auch in Hamburg – den Wandel von der unter der französischen Besetzung gewachsenen patriotischen Begeisterung zur vaterländischen und nationalen Gesinnung schon in den ersten Jahrzehnten nach 1814. Hamburgs Wirtschaft erholte sich seit den 1820er Jahren allmählich, neue, vielversprechende Handelsbeziehungen nach Übersee wurden geknüpft. In Politik und Verwaltung überwogen jedoch restaurative Tendenzen, und erst der große Brand von 1842 bewirkte in vielerlei Hinsicht eine Modernisierung für die Stadt und ihre Bewohner.

5. Die Franzosenzeit in und um Bramstedt und ihre Nachwirkungen

Manfred Jacobsen

Der Krieg erreichte den rund 800 Einwohner zählenden Flecken Bramstedt – seit 1910 Bad Bramstedt – am 6. Dezember 1813 in Gestalt einer Kosakenvorhut, die nach Angaben des Bramstedter Fleckensbuches um sieben Uhr abends eintraf.[148] Am nächsten Morgen erschien dann Generalmajor Tettenborn mit seinen Regimentern.[149] Er gab die Anzahl seiner Kosaken mit 4500 Mann an. Die genaue Anzahl der Reiter ist unsicher, die in der Literatur genannte Anzahl von 1200 Mann[150] steht im Widerspruch zur Eintragung im Fleckenbuch.

Bei ihrem Auftauchen in Bramstedt gelang den Kosaken ein wichtiger Fang.[151] Ihnen fiel ein Bote in die Hände, der einen Brief des dänischen Königs Friedrich VI. an seinen Schwager Friedrich von Hessen-Kassel, den Kommandeur der dänischen Hilfstruppen, bei sich trug. In diesem Brief schilderte Friedrich VI. die desolate Lage des dänischen Gesamtstaates. Aufgrund dieser wichtigen Information nahm der schwedische Kronprinz Karl Johann die Bitte Friedrichs von Hessen-Kassel, einen Waffenstillstand abzuschließen, nicht an.

Die große Bedeutung, die dem Erscheinen der Kosaken in Bramstedt von den Verantwortlichen des Fleckens beigemessen wurde, lässt sich noch heute im Bramstedter Fleckensbuch ersehen. In das Fleckensbuch mit seinen gerade einmal 285 kleinen Seiten, die oft leer blieben oder kaum beschrieben wurden, wurden über 300 Jahre lang alle für wichtig erachteten Ereignisse eingetragen. Oft blieben über Jahre hinweg die Einträge vollständig aus. Regelmäßig verzeichnete der jeweilige Kirchspielvogt nur die Ergebnisse der Wahlen auf den Fleckensversammlungen. Dieses erste Erscheinen fremder Truppen in Bramstedt seit vielen Jahrzehnten schilderte der Kirchspielvogt Cirsovius im Fleckensbuch auf fast einer halben Seite.[152] Alle weiteren Einquartierungen – von Freund wie Feind – erwähnte Cirsovius, der seine Eintragungen erst nachträglich am 11. März 1814 machte, nur allgemein als großes Unglück, das ganz Holstein betroffen habe.

Die zweite Hälfte dieser Seite im Bramstedter Fleckensbuch befasste sich dann mit den Folgen der Einquartierungen und der Lieferungsverpflichtungen an die Nordarmee. Der Kirchspielvogt Cirsovius berichtete dort, dass am 13. Januar 1814 der Bramstedter Roland – heute das Wahrzeichen der Stadt Bad Bramstedt – umstürzte und dabei zerbrach. Als Grund dafür gab er an, dass das um den Roland angelegte Strohmagazin aufgrund unsachgemäßer Behandlung umgestürzt war. Der Torso der Rolandstatue blieb bis zum Jahre 1827 auf dem Bleeck (Bramstedter Marktplatz) liegen, während Cirsovius die kleineren Bruchstücke bei sich aufbewahrte.[153] Der Altonaer Steinmetz J. Klimasch berichtete am

19. März 1814, dass dem Roland beide Füße, die Lende und der Arm abgebrochen seien. Eine Restaurierung würde ca. 800 Taler Courant kosten. Zunächst unterblieb die Restaurierung des Rolands wegen der Kriegs- und Besatzungszeiten und danach fehlte das Geld dafür. Der dänische Staat verweigerte die finanzielle Unterstützung und der Flecken Bramstedt bat am 4. März 1816 darum, die Restaurierung auf bessere Zeiten verschieben zu dürfen. Erst als im Jahre 1827 die Schleswig-Holsteinische Patriotische Gesellschaft den Flecken Bramstedt finanziell unterstützte, gelang die Wiederherstellung des Rolands. Die Restaurierung wurde durch den Steinmetz J. Klimasch durchgeführt und Ende September 1827 durch ein Volksfest gewürdigt.[154]

Schloss zu Bramstedt (Stadtarchiv Bramstedt)

Der hier gegebene Hinweis auf ein Strohmagazin auf dem Bramstedter Marktplatz verweist darauf, dass ab dem 20. Dezember 1813 in vielen Orten in den Herzogtümern – vor allem in Holstein – Magazine zur Versorgung der Nordarmee unter dem schwedischen Kronprinzen eingerichtet worden waren. So geschah es offensichtlich auch im Flecken Bramstedt. Zudem musste Bramstedt 15 vierspännige Wagen, 15 zweispännige Wagen und 20 Vorspannpferde stellen.[155]

Nach einer Abrechnung aus dem Jahre 1823 gab es zumindest in den Jahren 1811–1813 in Bramstedt auch Lazarette (Krankenhäuser und Krankenstuben).[156] Bei den durch den dänischen Gesamtstaat in Aussicht gestellten Kostenerstattungen wurde zwischen den Auslagen für dänische und fremde Truppen unterschieden. Die Kosten für die Unterbringung und Versorgung dänischer Truppenangehöriger beliefen sich nach einer Zusammenstellung der Königlichen Kirchspielvogtei vom 14. Februar 1823 auf zirka 2670 Mark Courant, von denen erst knapp 950 Mark Courant erstattet waren. Im Jahre 1833 machte dann der damalige Bramstedter Kirchspielvogt Hartz anlässlich des bevorstehenden Ausgleichs der Lazarettkosten auf die Ausgaben aufmerksam, die dem Bramstedter Hans Soltwedel durch schwedische und russische Truppen entstanden seien.[157] Diese Auslagen müssten den Erben des verstorbenen Hans Soltwedel vom Flecken Bramstedt erstattet werden.

Die Aufbringung der Kostenerstattung der „Militairkrankenstuben", wie sie in den Protesten genannt wurden, erfolgte im Jahre 1834 durch eine Umlage im Flecken Bramstedt. Zahlreiche Hufner und Kätner protestierten gegen die Zahlungen und verwiesen auch darauf, dass es noch mehr Betroffene gäbe. Die protestierenden Hufner und Kätner brachten gegen eine Zahlungsverpflichtung vor, dass sie ihre Hufen- und Katenstellen erst nach 1813 aus Konkursen gekauft hätten. Die vielen Konkurse, auf die in den Protesten verwiesen wurde, waren wohl typisch für diese Zeit in Schleswig-Holstein.[158] Den Flecken Bramstedt traf es wohl deshalb besonders hart, weil er direkt am Ochsenweg lag – also an einer sehr wichtigen und sehr alten Nord-Süd-Straße, die zahlreiche Truppenverbände immer wieder passierten. Auch lag Bramstedt in dem Bereich, der als Umland für die Truppen genutzt wurde, die unter dem russischen General Levin August Theophilus von Bennigsen Hamburg belagerten.[159]

Für die Situation im Flecken Bramstedt kann auch der Bericht des Gutsverwalters des Gutes Bramstedt vom 5. Februar 1814 herangezogen werden. Das Herrenhaus des Gutes Bramstedt – das heutige Bramstedter „Schloss" – lag direkt am Bleeck, und so waren Flecken und Gut jeweils gleichzeitig betroffen. In diesem Bericht wurde auch die Ankunft der „wilden" Kosaken erwähnt. Nach den Kosaken erschienen dann am 7. Dezember 1813 die Estorffschen Husaren[160], die requirierten, plünderten und keinerlei Disziplin zeigten. Der Estorffsche Stab ließ sich mit seinem Gefolge vom Gutsbesitzer Professor Friedrich Ludwig Wilhelm Meyer bewirten.[161] Noch schlimmer als die Estorffschen Husaren hätten das Schillsche und das Lützowsche Freikorps gehaust.[162] Die Hanseatische Legion sei noch schlimmer gewesen, gab der Verwalter noch an – dies sei ihm gleichwohl nur vom Hörensagen bekannt. Nur die regulären Truppen und dabei besonders die Schwedischen nahm er von seiner Kritik ausdrücklich aus.

Besonders ausführlich schilderte der Gutsverwalter das Schicksal Hitzhusens. Dieses zum Kirchspiel Bramstedt gehörige Dorf, das in unmittelbarer Nähe zu Bad Bramstedt liegt, gehörte damals zum Gut Bramstedt. Als Hitzhusen zum wiederholten Male Ziel von Requisitionen wurde und Pferde mitgenommen werden sollten, setzte sich der Bauernvogt des Dorfes dagegen zur Wehr. Die Soldaten überwältigten ihn, misshandelten ihn und brachten ihn als Gefangenen nach Kellinghusen. Das Dorf sollte als Strafe geplündert und angezündet werden. Dem Gutsbesitzer Meyer gelang es indes, diese Strafe abzuwenden. Er selbst schilderte seine Eindrücke in einem Brief vom 24. Juni 1814 an einen Freund wie folgt: „Seit dem 5. December v. J. ist mein stilles Haus in einen lärmenden Gasthof verwandelt, wo Niemand bezahlt, wo der Wirth oft Mühe hat, eine Stube für sich und die Seinigen zu retten, und die nöthigen Bedürfnisse herbeizuschaffen. Klagen, denen ich nicht abzuhelfen weiß, bestürmen mich von allen Seiten, und ich muß Requisitionen ausschreiben, die dem, der sie zu stellen hat, nicht härter scheinen können als mir."[163] Aus diesen Worten ist klar ersichtlich, dass Bramstedt auch im Sommer 1814 noch nicht von der Last der Einquartierungen befreit war.

Von Bramstedt aus organisierte der Platzkommandant von Waldmann, der General Bennigsen unterstand, die Einquartierungen in der näheren und weiteren Umgebung. Für die Unterbringung eines russischen Regiments von 2500 Mann und einer Pionierkompanie standen ihm die Dörfer Stellau, Wulfsmoor, Hingstheide, Weddelbrook, Föhrden, Lentföhrden, Mönkloh, Nützen, Campen, Hagen, Wiemersdorf, Großenaspe, Fuhlendorf, Bimöhlen und Lutzhorn zur Verfügung. Die Belegung erfolgte überwiegend am 10. Juni 1814, nur in Großenaspe, Hagen und Wiemersdorf erschienen die Soldaten (3. Bataillon) erst am 12. Juni.

In das etwa zehn Kilometer von Bramstedt entfernt liegende Dorf Großenaspe mit seinen rund 600 Einwohnern rückten also an diesem Tag zwei Kompanien eines russischen Jägerregiments ein. Diese mussten sowohl untergebracht als auch verpflegt werden. Über die Art der Verpflegung gab es sehr schnell erheblichen Streit zwischen den Einwohnern Großenaspes und den russischen Soldaten. Da der Platzkommandant von Waldmann den russischen Soldaten Recht gab, wandte sich der Großenasper Bauernvogt Mohr am 20. Juni 1814 mit einem Schreiben an den Kammerjunker von Sievers, den Amtmann des Amtes Neumünster.[164] Er schilderte darin die Probleme, die es in Bezug auf die Versorgung der in Großenaspe einquartierten russischen Soldaten gebe, und bat den Amtmann um Hilfe. Bereits am 21. Juni 1814 äußerte sich der Platzkommandant von Waldmann in einem Schreiben an von Sievers zu den vorgebrachten Vorwürfen. Er gab den Großenasper Bauern und besonders dem Bauernvogt die Schuld an den Schwierigkeiten und dem daraus resultierenden Streit. Schließlich kämen aus den anderen von Einquartierung betroffenen Dörfern keine Klagen. Bei seinem

Besuch versuchte er – nach seinen eigenen Angaben – vor allem, den berechtigten Klagen abzuhelfen, die die russischen Offiziere vorbrachten.

Der Platzkommandant gab zwar auch Verfehlungen der Soldaten zu, rechnete sie aber gegen angebliche oder echte Verfehlungen der Großenasper Einwohner auf. Schließlich legte er seinem Schreiben noch einen Brief des Pfarrverwesers der Großenasper Kirche mit der Bemerkung bei, dass der Inhalt dieses Schreibens sein korrektes Verhalten bestätige.

In diesem Schreiben vom 19. Juni 1814 an den Platzkommandanten von Waldmann unterstützte der Pfarrverweser Christian Ludwig Wiegmann aber überwiegend die Klagen, die der Bauernvogt Mohr am 18. Juni dem Platzkommandanten vorgetragen hatte. In der Hauptsache gab er den Großenaspern Recht. Die russischen Soldaten hätten viele Einwohner geschlagen oder auf andere Weise misshandelt und die Misshandlungen betrafen nach seiner Aussage auch Einwohner, die sich gar nichts hatten zuschulden kommen lassen. Wiegmann bat den Platzkommandanten abschließend, die Last der Einquartierung für Großenaspe (zehn bis elf Mann pro Hufe, vier Mann pro Drittelhufe) zu lindern. Die Einquartierung als solche blieb aber zunächst einmal bestehen. Das galt für Großenaspe und Bramstedt genauso wie für andere Regionen Holsteins. Die Räumung Holsteins fand erst im Frühjahr 1815 ihren Abschluss. [165]
Noch im Winter 1815 begann für den Flecken Bramstedt nach den im Stadtarchiv vorliegenden Archivalien die lange Phase der Kostenerstattungen für kriegsbedingte Aus-

gaben. So antwortete am 2. März 1815 der Amtmann des Amtes Segeberg von Döring in einem Schreiben an die Bramstedter Fleckensvorsteher Hinrich Meyer und Hans Schröder auf deren Gesuch vom 25. Februar 1815.[166] Amtmann von Döring teilte den Fleckensvorstehern mit, dass die Königliche Rentkammer in Kopenhagen es abgelehnt habe, die angegebenen Kriegsschäden mit den rückständigen Steuern der letzten zehn Monate zu verrechnen. Am 17. März 1815 bezahlte der Kirchspielvogt Cirsovius vier Reichstaler für zwei Tonnen Bier zu je sieben Himpten (ein Himpten entspricht etwa 30 Litern) an Jochim Heinrich Fuhlendorf.[167] Auf der Rückseite der von J. H. Fuhlendorf unterschriebenen Quittung bestätigte der Kirchspielvogt am 23. Februar 1816, dass er das Geld vom Flecken erstattet bekommen habe, da das Bier von den Insten beim Biwak verbraucht worden war.

Im Jahre 1825 wandten sich die Bramstedter Fleckensvorsteher an den Segeberger Amtmann und baten um eine Beschleunigung der Regulierung der Kriegsschäden.[168] Das Segeberger Amthaus kündigte in einem Schreiben vom 15. November 1825 an[169], ihrer Bitte zu entsprechen. Direkte Folgen ergaben sich aber offensichtlich aus dieser Ankündigung nicht.

Wie oben bereits ausgeführt, wurde die Regulierung erst ab 1834 durchgeführt und die Proteste Bramstedter Einwohner endeten erst im Jahre 1839. Damit fand dann dieser Abschnitt der Geschichte Bramstedts seinen endgültigen Abschluss.

6. Der Kieler Frieden vom 14. Januar 1814 und seine Folgen

Oliver Auge

Anfang Dezember des Jahres 1813 waren Schleswig und Holstein unmittelbarer Kriegsschauplatz geworden, als die sogenannte Nordarmee der Alliierten unter dem Oberbefehl des schwedischen Kronprinzen Karl Johann (1763–1844), besser bekannt unter seinem früheren französischen Namen Jean-Baptiste Bernadotte, in die Herzogtümer eingedrungen und durch den erfolgreichen Vorstoß nach Norden bald gar zur Bedrohung für das dänische Kernland selbst geworden war. Bernadotte ging es ganz offen um die Durchsetzung schwedischer Machtpolitik, die seit 1812 in Abstimmung mit Russland auf den Erwerb Norwegens von Dänemark ausgerichtet war, um so den 1809 im Frieden von Frederikshamn erfolgten Verlust Finnlands an Russland zu kompensieren. England und Preußen hatten sich im Frühjahr 1813 für den Übergang Norwegens an Schweden verbürgt. Dänemark wusste von dieser Übereinkunft auf seine Kosten und war so zwangsläufig an Napoleons Seite gebunden. Selbst auf den in Aussicht gestellten Erwerb Mecklenburgs, Pommerns und der Hansestädte als Lockmittel der Alliierten zum Seitenwechsel ließ es sich, trotz kurzzeitigem Schwanken im Frühjahr 1813, letztlich nicht ein, denn es hatte dennoch den Verlust Norwegens zu befürchten. Gerade für den seit 1808 regierenden dänischen König Friedrich VI. (1768–1839) war der Verbleib Norwegens unter seiner Krone aber eine *conditio sine qua non*. Im Juli 1813 schloss Dänemark daher ein neues Bündnis mit Napoleon, und im Oktober 1813 erklärte es Russland und Preußen den Krieg.

Aufgrund des reibungslosen Ablaufs seines Feldzugs in den Herzogtümern wurden Bernadottes Ziele bald ambitionierter: So ließ er die Bevölkerung der Lande von Kiel aus, wo er im Buchwaldtschen Hof als dem größten und stattlichsten Adelshof in der Stadt sein Quartier genommen hatte, per Plakatanschlag darüber informieren, dass Schleswig und Holstein aus dem dänischen Gesamtstaat herausgelöst werden und den neuen Staat „Königreich Cimbrien" bilden sollten. Er selbst bot sich den Ständen zur Wahl als Cimbriens König an. Allerdings ließ er bald schon wieder von diesem Vorhaben ab. Die Mehrheit der Ritterschaft der Lande zeigte daran nämlich sichtlich kein Interesse, sondern war von der vermeintlichen „Hoffart des abtrünnigen Napoleoniden" Bernadotte eher abgestoßen. Ausschlaggebend mag jedoch der Druck des Verbündeten Großbritannien gewesen sein. Ein „selbstsüchtiges Handeln" Schwedens wollte London nämlich nicht länger dulden, wie der britische Außenminister Castlereagh (1769–1822) am 13. Januar 1814 in einem geharnischten Brief seinen Gesandten im Hauptquartier Bernadottes wissen ließ. Er verlangte darin unmissverständlich die Verlegung aller von England besoldeten Truppen der Nordarmee nach Westen, um dort Napoleon endgültig zu besiegen, und drohte zugleich ultimativ mit der Sperrung aller Hilfszahlungen für Schweden, wenn nicht die ganze Nordarmee nach Holland vorrücke. Gegen die Garantie, dass binnen Tagesfrist ein Friedensvertrag mit Dänemark zustande komme, erreichte der schwe-

dische Staatsminister Wetterstedt (1776–1837) beim britischen Bevollmächtigten die Geheimhaltung des Inhalts
dieses Schreibens für die Dauer von 24 Stunden, um den
Verhandlungserfolg nicht zu gefährden.

Von diesen Misshelligkeiten unter den Verbündeten ahnte
die dänische Seite nichts oder nur wenig. Zwar hatte der König nach langem Zögern eine aktive Gegenwehr eingeleitet,
weil ihm von österreichischer Seite zeitweilig signalisiert
worden war, dass noch Hoffnung auf einen Erhalt Norwegens für Dänemark bestehe. Er beorderte 15 000 Mann nach
Middelfart, Kolding und Schleswig. Doch dann ließ er die
Truppen wieder nach Hadersleben zurückziehen, wo nun
eine Verteidigungslinie aufgebaut werden sollte. Der Sohn
des Statthalters in den Herzogtümern, Prinz Friedrich von
Hessen (1771–1845), verzweifelte an der Zaghaftigkeit seines
königlichen Verwandten und betrachtete infolgedessen einen weiteren Kampf gegen Bernadottes Truppen als chan-
cenlos. Kostbare Zeit sei verloren, die Begeisterung der
Truppen und im Volk ungenutzt. „Ob der Ew. Majestät gegebene Rath [zum Rückzug, O. A.] in politischer Beziehung
richtig war, kann ich nicht beurteilen; militärisch war er un-
richtig." Er forderte deswegen jetzt einen Frieden um jeden
Preis, um das Schlimmste zu verhüten.

Als schließlich am 9. Januar 1814 Kosaken vor Hadersleben
und Christiansfeld erschienen und gleichzeitig auch in Ripen auftauchten, war jedermann auf der dänischen Seite
klar, dass ein Sieg gegen die Alliierten, geschweige denn eine Rückeroberung der Lande, unmöglich war. Schon seit
dem 7. Januar hatte man daher in Kiel ernsthaft Friedens-

verhandlungen aufgenommen und zwei Tage später für die Einstellung der Kampfhandlungen gesorgt. Als dänischer Chefunterhändler fungierte in Kiel der Kammerherr und ehemalige Gesandte am spanischen Hof Edmund Bourke (1761–1821). Am 14. Januar willigte schließlich der König, der sich in Middelfart auf Fünen aufhielt und dort über alle Verhandlungsfortschritte informiert wurde, in die von Bernadotte diktierten Friedensbedingungen ein. So konnte der Vertrag mit seinen 28 Artikeln und einem Separatartikel noch in der gleichen Nacht im Buchwaldtschen Hof in Kiel zwischen Dänemark einerseits und Schweden und Großbritannien andererseits unterzeichnet werden – gerade noch rechtzeitig vor dem Bekanntwerden von Castlereaghs erwähnter Depesche. Der Vertrag ging folgerichtig als Kieler Frieden von 1814 in die Geschichte ein.

Der Buchwaldtsche Hof, Sitz des Kronprinzen von Schweden während der Verhandlungen zum Vertrag von Kiel (Stadtarchiv Kiel)

Dänemark musste das mit ihm seit 1387, also seit 427 Jahren, fest verbundene Norwegen an Schweden abtreten und sollte dafür im Tausch Schwedisch-Pommern mit der Insel Rügen und als weitere Entschädigung eine Million schwedische Taler empfangen. Den Untertanen der getauschten Gebiete wurde die Beibehaltung der angestammten Privilegien und Rechte garantiert, ebenso erhielten die Universitäten in Norwegen und Greifswald eine Bestandsgarantie. Die Norweger waren zunächst aber ganz und gar nicht bereit, sich den Schweden zu unterwerfen, sondern erklärten ihre Unabhängigkeit. Der dänische Kronprinz Christian Friedrich (1786–1848), der als königlicher Statthalter in Norwegen fungiert hatte, stellte sich offen auf die Seite der Norweger, und auch in den Herzogtümern fanden diese ihre Unterstützer, so zum Beispiel im Herzog von Augustenburg, der Bernadotte verächtlich als „Parvenü aus Frankreich" bezeichnete. Im Mai wählten die Norweger dann den Prinzen zu ihrem neuen König und gaben sich auf der Reichsversammlung von Eidsvold eine freiheitliche Verfassung. Wegen der Beteiligung des dänischen Kronprinzen an diesen Vorgängen warf Bernadotte Dänemark den offenen Bruch des Kieler Friedensvertrags vor und drohte Kopenhagen mit einem Bombardement. Auch zog er 60 000 Soldaten unter seinem Kommando an der Elbe zusammen, um den Gesamtstaat zu zertrümmern, wie Christian Degn schreibt. Wegen seines Bündnisses mit dem „Ungeheuer" Napoleon, so Bernadotte, habe der dänische König auch gar nichts Besseres verdient.

Doch schließlich glätteten sich die Wogen schneller als erwartet, da sich Schweden und Norwegen nach einem kurzen

Kriegszug am 14. August 1814 in der sogenannten Konvention von Moss darauf verständigten, dass der dänische Kronprinz zugunsten Schwedens wieder der norwegischen Krone entsage, wohingegen Schweden die Verfassung von Eidsvold anerkennen wollte. Norwegen wurde nicht Teil des schwedischen Staatsgebiets, sondern war mit Schweden bis 1905 nur in Personalunion verbunden. Solange Schweden aber nicht vollends im Besitz der norwegischen Festungen war, weigerte es sich, vereinbarungsgemäß Vorpommern und Rügen an Dänemark abzutreten und auch das nach wie vor besetzte Faustpfand Holstein herauszugeben. Erst im Verlauf des Wiener Kongresses entspannte sich die Situation.

Weiter wurde im Kieler Frieden festgelegt, dass das seit 1807 von England besetzte Helgoland kompensationslos britisch blieb – wie übrigens auch die von England geraubte dänische Flotte. Dänemark verpflichtete sich, mit Hilfe englischer Subsidienzahlungen – es handelte sich um insgesamt 400 000 Pfund Sterling – ein Korps in einer Stärke von 10 000 Soldaten unter dem Befehl des schwedischen Kronprinzen Karl Johann für den Kampf gegen Napoleon bereitzustellen. Alle Feindseligkeiten sollten mit Inkrafttreten des Vertrags beendet sein, alle Zwangslieferungen an die Nordarmee eingestellt und die Herzogtümer Schleswig und Holstein wieder geräumt werden. Nur noch die Belagerungstruppen vor Hamburg sollten im Land bleiben, hatten künftig aber für ihre Verpflegung zu zahlen.

Die Friedensbedingungen trafen Dänemark hart. Das Land gilt nicht von ungefähr als einer der größten Verlierer bei der damaligen Neuordnung Europas: Denn mit Norwegen verlor es den größten Teil seines Reichsgebiets, insgesamt nahezu 85 Prozent, und mehr als ein Drittel seiner Bevölkerung, rund 36 Prozent. Das Machtgefüge im Norden Europas änderte sich damit drastisch; die bisherige nordeuropäische Mittelmacht Dänemark war fortan lediglich ein Kleinstaat, der außenpolitisch vom Gutdünken der europäischen Großmächte abhängig war. Freilich besaß Dänemark im Rahmen des Gesamtstaats noch einen multiethnischen Charakter, da in den Herzogtümern überwiegend deutsch- und friesischsprachige Untertanen lebten. Zähe Verhandlungen zwischen Dänemark und Schweden ergaben sich noch aus der Frage, welchen mit dem Besitzerwechsel künftig von Schweden zu begleichenden Anteil Norwegen an der dänischen Staatsschuld trage. Erst im September 1819 einigten sich die Kontrahenten in London auf einen Kompromiss, den das Ausland erzwungen hatte. Indes war es langfristig gesehen ein großer Verhandlungserfolg, dass es dem dänischen Unterhändler Bourke im Rahmen des Kieler Friedens gelungen war, den Verbleib der sogenannten atlantischen Kolonien, also Grönlands, Islands und der Färöer, bei Dänemark zu sichern. Auch erlangte Dänemark in weiteren Verhandlungen mit Großbritannien seine überseeischen Kolonien in Westindien und die im Kattegat gelegene Insel Anholt zurück.

Im Umfeld des Wiener Kongresses, auf dem der Kieler Frieden im eigentlichen Sinne keinen Verhandlungsgegenstand mehr bildete, kam es dann nochmals zu einer territorialen Veränderung, die den dänischen Gesamtstaat betraf: Preußen strebte nach dem Sieg über Napoleon eine Wie-

derherstellung seiner alten Machtstellung und jenes Terri-
torialbesitzes an, über den es vor dem Frieden von Tilsit
1807 verfügt hatte. Dazu zählte Ostfriesland, woran aber
auch das mit Großbritannien eng verbundene Königshaus
Hannover ein reges Interesse zeigte, vor allem um Preußen
von der Gegenküste Großbritanniens möglichst fernzuhal-
ten. Also einigte man sich darauf, dass Ostfriesland an
Hannover fiel, wofür sich Preußen das hannoveranische
Herzogtum Lauenburg ertauschte. Lauenburg eignete sich
für Preußen aber weniger zur Arrondierung seines Besitzes
als das Dänemark versprochene Vorpommern mit Rügen,
so dass sich Preußen mit Dänemark nach Vorverhandlun-
gen, die am 25. August 1814 in Berlin zur Vertragsreife ge-
diehen waren, am 4. Juni 1815 und mit Schweden am 7. Juni
1815 darauf verständigte, das Herzogtum Lauenburg wiederum gegen Schwedisch-Pommern zu tauschen. Die lauenburgische Ritterschaft protestierte in London gegen das
Tauschgeschäft, freilich vergeblich.
Für Dänemark war der Besitz Lauenburgs zur Arrondierung seines Besitzes weit sinnvoller als das von ihm durch
die Ostsee und Mecklenburg getrennte Schwedisch-Pommern. Zusätzlich erhielt Dänemark noch zwei Millionen
preußische Taler, da Lauenburg weniger wert war als der
pommersche Besitz. Das Bargeld machte das Tauschgeschäft für das an Devisen knappe Dänemark noch attrakti-
ver. Diese Regelungen wurden nicht Bestandteil der
Schlussakte des Wiener Kongresses, erhielten in dieser
aber ihre förmliche Bestätigung. Um beim Besitzerwechsel
dennoch die fehlende Legitimation auszugleichen, wurde

die Huldigung der lauenburgischen Stände gegenüber dem dänischen König im Oktober 1816 besonders feierlich begangen. Fortan bildeten die drei Herzogtümer Schleswig, Holstein und Lauenburg sowie das dänische Kernreich den im Vergleich zur Zeit vor 1814 erheblich verkleinerten Gesamtstaat. Durch den Verlust Norwegens verringerte sich das skandinavische Bevölkerungselement im Gesamtstaat von 75 auf 60 Prozent, während durch den Erwerb Lauenburgs der Anteil der deutschsprachigen Untertanen entsprechend zunahm.

Die Folgen des Kieler Friedens für Schleswig und Holstein können nur im Verbund mit der sich zeitlich daran anschließenden Neuordnung Europas auf dem Wiener Kongress 1814/15 gesehen werden, bei dem Dänemark übrigens nicht zu den offiziellen Beratungen zugelassen war. Nur dem Entgegenkommen Österreichs, das ein machtpolitisches Gegengewicht zu Russland und vor allem Preußen im Norden suchte und das sich darin mit Großbritannien einig wusste, verdankte es der dänische König, dass er überhaupt nach Wien kommen und in der Hofburg sein Quartier beziehen durfte. Abseits der regulären Verhandlungen versuchte Friedrich VI. dann bei den Diners, Bällen, Ausflügen und Audienzen im Umfeld des Kongresses in seinem beziehungsweise im dänischen Sinn Einfluss auf die Verhandlungsergebnisse zu nehmen. Schließlich liebäugelten Preußen und Schweden immer noch mit der völligen Zerschlagung Dänemarks, und bis zum Februar 1815 standen die russischen Truppen als fortwährende, jederzeit einsetzbare Bedrohung in Holstein. Der in Holstein geborene Schriftsteller und dänische Diplomat Johann Georg Rist (1775–1847) etwa schrieb: „Ich gestehe, daß nach den Erfahrungen, die ich über unsere innere und moralische Wehrlosigkeit in dieser Zeit gemacht hatte, mein Gefühl als Holsteiner und die Freude über den Frieden an die Stelle einer schmerzlichen Demütigung trat, die doch einmal nicht mehr abzuschütteln war."

Zunächst folgte aus dem Friedensschluss ein Seitenwechsel des dänischen Militärs, in dem auch schleswig-holsteinische Soldaten dienten. Aus der Verteidigungsarmee wurde, wie Dieter Kienitz schreibt, eine Angriffsarmee, das heißt aus ehemaligen Gegnern wurden nun Verbündete und aus dem alten Bündnispartner Frankreich jetzt der neue Feind. „An das Panier der Germanen reihen sich Dänemarks Fahnen", dichtete der Apenrader Arzt August Wilhelm Neuber (1781–1849) zu diesem Anlass in einem eigentümlichen Gemisch aus gesamtstaatlichem Patriotismus und deutschem Nationalgefühl. Die 10 000 Soldaten, die der Gesamtstaat vertragsgemäß als Auxiliartruppen zur Verfügung stellte und an den Niederrhein entsandte, hatten allerdings keinen wesentlichen Anteil mehr am nun folgenden Sieg über Napoleon. Und auch bei der letzten Schlacht gegen Napoleon 1815 bei Waterloo waren die unter dem Befehl Friedrichs von Hessen nochmals nach Westen geschickten Truppen nicht dabei. Allerdings wurden Soldaten des Gesamtstaats in einer Stärke von 5000 Mann Teil des alliierten Besatzungsheers in Frankreich. Die letzten dänischen Besatzer kehrten Ende 1818 von ihrem Stützpunkt im französischen Douai in die Heimat zurück.

Das Verhältnis des Gesamtstaats zu seinen Nachbarn war durch die Kriegsereignisse tief eingetrübt. Vor allem die Hamburger wollten den Dänen und Schleswig-Holsteinern lange nicht verzeihen, dass sie im Frühjahr 1813 ihren Aufstand gegen Napoleon nicht unterstützt hatten, und beschimpften sie verächtlich als „Schuckelmeyer". Das hatte zahlreiche Raufereien bis hin zu blutigen Schießereien zur Folge. Überhaupt brauchte es seine Zeit, bis die Bereitschaft zu Willkür und Gewalt wieder eingedämmt werden konnte. Die Gutsbesitzer ließen sich und ihren Besitz so lange durch eigenfinanzierte *sauve-gardes*, Leibwachen, schützen; aber Bauern und Bürger hatten diesen Schutz nicht. Die allgemeine Furcht vor den Kosaken erwies sich dabei vielfach als unbegründet, wohingegen die deutschen Soldaten unter den alliierten Truppen sich unerwartet als rücksichtslose Räuber und Plünderer entpuppten, um so in diffuser Weise Rache für das Verhalten des dänischen Königs in Mecklenburg und für den Tod des Freikorpsführers Ferdinand von Schill (1776–1809) zu nehmen. Der Administrator der Grafschaft Rantzau, August von Hennings (1746–1826), äußerte sich daher enttäuscht: „Wir erwarteten von Kriegern, die sich rühmten, die Befreier Europas zu seyn und den Staaten ihre Unabhängigkeit gegen den Despotismus Napoleons zu sichern, ein ehrenvolles Betragen, empfanden bald das Gegenteil."

Der Enthusiasmus für die Sache der Freiheitskriege hielt sich somit in den Herzogtümern vor und nach dem Kieler Frieden durchaus in Grenzen. Zu den Räubereien der Soldateska kamen kleinere Vergehen von Zivilisten. Verbreitet war vor allem Holzdiebstahl. Mit Strafen hatten auch die Soldaten zu rechnen, die desertiert waren und nun von den holsteinischen Behörden steckbrieflich gesucht wurden. Das betraf natürlich die eigenen, aber insbesondere auch russische Soldaten, die nicht mehr in die Armee oder ihre russische Heimat zurückwollten, sondern sich in Schleswig-Holstein ein besseres Leben erhofften und sich daher hier versteckten. Anfangs wurden die Deserteure noch ihren abziehenden Einheiten zur Bestrafung übergeben, dann verfuhr man mit ihnen „wie mit gewöhnlichen Vagabonden".

Die Wirtschaft in den Herzogtümern lag danieder. Das hatte sie schon seit der Einbeziehung des Gesamtstaats in die Kontinentalsperre getan. Dazu litt sie seit längerem an einer schweren Strukturkrise, die durch die staatliche Finanzmisere und die damit einhergehende hohe Steuer- und Zollbelastung weiter verschärft wurde. Mit dem Frieden und den damit veränderten Rahmenbedingungen kam die Wirtschaft nun keinesfalls wieder so schnell in Gang, wie es sich die Optimisten vielleicht erhofft hatten. Zwar konnten die Schiffe unter dänischer Flagge nun wieder gefahrlos zur See fahren. Doch war deren Zahl zuvor so erheblich geschrumpft, dass nur wenige Schiffseigner überhaupt davon profitierten. Den heimischen Produzenten machten die Einfuhren aus dem Ausland, vor allem die Konkurrenz der hochwertigen Waren aus Großbritannien und der sich daraus ergebende Preisverfall, zu schaffen. Handwerk und Handel litten enorm darunter, zumal für sie umgekehrt angestammte Exportmärkte wegbrachen. Das galt vor allem für Norwegen, das bis dahin einer der

Hauptabnehmer des schleswig-holsteinischen Getreides gewesen war, sich nun aber handelsmäßig neu ausrichtete. Dazu traten 1815 noch ein britisches Getreideeinfuhrverbot und ein neuer Zoll auf Viehimporte. Im Zeitraum nach dem Friedensschluss war es den Bauern damit fast unmöglich, ihre Produkte außerhalb der Landesgrenzen zu verkaufen. Das schlug sich natürlich auf ihre eigene Kaufkraft nieder. Zahlreiche Kaufleute gingen bald wegen Zahlungsunfähigkeit bankrott, unter ihnen der bedeutende Kaufmann Nissen aus Heide in Dithmarschen, dessen Handelskontakte von Kopenhagen nach Rotterdam und Antwerpen gereicht hatten.

Der Viehbestand in den Landen war durch die Kriegseinwirkungen stark dezimiert worden und erholte sich erst allmählich. Vor allem fehlte es den Gutsbesitzern und Landpächtern an Geld für Investitionen wie den Kauf neuer Tiere. Geldmangel, Steuerlast und Kreditunwürdigkeit, dazu noch ein kaum kalkulierbares Auf und Ab bei den Preisen für Agrarprodukte bedrängten manchen von ihnen so schwer, dass er den Betrieb einstellen musste. Auch die Arbeiter auf dem Land und in den Städten litten unter der Depression, die 1825 ihren Höhepunkt erreichen sollte. Ihre Löhne sanken oder sie verloren ganz ihre Arbeit und konnten sich infolgedessen nicht einmal mehr das Lebensnotwendige leisten. Die hohe Schuldenlast der öffentlichen Hand machte die Situation nicht einfacher.

Gemäß einer Schätzung vom Juni 1814 wurde der Gesamtkriegsschaden für beide Herzogtümer mit einer Summe von etwa zehn Millionen Reichsbanktalern beziffert. Mit dem

Kriegsende trat keine spürbare Entlastung ein, da viele Bürger ihre Steuerrückstände nicht zahlen wollten oder konnten. Der Regierung blieb nur das Mittel der Zwangseintreibung, und sie setzte seit dem 21. Dezember 1814 das Militär ein, um von den Gutsbesitzern Steuerzahlungen durchzusetzen. Etliche Dörfer und Kirchspiele blieben jahrzehntelang hoch verschuldet, weil sie während des Krieges versucht hatten, die Bedürfnisse der einquartierten Soldaten über Kredite zu finanzieren, die nun zurückgezahlt werden mussten. Eine zusätzliche Belastung stellte die Beseitigung der Kriegsschäden durch Reparaturen und Instandsetzungen dar, wie sie etwa für die Schleusen des Schleswig-Holsteinischen Kanals mit Kosten in Höhe von 10 000 Reichsbanktalern belegt sind. Zu den üblichen Steuern und Abgaben traten daher weitere Sonderabgaben, um damit die Haushalte zu sanieren. Diese belasteten Wirtschaft und Privatleute weiter. Das hehre Ziel einer Regulierung der Kriegsschäden konnte bei dieser allgemeinen Verwaltung des bloßen Mangels wenig bis gar nicht realisiert werden. Die vom Staat zur Verfügung gestellten Mittel wurden unzureichend und ungleich verteilt: Während zum Beispiel Itzehoe 64 Prozent der Schäden vergütet erhielt und Husum 41 Prozent, waren es im Falle Süderdithmarschens nur 35 Prozent und bei Eiderstedt lediglich 26 Prozent.

Die Mittel wurden über eine Sondersteuer, die alle, auch die Geschädigten, traf, über eine britische Hilfszahlung in Höhe von 600 Pfund Sterling sowie über eine – geringe – französische Kriegsentschädigung finanziert und wurden als sogenannte Bons im Gutscheinverfahren ausgegeben. Diese

Bons konnten zur Bezahlung von rückständigen Steuern und Abgaben eingesetzt werden. Allerdings wurden die Zahlungen für die Reichsbankhaft nicht berücksichtigt, welche die Einwohner der Herzogtümer als der ehemals reichsten Gebiete des Gesamtstaats nach dem Staatsbankrott von 1813 getroffen hatte und sie nun weit mehr belastete als die dänischen Untertanen jenseits der Königsau. Vielfach wurden die Bons auch zum Spekulationsobjekt. Spekulanten versuchten sie zum Bruchteil ihres Wertes zu kaufen, wie das Beispiel zeigt, von dem Markus Christian Köhnke berichtet: 11 000 Mark an Verlusten hatte sein Nienstedtener Hof aufgrund von Einquartierungen und Beschlagnahmungen zu verzeichnen. Er erhielt dafür zunächst 500 Reichsbanktaler in Bons. Da er dringend Bargeld benötigte, verkaufte er den einzelnen Taler-Bon zu je 17 Schilling. Der Käufer der Bons ließ sich dann aber den vollständigen Nominalwert der Bons bei seinen Steuerrückständen gutschreiben und erzielte damit einen profitablen Gewinn.

Die Ärmsten im Land traf die ruinöse Situation während der Kriegsmonate und in der Nachkriegszeit besonders hart. Lebensmittel waren knapp und teuer, Arbeit rar, die medizinische Versorgung mangelhaft. Im Winter fehlte es an Heizmaterial. Krankheiten und Seuchen brachen aus. Nicht von ungefähr stieg gerade 1814 die Sterberate ungewöhnlich stark an: Während sonst im Regelfall 120 bis 140 Tote im Totenregister der Laurentiikirche in Itzehoe aufgeführt sind, wurden damals 214 Personen verzeichnet, was der anderthalbfachen Summe entspricht. 52 davon waren an Tuberkulose, 33 an anderen „Brustkrankheiten" und 19 an der Ruhr verstorben.

Johannes Nicolaus, Arzt in Glückstadt, berichtete in etwa zeitgleich: „Viele Leute werden jetzt krank u. einige sind bereits gestorben, teils von Gallen Erbrechen u. Diarrhoen, teils an Nervenschwäche als Folgen der Schreckensscenen, der anfängl. gelinden, aber nebligten Witterung, u. des jetzigen Frostes, wozu der Mangel an gehöriger Wärme, die beständige Zugluft in fast allen Häusern, hin u. wieder auch Mangel an Nahrungsmitteln pp. mit gerechnet werden müssen." Auf Befehl des Königs wurden im Mai 1814 Haus- und Kirchenkollekten veranstaltet, doch für die Armen blieb die Situation katastrophal. Bettelei, die es vor dem Krieg in den Landen kaum gegeben hatte, wurde zum Dauerproblem für die Gemeinden; es kam zu Demonstrationen und Unruhen, etwa bei den Deicharbeitern auf Pellworm. Organisationen wie die Patriotische Gesellschaft und Einzelpersonen wie Johann Daniel Lawätz (1750–1826) nahmen sich der vielfältigen sozialen Probleme an, die der Pauperismus in den einstmals reichen Herzogtümern mit sich brachte, und engagierten sich für die Armen. So gründete Lawätz 1821 die Armenkolonie Friedrichsgabe in Norderstedt, nachdem er unter dem unmittelbaren Eindruck der Kriegsfolgen 1815 das Buch „Über die Sorge des Staats für seine Armen und Hülfsbedürftigen" veröffentlicht hatte.

Bei manchen Schleswig-Holsteinern kamen nun Zweifel auf, ob die Politik des Gesamtstaats während der Napoleonischen Ära die richtige gewesen war und ob der absolutistische Herrscher selbst klug gehandelt hatte. Allerdings hielt die Masse der deutschsprachigen Bevölkerung in den ersten Nachkriegsjahren nach wie vor fest zu ihrem König und zum Gesamtstaat. Nicht von ungefähr wurde der König auf seiner Rückreise von Wien durch Holstein, Schleswig und Dänemark allseits begeistert begrüßt. Auch die Angehörigen der Ritterschaft pochten als Gegner demokratischer und absolutistischer Vorstellungen zugleich „nur" auf die Wahrung ihrer ständischen Privilegien und forderten die Einberufung eines Landtags, dachten zunächst aber nicht an einen deutschen Nationalstaat unter Einschluss Schleswigs und Holsteins. Stimmen wie die von Barthold Georg Niebuhr (1776–1831), der vor seiner Tätigkeit als Geschichtsprofessor in Berlin im dänischen Staatsdienst arbeitete, bildeten noch die Ausnahme. Niebuhr beurteilte den Gesamtstaat als widernatürliches Gebilde, das auseinanderfallen werde. „Möge denn wieder zusammenkommen, was durch Natur zusammengehört: Deutsche zu Deutschen." Folglich riet er den holsteinischen Ständen, den preußischen König Friedrich Wilhelm III. zum Landesherrn zu wählen und Holstein sowie den deutschen Teil Schleswigs dem Königreich Preußen anzuschließen. Das stand zwar in Übereinstimmung mit den preußischen Gedanken, die seit 1812 um die völlige Aufteilung Dänemarks kreisten, fand in den Herzogtümern damals, wie gesagt, aber noch wenig Anklang. Freilich sollte sich dies aufgrund der politischen Situation allmählich ändern: Nach dem Ende des Alten Reichs 1806 war Holstein dem Königreich Dänemark als „ungetrennter Teil" inkorporiert und aus der Deutschen Kanzlei die Schleswig-Holsteinische Kanzlei gemacht worden. Zentralisierungs- und Vereinheitlichungsmaßnahmen waren in diesem Zusammenhang angedacht, aber wegen der Kriegsereignisse nicht durchgeführt worden. So war auch die

Realisierung des Sprachreskripts vom 15.Dezember 1810 unterschrieben, demzufolge die deutsche Sprache beim Gottesdienst, im Schulunterricht und in der Rechtschreibung durch die dänische ersetzt werden sollte, wo die Sprache des „gemeinen Mannes" Dänisch sei.

Die Inkorporation Holsteins wurde 1815 im Kontext des Wiener Kongresses wieder rückgängig gemacht. So verblieb Holstein zwar unter der angestammten Herrschaft des dänischen Königs, wurde aber Teil des anstelle des untergegangenen Heiligen Römischen Reiches neu geschaffenen Deutschen Bundes. Als Fürst desselben hatte sich der dänische König der Bundesakte zu unterwerfen. Das beinhaltete für Holstein einen Rechtsanspruch auf eine Verfassung mit zeitgemäßen bürgerlichen Freiheiten. Ein solches verbrieftes Anrecht hatte Schleswig nicht, das sich im Gesamtstaat jenseits der Grenze des Deutschen Bundes befand. Tatsächlich gestand der dänische König, der mittlerweile der im September 1815 gegründeten reaktionären Heiligen Allianz beigetreten war, 1816 lediglich Holstein eine Verfassung zu und bestätigte die alten Privilegien der Ritterschaft. Obwohl der König zuvor auch den *nexus socialis* zwischen Holstein und Schleswig zumindest für die Ritterschaft bestätigt hatte, blieb Schleswig trotz eines ritterschaftlichen Gesuchs in der Verfassungsfrage unberücksichtigt. Mehrere schleswigsche Verfassungspetitionen blieben erfolglos, aber die entsprechende politische Debatte war angestoßen und wurde auf publizistischer Ebene intensiv geführt.

Aus dieser angespannten Situation musste sich ein Problem von großer Sprengkraft ergeben, sobald die diffizile Verfassungsfrage mit der aufkeimenden nationalen Frage verbunden wurde. Das war in Akademikerkreisen bereits 1814/15 der Fall. Hatte der Kieler Geschichtsprofessor Friedrich Christoph Dahlmann (1785–1860) schon im Frühjahr 1814 in seiner unveröffentlichten Erstlingsschrift „Über die letzten Schicksale der deutschen Untertanen Dänemarks und ihre Hoffnungen auf die Zukunft" einen deutschen Nationalstaat als politisches Ziel auch für die Schleswig-Holsteiner propagiert, so forderte er, seit kurzem auch Sekretär der schleswig-holsteinischen Ritterschaft, am 7. Juli 1815 bei der universitären Feier aus Anlass des Sieges über Napoleon in seiner bekannten Waterloo-Rede nun ganz offen und leidenschaftlich eine gemeinsame Verfassung für Schleswig und Holstein unter dem Dach des Deutschen Bundes, freilich nicht ohne dabei natürlich auch des dänischen Königs zu gedenken: „Heil auch unserem König Friedrich dem Sechsten, welchem es vorbehalten ward, seine Deutschen in den alten Bund ihrer Väter zurückzuführen. […] Heil Blüchern und den Streitern für das deutsche Vaterland."

Als historisches Argument für seine Forderung diente ihm der berühmt gewordene Vertrag von Ripen vom März des Jahres 1460, in dem festgelegt worden war, dass Schleswig und Holstein „ewich tosamende vngedelt" bleiben sollten. Anfangs waren das Vorstellungen, die außerhalb der Universität kaum für Gesprächsstoff sorgten, doch nach und nach wurden sie rezipiert, und die dahinterstehende nationale Idee verdrängte den zuvor auch in der deutschsprachigen Bevölkerung und bei den Akademikern in Kiel verankerten Gesamtstaatspatriotismus. Die zwischen 1815 und

1819 unter der Ägide Dahlmanns sowie seiner Professoren-
kollegen Nikolaus Falck (1784–1850), Karl Theodor Wel-
cker (1790–1869) und Franz Hermann Hegewisch (1783–
1865) erscheinenden „Kieler Blätter" spielten ihre wichtige
publizistische Rolle bei dieser Entwicklung. Die Zeit der
nationalen Auseinandersetzung zwischen Dänemark und
Deutschland um Schleswig und Holstein war gekommen.

VI. Die Kämpfe in Norddeutschland

Carsten Walczok

1. Kriegführung zu Zeiten Napoleons

Die Kriegführung zum Beginn des 19. Jahrhunderts unterschied sich kaum von der Art der Kriegführung vergangener Jahrzehnte, mit einiger Vorsicht könnte man sogar sagen, dass schon zu Zeiten des Großen Nordischen Krieges (1700–1721) kaum anders gefochten wurde. Dennoch wäre es falsch anzunehmen, dass es insbesondere in den Napoleonischen Kriegen keinerlei Neuerungen gegeben hätte.

Die Grundformation des Kampfes war die Linie; das heißt, dass die Einheiten in langen Linien dem Feind gegenüber aufmarschierten und das Feuer eröffneten. Werfen wir zunächst einen kurzen Blick auf die theoretische Leistungsfähigkeit der Musketen.

Die Soldaten der Linienregimenter schossen mit glattläufigen Vorderladergewehren. Das heißt, dass die Laufinnendurchmesser (Kaliber) etwas größer waren als die Kugeln, so dass diese nur mit wenig Führung durch den Gasdruck des gezündeten Pulvers durch den Lauf getrieben wurden – Kugeln sind ohnehin nicht die ballistisch ideale Form. Die nur geringe Mündungsgeschwindigkeit (bei französischen Gewehren lag sie bei 320 Metern pro Sekunde) tat ein Übriges zur geringen Schusspräzision. Das Projektil nahm also relativ schnell eine nach unten gekrümmte Flugbahn an. In seinem Werk „To All Sportsmen and Particularly to Farmers and Gamekeepers" schreibt der

britische Oberst George Hanger 1814, dass für einen Schützen die Chance, aus 180 Metern zu treffen, so gering sei,
dass er ebenso gut auf den Mond zielen könne.[170]

Preußische Linieninfanterie im Pulverdampf (Timo Jann)

Zu diesem Problem kam noch die geringe Kadenz (Feuergeschwindigkeit) hinzu. Nach jedem Schuss musste der
Soldat die Waffe neu laden, also eine der Papierpatronen
aus der Tasche holen, das Papier öffnen (meist wurde es
aufgebissen), etwas Pulver für die Zündung auf die Pfanne
beim Schloss, dann den Rest des Pulvers in den Lauf schüt-
ten, die Kugel folgen lassen und alles mit dem Ladestock
bis zum Grund des Laufes treiben, danach den Ladestock
zurück an seinen Platz stecken und erneut anlegen.
Um also eine gewisse Waffenwirkung zu erreichen, galt es,
möglichst viele Musketen gleichzeitig aus kurzer Distanz

(etwa 75 Metern) auf den Gegner feuern zu lassen. Daraus ergab sich die Lineartaktik dieser Zeit. Die gegnerischen Regimenter marschierten in Linie gegeneinander auf, schossen aufeinander, und wenn man annehmen konnte, die gegnerische Seite genügend geschwächt zu haben, griffen die Soldaten mit dem Bajonett an.

Es war also wichtig, Einheiten zu schaffen, die noch immer eine große Feuerkraft entwickeln konnten, aber zugleich noch ohne allzu viel Konfusion geführt werden konnten. Die taktische Einheit war deshalb das Bataillon. Bei Waterloo umfasste ein britisches Bataillon rund 570 Mann, abzüglich der leichten Kompanie. Es verfügte also über 500 Musketen. Die Frontbreite eines britischen Bataillons, in zwei Gliedern aufgestellt, betrug somit (bei 50 bis 60 Zentimetern Abstand von Mann zu Mann) ungefähr 150 Meter.

Allerdings gab es mit den Tirailleuren einen relativ neuen Soldatentypus. Die Tirailleure waren in den verschiedenen deutschen Armeen in den Jägereinheiten zusammengefasst und waren im Regelfall besonders gute Schützen. Diese Männer waren erfahren und intelligent und somit imstande, auch selbstständig zu agieren. Bewaffnet waren sie mit einer Büchse – einem Gewehr mit gezogenem Lauf – und verfügten somit auch über eine überdurchschnittliche Trefferfähigkeit. Diese Tirailleure führten ein selbstständiges Gefecht vor den Linien. Eine ihrer Aufgaben bestand darin, den Aufmarsch der Linienregimenter durch gezieltes Feuer zu behindern. Dennoch war auch weiterhin der geschlossene Einsatz der Linieninfanterie von entscheidender Bedeutung.

Wurde eine Infanterieeinheit von der Kavallerie angegriffen, musste sie sofort eine Quarré-Aufstellung einnehmen, dann konnten die Reiter kaum noch etwas ausrichten. Die Hauptwaffe der Reiterei war der Säbel bei der leichten Kavallerie (Husaren und Ulanen) und der Haudegen oder Pallasch bei der schweren Kavallerie. Die leichte Reiterei wurde gerne zur Aufklärung und zum Flankenschutz eingesetzt. Die Kürassiere, also die schwere Reiterei, wurden als Schockreiterei eingesetzt, die die feindliche Kavallerie oder Infanterie zerschlagen sollte. Des Weiteren sollten sie den sich zurückziehenden Gegner verfolgen; dazu wurde zusätzlich auch die leichte Reiterei verwendet.

Nach dem Russlanddebakel machte sich bei den Franzosen insbesondere der Mangel an Kavallerie und an Pferden bemerkbar. Es fehlte ihnen trotz ihrer Erfolge, zum Beispiel in der Schlacht bei Bautzen, die Reiterei, um die sich zurückziehenden russischen und preußischen Truppen vollständig zu besiegen.

Die Funktion der Artillerie bestand darin, zuerst die gegnerische Artillerie auszuschalten und die Infanterie zu unterstützen. Die Wirkung der Artillerie war sehr unterschiedlich. Zum Munitionsbestand dieser Waffengattung gehörten Vollkugeln aus Eisen oder mit Sprengstoff gefüllte Granaten, die mittels verzögerter Zündung zur Detonation gebracht wurden, sowie Kartätschen. Die Wirkung der Vollkugeln gegen einen angreifenden Block feindlicher Soldaten war eher gering, da diese Eisenkugeln nur wenige Soldaten treffen konnten. Die Granaten verlangten eine genaue Berechnung der Länge der Zündschnur, was nicht immer gelang. Die Kartätschen wiederum hatten zwar eine große Wirkung, verlangten aber Geduld und Nervenstärke, musste man doch den Gegner bis auf relativ wenige Meter herankommen lassen. Die Kartätsche war eine leichte Metallhülse, die dem Kaliber des Geschützes angepasst und mit Gewehrkugeln und Eisenstücken gefüllt war. Das Abfeuern des Geschützes ließ die Metallhülse nach Verlassen des Rohres platzen, so dass die Ladung der Kartätsche auf die Feinde geschleudert wurde. Die Reichweite dieser Waffe, mit der die Artillerie die sich nähernde Infanterie wirksam bekämpfen konnte, war stark begrenzt und lag bei maximal 450 Metern.

Einer der wichtigsten Vorteile der Artillerie war ihre große Reichweite, damit konnte der Gegner bereits weit im Vorfeld bekämpft werden. Problematisch war dagegen die geringe Feuergeschwindigkeit der Artillerie. Zwar konnte eine gut eingespielte Bedienungsmannschaft mit einem leichten Geschütz bis zu acht Schuss in der Minute abgeben, doch in der Gefechtspraxis war meist eine geringere Feuergeschwindigkeit von nur zwei Schuss pro Minute vorgeschrieben. Schließlich mussten die Kanonen pfleglich behandelt werden, und zuweilen musste ein Geschütz sein Feuer einstellen, weil sich durch die Vielzahl der abgefeuerten Schüsse das Rohr gefährlich erhitzt hatte.

2. Das Gefecht von Lauenburg und seine Vorgeschichte

Nach den letztlich für beide Seiten wenig erfolgreichen Operationen im Frühjahrsfeldzug 1813, den Schlachten bei Großgörschen und bei Bautzen, wollte Napoleon unbedingt eine Entscheidung erzwingen. In den Kämpfen der ersten Jahreshälfte hatten Russland und Preußen noch allein gegen Napoleon und seine deutschen Verbündeten gekämpft. Die Frage war nun, welche Rolle Österreich spielen würde. Nach dem Einsatz des österreichischen Korps in Russland hatte sich der Staat ganz bewusst in die Neutralität zurückgezogen. Die Wiener Diplomaten wollten erst einmal abwarten, wie sich der neue Krieg entwickelte, damit ein Eingreifen Österreichs das entsprechende Gewicht erhielt.

Das Desaster von Russland hatte Napoleon einen großen Teil seiner Streitkräfte gekostet, deshalb war er schnellstmöglich nach Frankreich geeilt, um dort eine neue Armee buchstäblich aus dem Boden zu stampfen – zweifellos eine seiner größten organisatorischen Leistungen. Zusammen mit einigen zurückgebliebenen Kontingenten verfügte er jetzt über eine Streitmacht von rund 225 000 Soldaten und 450 Geschützen. Ende August, als der Aufbau der Truppen abgeschlossen war, befehligte er gut 400 000 Männer. Preußen dagegen verfügte über kaum mehr als 42 000 Mann im aktiven Dienst, und der Ausbau der Armee für den Krieg musste erst anlaufen. Die Russen wiederum hatten ihre Truppen ebenfalls noch nicht verstärken können, denn ihr Abwehrkampf gegen Napoleon hatte auch sie stark geschwächt.

Den ersten größeren Kampf hatten Russland und Preußen Napoleon am 2. Mai bei Großgörschen geliefert. Trotz seiner numerischen Überlegenheit hatte Napoleon letztlich sogar seine Garde einsetzen müssen, um eine Entscheidung zu seinen Gunsten zu erreichen. Auch wenn die Verbündeten das Feld räumen mussten, so war die Schlacht für sie dennoch ein Erfolg, denn Napoleon hatte sie nicht entscheidend schlagen können.

Am 21. Mai waren die Kriegsgegner bei Bautzen erneut aufeinandergetroffen. 20 000 Tote und Verwundete auf beiden Seiten waren das einzige Ergebnis des Kampfes. In zwei großen Schlachten hatte Napoleon seine Gegner geschlagen – mehr aber auch nicht. Seine zu schwache Kavallerie erlaubte es ihm nicht, die Erfolge auszunutzen und die Feinde zu verfolgen.[171] Während des nun anschließenden Waffenstillstandes von Pläswitz traf sich der österreichische Kanzler Klemens Wenzel Lothar Fürst von Metternich mit Napoleon. Die Gespräche blieben aber erfolglos und führten letztlich dazu, dass sich Österreich am 12. August dem russisch-preußischen Bündnis anschloss.

Am Ende des Waffenstillstandes ergab sich für die kriegführenden Parteien die folgende Ausgangssituation: Napoleon stand mit seiner Hauptmacht in Sachsen, und halbkreisförmig um ihn herum verteilten sich die Armeen der verbündeten Mächte: in Böhmen die Hauptmacht, die Armee Schwarzenberg; die Armee Blücher in Schlesien und als Nordarmee die Verbände des Kronprinzen von Schweden. Auf Drängen Fürst Metternichs hin hatte Fürst zu Schwarzenberg zugleich auch das Oberkommando über alle drei Teilarmeen der Alliierten inne, da diese Position nicht nur militärisches, sondern vielmehr vor allem auch diplomatisches Geschick verlangte.

Die alliierten Strategie sah indes vor, dass sich im Fall eines Angriffs auf eine der drei Armeen die angegriffene Armee auf keinen Fall Napoleon zum Kampf stellen durfte, sondern sich vielmehr zurückzuziehen hatte. Erst wenn es den Alliierten gelänge, ihre Überzahl konzentriert gegen die Franzosen zum Einsatz zu bringen, wollte man kämpfen. Napoleons Hauptarmee in Sachsen stand aufseiten der Alliierten eine Übermacht von über einer Dreiviertelmillion Soldaten entgegen: 270 000 Preußen, 260 000 Österreicher, 250 000 Russen und 20 000 Schweden. Napoleon musste also seinen Vorteil der inneren Linie nutzen und in schnellen Vorstößen die drei Armeen einzeln angreifen und schlagen. So könnte er sie zurückdrängen oder im Idealfall ausschalten und an der Vereinigung hindern, denn gelänge den Alliierten eine solche Vereinigung ihrer Armeen, würde er ihnen kaum noch ernsthaft Widerstand leisten können.

Als erstes Ziel wählte Napoleon die Nordarmee. Hierzu verlegte er zunächst das 13. Korps unter dem Befehl Marschall Davouts nach Hamburg. Dieses Korps bestand, die dänischen Truppen eingerechnet, aus rund 30 000 Mann Infanterie (3., 40. und 50. Division), 2700 Reitern sowie 108 Geschützen. Die Kavallerie setzte sich aus dem 28. Chasseur-Regiment und einem aus Kürassieren und Dragonern zusammengesetzten Marschregiment zusammen. Dazu kamen noch 10 Eskadronen der dänischen Kavallerie. Zur französischen Artillerie von 68 Geschützen gesellten sich noch 40 dänische Kanonen.[172]

Napoleon sandte nun 80 000 Mann nach Norden, die zusammen mit den 30 000 Mann des 13. Korps die Berlin deckende Nordarmee zerschlagen sollten. Bereits in einem Brief vom 17. Juli schrieb Napoleon an Davout: „Mein Plan ist […], Ihre 30 000 Mann und die 80 000 Mann des Herzogs von Reggio [Marschall Oudinot, C. W.] auf Berlin marschieren zu lassen […].“[173]

Mit dem Ablaufen des Waffenstillstandes um 00:00 Uhr in der Nacht vom 16. auf den 17. August 1813 war allen Seiten klar, dass die Kampfhandlungen unmittelbar aufgenommen werden würden. Die Franzosen mussten sofort die Initiative ergreifen, das bedeutete für den Niederelberaum, dass Marschall Davout mit seinem Armeekorps von Hamburg aus gegen den Raum Mecklenburg und Pommern bis Berlin vorzugehen hatte. Dazu musste Marschall Davout seine in Hamburg und im Umland stehenden Truppen erst in das Gebiet der norddeutschen Ebene nordöstlich der Elbe verlegen. Der Zugang zu diesem Raum, also das Gelände zwischen Ostsee und Elbe, wurde aufseiten der Alliierten von den Verbänden des Generalleutnants Graf Wallmoden-Gimborn überwacht. Wallmodens Observationskorps bestand aus rund 18 000 Mann Infanterie, 7000 Reitern und 60 Geschützen. Der Kampfwert dieser heterogenen Einheiten war höchst unterschiedlich; leichte Reiterei wie die Kosaken oder die Estorfschen Husaren gehörten ebenso dazu wie die Reiterei des Lützowschen Freikorps oder die leichten Jägerverbände der Hanseatischen Legion. Gleiches galt für die Artillerie, hier standen die schwache Artillerie der Lützower und die berittene Artillerie der Russisch-Deutschen Legion sowie die Artillerie der King's German Legion nebeneinander. Allerdings konnte Wallmoden nicht uneingeschränkt über die verschiedenen Einheiten seines Korps verfügen, da die schwedische Division Vegesack mit den ihr zugeteilten mecklenburgischen und hanseatischen Truppen und die preußischen Husaren des Majors Schill mit ihren 6405 Mann Infanterie, 2664 Reitern und 366 Mann mit 18 Geschützen ihm nur bedingt unterstellt waren. Im Falle eines überlegenen feindlichen Angriffs sollte sich Schill mit seinen anderen Truppen nach Berlin zurückziehen, während die Division Vegesack nach Stralsund ausweichen sollte.[174]

Napoleon schrieb über dieses bunt zusammengewürfelte Konglomerat an alliierten Einheiten an Marschall Oudinot: „In der Ihnen gegenüberstehenden Armee befindet sich viel schlechtes Gesindel, das einmal angegriffen und geschlagen, sich zerstreuen wird, zum Beispiel die Landwehr, die hanseatische Legion u. dergl., so dass ein Feldzug von 8 Tagen, selbst ohne großen Erfolg, doch das feindliche Heer um die Hälfte vermindern wird. Die Umstände sind richtig, die Rolle, die Sie zu übernehmen haben, ist eine sehr tätige. Sie müssen bei guter Zeit drohen, damit man sich nicht mit der Gesamtmasse gegen das auf Berlin rückende Korps wende und Sie vernachlässige."[175]

Wallmoden hatte entlang des alten Wasserweges von der Elbe nach Lübeck, dem Stecknitzkanal, Stellung bezogen.[176] Im Norden bei Grevismühlen stand die schwedische Division Vegesack mit Vorposten über Dassow, Schönberg und

Ratzeburg mit Zentrum in Gadebusch. General Graf Wallmoden stand mit seinen übrigen Kräften bei Wittenburg, von wo aus er Gadebusch beobachten und die von Büchen her kommende Straße decken konnte. General Graf Tettenborn, der auf dem linken Flügel stand, sicherte mit seinen vier Kosakenregimentern die südliche Stecknitzlinie. Des Weiteren gehörten zu seinen Einheiten auch das Freikorps Lützow und das Jäger-Bataillon von Reiche. Bei seinem Eintreffen wurde das Freikorps, das erst spät zu Wallmodens Observationskorps gesandt wurde, von Tettenborn an die Elbe im Raum Lauenburg verlegt. Von dort sollte es die Sicherung des Stecknitzübergangs an der Straße von Hamburg nach Berlin in Lauenburg übernehmen. In Büchen und den umliegenden Dörfern standen das Jägerdetachement des 1. Bataillons, das 3. Bataillon, die fünf Eskadronen Reiterei und die fünf reitenden Geschütze. Die Tiroler Schützenkompanie stand zur Sicherung der rechten Flanke zusammen mit einer Abteilung Kosaken am Weg von Lauenburg nach Büchen. In Lauenburg standen das 1. und 2. Bataillon von Lützow unter dem Befehl von Premierleutnant (Oberleutnant) von der Heyde, außerdem drei Kanonen und das Kosakenregiment von Denissow. Im benachbarten Boizenburg stand noch die Jägerabteilung des 2. Bataillons von Lützow.

Westlich von Lauenburg, an der Straße nach Geesthacht und Bergedorf, wurden rasch noch mehrere Redouten errichtet, um die Verteidigung der Stadt zu verstärken. Diese Schanzen waren allerdings nur hastig aufgeworfen und verfügten weder über Palisaden noch über sonstige Verstärkungen. Das Gelände vor der Stadt bestand zum größten Teil aus Feldern und Wiesen und war leicht wellig. Am tiefsten Punkt des Geländes verlief ein Abwassergraben, der den Raum von Norden nach Süden durchschnitt.

Im August 1813 sammelten sich das Lützower Freikorps und russische Truppen unter General Tettenborn auf dem Lauenburger Marktplatz. Gemälde des Lauenburger Malers Murjahn (1835–1901) (Elbeschiffahrtsmuseum Lauenburg/Elbe)

Von der Heyde hatte von Tettenborn den Auftrag erhalten, die Stadt Lauenburg so lange zu verteidigen, wie es die Lage erlauben würde. Marschall Davout hatte mittlerweile sein Korps vor Hamburg versammelt – hinter der Bille von Bergedorf bis nach Witzhave, wohin er am 16. sein Hauptquartier verlegte. Der Kommandeur des dänischen Hilfskorps, Prinz Friedrich von Hessen-Kassel, hatte Siek zu seinem Hauptquartier gewählt.

Bereits am Abend des 16. August versammelten sich bei Grande an der Bille unter dem Kommando von General Lallemand rund 3000 dänische und französische Soldaten. Diese Truppe stieß am 17. August über Trittau auf Mölln vor, wo sie schnell einen Vorposten der Kosaken vertreiben konnte. In Schwarzenbek traf Lallemand auf die Kolonne von General Loisson, die eigentlich auf Büchen hätte vorstoßen sollen, aber in Schwarzenbek stehen geblieben war. Zusammen drangen jetzt beide Kolonnen noch am Abend des 18. August bis nach Müssen vor, das unmittelbar vor Büchen liegt.[177]

Die Hauptkolonne des 13. Korps zog auf der großen Straße von Bergedorf bis nach Lauenburg. Nachdem die ersten Einheiten den Raum Schnakenbek erreicht hatten, startete das 1. Bataillon des 30. Regiments einen schnellen Angriff gegen die vorgeschobene Abteilung Kosaken und die kleine Abteilung von 50 Mann Lützowern, die als Avantgarde in Schnakenbek standen, und vertrieb sie rasch. Was nun folgte, war ein Tirailleur- oder Plänklergefecht. Das heißt, das nun einige ausgewählte Infanteristen, statt aus der geschlossenen Linie im Salventakt zu feuern, nach eigenem Ermessen ausgewählte Ziele angriffen.

Während die Franzosen auf etwas erhöhtem Gelände östlich von Schnakenbek Stellung bezogen, standen die Verteidiger der Stadt ihnen gegenüber vor den Toren Lauenburgs ebenfalls auf einer leichten Anhöhe. Zwischen diesen beiden Linien lag eine aus Feuchtwiesen bestehende Niederung, die von einem Entwässerungsgraben und einigen Hecken durchzogen war. Beiden Seiten war bewusst, dass der Kontrolle des

Grabens bei den bevorstehenden Gefechten eine nicht unbeträchtliche Bedeutung zukommen musste.

Um die Stärke der Franzosen zu ermitteln, griffen die Lützower aus dem Tirailleurgefecht heraus unter starken Verlusten die Stellungen der Franzosen auf der Höhe direkt an. Auch wenn der Angriff umgehend abgewiesen wurde, brachte er doch den gewünschten Erfolg: Jetzt war den Verteidigern klar, dass die Franzosen entlang des Waldes vier bis fünf Bataillone entwickelt hatten sowie Reiterei und einige Geschütze bereithielten. Auf diesen ersten Angriff folgte eine heftige Kanonade, bei der es den Lützowern gelang, eines der französischen Geschütze auszuschalten. Erst die einsetzende Dunkelheit beendete jede Gefechtstätigkeit. Einige Angehörige des Freikorps besetzten während der Nacht, sozusagen als Sicherungsschleier, den Entwässerungsgraben.

Marschall Davout nahm indessen sein Quartier im „Grünen Jäger" und wartete den nächsten Tag ab. Die Bilanz des ersten Kampftages verzeichnete aufseiten der Verteidiger 43 Ausfälle, also Verwundete oder Tote. Aufseiten der Franzosen waren laut Löwendahl, einem dänischen Verbindungsoffizier, über 300 Ausfälle zu beklagen. In der Nacht zog von der Heyde einen Teil der Tiroler Schützen zu sich und ließ auch die in Boizenburg lagernden Jäger nach Lauenburg kommen.

Der zweite Kampftag begann mit heftigen Angriffen der Franzosen auf die Stellungen der Verteidiger. Da sich der Angriffsschwerpunkt auf den linken Flügel der Lützowschen Abwehr richtete, verstärkten die Verteidiger die dort gelegene Schanze mit einem weiteren Geschütz. Auch versuchten sie, die Franzosen über ihre wahre Stärke zu täuschen, indem sie mit einem der Geschütze immer wieder einen Stellungswechsel zwischen den Redouten vollzogen. Bei einem Gegenangriff gelangten die Lützower sogar bis an den Waldrand von Schnakenbek. Der überraschend geführte Gegenstoß der Verteidiger begann auf dem linken Flügel, wohl um sich der französischen Geschütze zu bemächtigen, wurde aber von der ganzen Tiralleurlinie mitgetragen. Der vermutlich zunächst rein spontane Angriff der Lützower wurde dann aber von ihrem Lauenburger Kommandeur von der Heyde mit weiteren Kräften unterstützt. Trotzdem konnten die Franzosen auch diesen Angriff abwehren, und die Lützower wurden auf den Abzugsgraben zurückgeworfen.

Trotz der heftigen Kämpfe konnten die Franzosen keine Entscheidung erzwingen. Zwar erwartete Napoleon von Marschall Davout, schnellstens nach Mecklenburg zu marschieren, insbesondere da ihm ja nur ein schwaches Sicherungskorps im Weg stand. Doch noch hatte es der Marschall offenbar nicht eilig. Gegen Mittag jedenfalls stellten beide Seiten ihre Angriffe ein, vermutlich um „ihre Wunden zu lecken". Nach der mehrere Stunden langen Mittagsruhe nahmen sie ihre Gefechtstätigkeit indes wieder auf.

Um drei neue Bataillonen verstärkt (darunter ein dänisches Jägerbataillon), unternahmen die Franzosen den ganzen Nachmittag über immer wieder Angriffe auf die Positionen der Verteidiger. Unterstützt von lebhaftem Geschützfeuer wogte der Kampf zwischen dem Abzugsgraben und der Höhe hin und her. Doch alle Versuche der Angreifer, sich in den Besitz des Abzugsgrabens zu bringen, schlugen fehl, sogar ein zuletzt vorgetragener Sturmangriff mit dem Bajonett. Mit nur zwei Bataillonen hatten die Angehörigen des Lützowschen Freikorps an diesem Tag einem weit überlegenen Gegner standgehalten. Allerdings mussten sie dafür auch einen hohen Preis zahlen, nämlich den Verlust von 100 Mann. Über die Ausfälle der Franzosen liegen keine Angaben vor, doch müssen diese beträchtlich gewesen sein.

Wallmoden berichtete in einem Schreiben vom 19. August an den Kronprinzen von Schweden über diese Tage: „Den 17. d. M. hat der Feind die in der Position bei Lauenburg stehenden beiden Bataillone des Lützowschen Korps angegriffen, ist aber zurückgeworfen worden. Gestern (18.) haben diese Angriffe vom Morgen an wieder angefangen und haben den ganzen Tag fortgedauert, ohne daß es ihm möglich geworden, diesen Punkt zu gewinnen. Die beiden Bataillone haben sich auf eine Art gehalten, daß ich sie nicht genug der Gunst Eurer Königlichen Hoheit empfehlen kann. Der Feind hat bei diesen Angriffen eine Stärke von sechs Bataillonen entwickelt."[178]

Am Abend des 18. August trafen General Graf Tettenborn und Major von Lützow in Lauenburg ein. Nachdem sie sich über die Lage informiert hatten, ordneten sie an, dass die Geschütze noch in der Nacht über die Stecknitz zurückgeschickt werden sollten.[179] Dennoch sollten die Schanzen weiterhin mit Infanterie besetzt und im Falle eines Angriffs verteidigt werden. Allerdings sollten sich die Verteidiger der

Stadt bei einem erneuten entschlossenen Angriff der Franzosen über die Palmschleuse bei Lauenburg oder über die Brücke bei Lanz zurückziehen.

Das Lützower Freikorps verteidigt die Brücke bei Zarrentin gegen den französischen Vormarsch im September 1813. Gemälde des Lauenburger Malers Heinrich Murjahn 1835–1901 (Kreismuseum Ratzeburg)

In den Morgenstunden des 19. August erfolgte dieser Angriff dann auch. Die Franzosen setzten mit zwei Bataillonen zum Sturmangriff auf die Stellungen der Verteidiger an. Da es wie so oft im Sommer 1813 regnete, wurde mit dem Bajonett gekämpft. In der Meldung des „Hamburgischen Unpartheyischen Correspondenten" hieß es später über diesen Angriff: „Lauenburg, den 19. August. Gestern ließen Se. Durchl., der Marschall, Prinz von Eckmühl, die Stellung des Feindes vor Lauenburg recognosciren. Es befanden sich daselbst 1800 Mann Infanterie und einige Cavallerie. Drey

Verschanzungen und Artillerie machten diese Stellung sehr stark. Se. Durchl. ließen selbige diese Nacht durch das 3te Bataillon des 30ten Regiments, ohne einen Flintenschuß zu thun, mit dem Bajonett wegnehmen. Der Feind ist nach der Räumung der Stadt in großer Verwirrung über die Stecknitz zurückgegangen. Man hat Gefangene gemacht, worunter mehrere Preußische Officiers. Unser Verlust am 18ten hat in einhundert meist leicht Verwundeten bestanden. Der Verlust des Feindes ist weit beträchtlicher."[180]

Tettenborn sammelte seine Truppen beim Dorf Gresse in der Nähe von Boizenburg. General Thiébault ließ seine Truppen auf den Höhen von Lauenburg biwakieren. Bei Büchen wiederum vereinigte sich das dänische Korps mit den Divisionen der Generäle Loison und Marc Nicolas Louis Pécheux.

Damit waren Herzogtum und Stadt Lauenburg wieder in der Hand der Franzosen. Allerdings hatte Marschall Davout länger gebraucht, als Napoleon – und wohl auch der Marschall selbst – angenommen hatte. Wider Erwarten benötigten die Bataillone, die er (oder General Thiébault in seinem Auftrag) zur Einnahme von Lauenburg eingesetzt hatte, nicht einen, sondern fast drei Tage zur Erfüllung ihrer Aufgabe. Statt aber spätestens jetzt mit äußerster Energie weiter nach Mecklenburg und dann auf Berlin vorzustoßen, ließ es Marschall Davout auch weiterhin an der von Napoleon erwarteten Entschlossenheit fehlen. Die Folge dieser Lässigkeit war, dass Oudinot am 23. August bei Großbeeren allein gegen die Nordarmee kämpfen musste und verlor.

Es drängt sich die Frage auf, warum einer der fähigsten militärischen Führer Napoleons, der auch für seine Rücksichtslosigkeit bekannt war, mit einem Mal derart versagte. Schließlich muss Davout die Wichtigkeit seiner Aufgabe sehr genau bewusst gewesen sein. Die Vermutung ist wohl nicht von der Hand zu weisen, dass der Marschall seine Truppen einfach aus gekränkter Eitelkeit derart zögerlich kommandierte. Napoleons Plan sah vor, die Nordarmee als Erste zu zerschlagen. Zu diesem Zweck hatte Napoleon jedoch nicht Davout, sondern eben Marschall Oudinot mit 80 000 Mann gegen Berlin gesandt, während Davout lediglich mit einem Hilfskorps die Flanke der Alliierten bedrohen sollte. Oudinots Fähigkeiten als Heerführer konnten sich aber kaum mit denen Davouts messen, einem Kommandeur, der durchaus zu eigenen Entscheidungen fähig war – immerhin hatte er 1806 bei Auerstedt die Preußen mit weit unterlegenen Kräften geschlagen, und 1809 in Wagram hatte sein Vorstoß die Entscheidung erzwungen.

3. Die Schlacht an der Göhrde

Jetzt, nach dem Ende des Waffenstillstands, kam es im Osten und Südosten Deutschlands verstärkt zu Truppenbewegungen und Kampfhandlungen zwischen den Franzosen und den Alliierten. Am 26. August 1813 an der Katzbach, am 29. August in Kulm und einen Tag später in Nollendorf und dann erneut, am 6. September, in Dennewitz.

Nachdem Davouts Marsch auf Berlin nun nicht länger notwendig oder vielmehr ganz einfach gescheitert war, verharrte der Marschall mit dem 13. Korps isoliert in Norddeutschland. Man nannte ihn deswegen auch den *Eremiten von Ratzeburg*. Davout blieb dort aber nicht untätig, sondern machte sich vielmehr daran, die Positionen und Nachschubwege der Franzosen im Norden zu schützen und die norddeutsche Küste vor alliierten Anlandungen von Truppen und Kriegsmaterial zu sichern. Insbesondere galt seine Aufmerksamkeit den Versorgungsrouten der Franzosen aus Frankreich über Münster nach Bremen und Hamburg und über Hannover nach Magdeburg.

In die erstarrten Positionen nördlich der Elbe kam plötzlich Bewegung, als General Graf Wallmoden durch abgefangene Kuriere die Nachricht erhielt, dass Marschall Davout die 50. Infanteriedivision unter dem Befehl von General Pécheux am 14. September auf das linke Ufer der Elbe gesandt hatte. Seine Truppe bestand aus vier Bataillonen des 3. Linienregiments und einem Bataillon des 105. leichten Regiments, einer Batterie der reitenden Artillerie zu sechs Geschützen und einer Eskadron des 28. Regiments Chasseurs à cheval. Damit befehligte der General rund 2900 Mann.[181] Pécheux' Auftrag war es, den Raum bis Magdeburg von Streifkorps zu befreien. Diese meist aus Husaren, Kosaken oder Jägern bestehenden Einheiten konnten dort den französischen Nachschub stören oder schlimmstenfalls unterbrechen.[182]

Wallmoden beschloss, umgehend auf diese Aktion der Franzosen zu reagieren. Er erkannte sofort, dass sich ihm hier die Gelegenheit bot, den Feind endlich effektiv zum Kampf zu stellen. Denn bisher hatte er sich mit seinem Observationskorps immer wieder vor einem überlegenem Feind zurückziehen müssen, oder aber dieser Feind hatte sich seinerseits nicht ernsthaft der Schlacht stellen wollen. Jetzt aber hatten die Franzosen eine größere Streitmacht losgeschickt, die zudem auf sich gestellt operierte. Diesen Umstand wollte Wallmoden nun zu einer Konfrontation mit dem Gegner nutzen. Im Raum Dömitz sammelte er die herausgelösten Truppenteile seines Korps und setzte in der Nacht vom 15. zum 16. September mit rund 13 500 Mann über die Elbe. Dazu hatte er von seinen Pionieren eigens eine Schiffsbrücke anfertigen lassen.

In Lüneburg erfuhr Pécheux, dass Wallmoden ebenfalls über die Elbe gesetzt hatte, und konnte sich nun ausrechnen, dass dieses Manöver ihm gelten musste. Er marschierte auf der alten Poststraße von Oldendorf durch den Göhrder Wald und besetzte die Steinker Höhen; dabei sah er sich immer wieder von Kosaken bedroht. Auf dem Plateau stellte Pécheux in einer beweglichen Linie von Ost nach West vier Bataillone auf, während er seine Artillerie auf Poststraße und Waldrand ausrichtete. Zur Sicherung seines Rückzugs diente ihm ein weiteres Bataillon (möglicherweise vom 126. Linienregiment), das auf dem Zebokenberg bei Breese sowie in den Dörfern Oldendorf und Eichdorf Stellung bezog. Insgesamt hatte er sich damit in einer starken Position aufgestellt und erwartete nun den Feind.[183]

Wallmoden seinerseits nahm vermutlich in Unkenntnis der Kräfteverhältnisse an, dass Pécheux über den Göhrder

Wald angreifen würde, und hatte deshalb seinerseits seine Kräfte zur Verteidigung aufgestellt. Tatsächlich besaßen beide Seiten trotz des Einsatzes von Aufklärern und Vorposten nur ungenügende Kenntnisse von den jeweiligen Kräfteverhältnissen des Gegners. Wallmoden erwartete rund 5000 bis 6000 Franzosen, während Pécheux nichts von den über 13 000 Soldaten ahnte, die ihm gegenüberstanden, denn andernfalls hätte er sich gemäß der Weisung von Davout schleunigst zurückgezogen. So erwartete am Vormittag des 16. September jede Seiten den Angriff der jeweils anderen. Da die Franzosen jedoch bis zum Mittag ruhig in ihrer Stellung verharrten, entschloss sich Wallmoden zum Handeln,[184] was vor allem auf Anraten von Wallmodens Stabschef von Clausewitz und des Oberstleutnants von Pfuel hin geschah.

General von Arentschildt erhielt den Auftrag, die Franzosen mit seiner Russisch-Deutschen Legionsinfanterie über das Forsthaus Röthen an der rechte Flanke anzugreifen. Tettenborn rückte eine Stunde später auf dem linken Flügel mit der Avantgarde, einer gemischten Division aus drei Bataillonen Infanterie, einer bespannten Batterie, sowie drei Kosakenregimentern und dem Reiterregiment von Lützow auf der Poststraße gegen das Jagdschloss Göhrde vor. Die Division Lyon und die Kavalleriedivision Dörnberg sollten folgen. Major von Lützow erhielt den Befehl, das im Göhrder Wald als Vorposten stehende Bataillon anzugreifen.

Aufgrund der fortgeschrittenen Tageszeit fürchtete Wallmoden, dass es für eine wirkungsvolle Fortsetzung der Bewegungen und für Kämpfe eventuell bereits zu spät sein könnte. Er ritt deshalb der Division von Arentschildt entgegen und schickte eine Brigade auf die feindliche Rückzugslinie nach Oldendorf und die andere gegen den linken feindlichen Flügel, den auch von Lützow angreifen sollte. Lützows Infanterie folgte dem französischen Bataillon auf dessen Rückwärtsbewegung. Ihm folgte wiederum das Bataillon des Freikorps von Reiche. Als die Tirailleure des Lützowschen Freikorps von der französischen Reiterei angegriffen wurden, fiel die Lützowsche Reiterei über die Franzosen her. Diese zogen sich umgehend zurück. Pécheux begann erst jetzt zu begreifen, dass er faktisch eingekreist und somit seine Lage äußerst dramatisch geworden war.

Wallmoden befahl nun den konzentrierten Angriff der Königlich Deutschen Legionsinfanterie und der Russisch-Deutschen Legionsinfanterie. Die Artillerie der Verbündeten unterstützte den Angriff der Infanterie durch heftiges Feuer auf die Flügel. Gegen 17:30 Uhr griff Hugh Halkett, der Oberstleutnant der King's German Legion, mit den von ihm geführten Linienbataillonen die französischen Positionen auf dem linken Flügel an. Der Angriff, der mit dem aufgepflanzten Bajonett erfolgte, wurde zugleich von einer Reiterattacke unterstützt. Die Wucht des Angriffs durchbrach die französischen Linien und zwang sie zu einem fluchtartigen Rückzug. Die Reiter des Lützowschen Freikorps und des 3. Husarenregiments der KGL attackierten immer wieder die zurückgehenden Franzosen. Von Oldendorf kommend, griff zur selben Zeit das 1. Husarenregiment der Russisch-Deutschen Legion die über Eichdorf auf Breese zurückflutenden Franzosen an. Dieser Angriff zog die Infanteriebataillone der Legion mit, die dann mit dem Bajonett den Widerstand der Verteidiger brachen. Der französische Rückzug verlief trotz der hohen Ausfälle geordnet und letztlich erfolgreich. Hierbei konnten die zur Deckung auf dem Zebokenberg positionierten Soldaten ihren Kameraden wirkungsvoll helfen. Auch die kurz darauf entschlossen durchgeführte Umgehungsbewegung der Russisch-Deutschen Legionsartillerie bis auf den Seißelberg konnte Pécheux' Rückzug mit seinen verbliebenen 2000 Mann nicht ernsthaft gefährden. Gegen 18:30 Uhr flauten die Kämpfe mit den französischen Nachhuten schnell ab.[185] Pécheux setzte sich mit seinen Männern in Richtung Bleckede und weiter nach Lüneburg ab.

Die Franzosen ließen sechs Geschütze, 16 Munitionswagen und die gesamte Bagage des Generals zurück. Zudem gerieten zahlreiche Franzosen in Gefangenschaft – neben rund 1500 gemeinen Soldaten auch über 20 Offiziere, darunter ein General, ein Oberst sowie der Adjutant von Pécheux. Dazu kamen noch ungefähr 500 Gefallene. Auf der anderen Seite verlor Wallmoden insgesamt 31 Offiziere, 500 Mann und zirka 200 Pferde.[186]

An der Göhrde war es dem General Wallmoden endlich gelungen, die Franzosen zu einer kleinen Schlacht zu stellen, wobei ihm allerdings die mangelhafte Aufklärung auf beiden Seiten etwas zur Hilfe gekommen war. Dieser Erfolg, der zugleich die größte Kampfhandlung in Norddeutschland darstellte, führte letztlich dazu, dass Davout keine weiteren größeren Operationen in seinem Befehlsbereich mehr unternahm.

4. Die Gefechte von Alt-Rahlstedt und Bornhöved

Davout sollte Hamburg weiterhin besetzt halten und verteidigen. Diesen festen Platz im Norden Europas wollte Napoleon nicht aufgeben. Da sich die Franzosen aber auf die Stadt zurückzogen, standen die Dänen plötzlich ohne ihren Verbündeten da. Der Kronprinz von Schweden ließ daraufhin im November 1813 einen Teil seiner Truppen Hamburg belagern, um mit dem Rest Dänemark anzugreifen. Für seine Pläne gegen Dänemark instrumentalisierte er die Soldaten seiner Nordarmee. Ziel des Krieges sollte es sein, den dänischen König dazu zu bewegen, Norwegen an Schweden abzutreten.

Für einen Einmarsch nach Holstein war es wichtig, in Erfahrung zu bringen, ob die Gewässer bereits über eine tragfähige Eisschicht verfügten, denn andernfalls müssten entsprechende Punkte für die Flussquerung bestimmt werden. Diese Erkundungsaufgabe wurde 25 Kosaken und 25 Lützower Reitern übertragen, die über Wangelau, Schwarzenbek und Kuddewörde die Bille erreichten und erfolgreich ihre Gangbarkeit prüften. Dann zogen sie über Siek weiter nach Großensee, wo sie am frühen Morgen des 2. Dezember eintrafen. Zuvor hatten sie in Siek einen Beobachtungsposten zurückgelassen. Im weiteren Vorrücken über Siek, Woldenhorn und Bergstedt passierten sie sogar die Alster und erreichte am Morgen des 3. Dezember ohne einen Feindkontakt Pinneberg.

Die Aufklärung inklusive der Befragung von Zivilpersonen hatte ergeben, dass Davout sich in der Tat nach Hamburg zurückgezogen hatte und die Dänen nun in Richtung Trave und weiter nach Oldesloe und Kiel auswichen.[187] Nach Erhalt dieser Aufklärungsergebnisse entschied der Kronprinz, dass das Korps des Generals Woronzow Hamburg so weit wie möglich einschließen sollte, während er selbst sich mit seinem schwedischen Korps in Richtung Lübeck in Marsch setzte. Wallmoden erhielt den Auftrag, das dänische Auxiliarkorps von der Festung Rendsburg abzuschneiden. Das gut 8000 Mann starke dänische Hilfskorps unter dem Kommando des Prinzen Friedrich von Hessen-Kassel (eines Schwagers des dänischen Königs) stand auf dem linken Traveufer auf der Linie Oldesloe–Lübeck. Prinz Friedrich hatte vom dänischen König den Befehl erhalten, Jütland und Fünen zu decken und auch die Festung Rendsburg auf keinen Fall aufzugeben.

Anfang Dezember hielten die Franzosen noch Wandsbek und Umgebung besetzt. Am Nikolaustag des Jahres 1813 kam es auf den Feldern zwischen Alt-Rahlstedt und Siek zu einem Gefecht von Franzosen und Dänen mit russischer Reiterei. An diesem Morgen griffen, aus Tonndorf kommend, die Franzosen mit einigen Bataillonen, dem 28. Regiment Jägern zu Pferde und dem (dänischen) Jütischen Dragonerregiment, die Russen an, die Alt-Rahlstedt in Besitz genommen hatten. Die Angreifer verfolgten die sich zurückziehenden Russen auf der Straße nach Siek, doch ein unerwarteter Gegenangriff durch zwei russische Brigaden und einen Bataillon der Lützower Infanterie aus Großensee fing den Angriff der Franzosen und Dänen auf. Es folgte ein heftiger Reiterkampf zwischen Russen einer-

seits und Dänen und Franzosen andererseits auf den Feldern im Bereich von Meilsdorf. Infolge des Gefechts konzentrierten die Russen im Raum Siek und Rahlstedt 8000 Mann als Teil des Umschließungsringes um Hamburg.[188]
Dies war allerdings nur die erste Kampfhandlung im Feldzug der Alliierten gegen Dänemark. Bereits einen Tag später, also am 7. Dezember 1813, kam es zu einem weiteren Gefecht, diesmal sogar an einem geschichtsträchtigen Ort, nämlich in Bornhöved. 1227 hatten die Schleswig-Holsteiner auf den Feldern von Bornhöved die dänischen Eindringlinge besiegt, doch diesmal war die Situation anders: Jetzt verteidigten die Schleswig-Holsteiner als „Dänen" das Land gegen die Eindringlinge aus Schweden.
Die dänischen Truppen, die aus Oldesloe kamen und gerade den Raum Segeberg passiert hatten, waren in Bornhöved von den sie verfolgenden Schweden eingeholt worden. Dabei handelte es sich um die schwedische Kavalleriedivision Sköldebrand sowie zwei preußische Eskadronen der Husaren Schills. Bereits im Raum Dalldorf kam es zu fortgesetzten Scharmützeln, die sich schließlich bis Bornhöved hinzogen, wo nun die Schweden die überraschten Dänen angriffen. Es handelte sich dabei auf dänischer Seite um zwei Bataillone holsteinischer Scharfschützen und eine Kompanie oldenburgischer Jäger. Im Dorf befanden sich auch ein jütisches Infanteriebataillon, eine Batterie Artillerie sowie eine Schwadron holsteinische Reiterei und einige Ulanen und Husaren. Der Angriff der schwedischen Husaren konnte die dänische (beziehungsweise schleswig-holsteinische) Linie zunächst durchbrechen, wurde aber im

Dorf von der dänischen Hauptmacht im Nahkampf zurückgeschlagen. Letztlich konnten die Schweden sich wieder sammeln und auch die Dänen konnten ihren Rückzug fortsetzen. Damit hatten sich die dänischen Streitkräfte zwar in zwei kleineren Gefechten achtbar geschlagen, waren aber dennoch seit dem Beginn des Feldzuges auf dem Rückzug.[189]

5. Dänemarks letzter Erfolg – Der Durchbruch von Sehestedt

Prinz Friedrich von Hessen-Kassel hatte sich mit seinen Soldaten immer weiter von den erheblich stärkeren Truppen der Nordarmee zurückgezogen und seine Kräfte letztlich im Raum Kiel versammelt. Allerdings hätte das rasche Vorgehen der Alliierten fast zur Einkesselung des dänischen Auxiliarkorps geführt.

Prinz Friedrich hatte den Auftrag, Jütland zu decken. Problematisch war nur, dass die dänischen Soldaten durch die vorangegangenen Kämpfe und Märsche sowie die extremen Witterungsbedingungen am Rande ihrer Leistungsfähigkeit angelangt waren. Der Prinz entschloss sich deshalb dazu, sich mit seinen Truppen in die Festung Rendsburg zurückzuziehen. Dafür war es wichtig, den Ort Sehestedt unter dänische Kontrolle zu bringen und zu halten, denn von dort konnte das Korps, immerhin über 8000 Mann und Artillerie, aber auch ein Tross von 500 Wagen, auf einer Straße entlang des Eiderkanals entkommen.[190] Prinz Friedrich hatte bereits am 9. Dezember seine Truppen den Kanal bei Land-wehr, Levensau, Bovenau und Knoop überqueren und die Brücken dahinter abbrechen lassen.[191] In der folgenden Nacht lagerten die Truppen in Revensdorf, Lindau und Get-torf, und am nächsten Tag sollte der Durchbruch erzwungen werden. Derweil rückten die Alliierten in Unkenntnis der Pläne des Prinzen weiter vor, ohne ernsthaft damit zu rechnen, auf Widerstand zu treffen.

Am Morgen des 10. Dezember kam es dann im Raum Holt-see zu ersten Gefechten zwischen General Dörnbergs Vor-austruppen – den Jägern des Grafen Kielmannsegg – und den dänisch-schleswig-holsteinischen Kräften. Der Graf, selbst beim Gefecht zugegen, erkannte schnell, dass er es mit einem übermächtigen Gegner zu tun hatte, und meldete dies an Dörnberg weiter. Daraufhin erhielt er Befehl, mit seinen Kräften näher an Dörnberg heranzurücken, sich also aus dem Gefecht zu lösen und sich zurückzuziehen.

Durch einen entschlossenen Angriff der leichten Brigade, unterstützt durch die litauischen Ulanen, brachten die Dä-nen nun das Dorf Holtsee in ihre Gewalt und machten ers-te Gefangene. Unterdessen brachte General Lallemand sei-ne leichte Brigade beiderseits der Straße nach Sehestedt in Aufstellung. Des Weiteren ließ er, gedeckt von einem Ba-taillon, südlich der Holtseer Mühle eine Batterie in Stel-lung gehen. Seine Ulanen und das holsteinische Reiterregi-ment hielt er noch zurück. Dahinter gruppierten sich die anderen Bataillone der ersten Brigade entlang der Land-straße. An der Spitze stand der General Schulenburg. So aufgestellt bildeten die Einheiten die *Colonne d'attaque*.

Die Infanterie der zweiten Brigade hatte rechts des Weges hinter der Linie der Tirailleure Aufstellung genommen. Die Reiterei der Brigade diente als Reserve, um gegebenenfalls die *Colonne d'attaque* oder das Flankenkorps verstärken zu können. Doch noch immer erkannten die Alliierten nicht, was Prinz Friedrich beabsichtigte, und drängten weiter in Richtung Eckernförde. Das dänische Auxiliarkorps dagegen begann mit seinem Durchbruch nach Rendsburg.

Nördlich von Sehestedt leisteten die Alliierten mit einigen Bataillonen Infanterie und etwas Artillerie Widerstand. Laut dänischer Aussage forderte ein Jägerbataillon der Alliierten an der linken Flanke einige Opfer. Erst ein entschlossener Angriff eines oldenburgischen Bataillons vertrieb die Jäger, deren Rückzug die Alliierten letztlich zwang, ihre Position zu räumen. Die übrigen Bataillone des oldenburgischen Regiments gingen nun unter der Führung General Schulenburgs zum Angriff auf den Ort über. Zuerst wurde Sehestedt von den dänischen Truppen gestürmt und besetzt, dann richteten sich die Truppen zur Verteidigung des Dorfes und der Umgebung ein. Ziel des Angriffes war es, den Ort so lange zu halten, bis sich der Heerwurm des Auxiliarkorps durch Sehestedt gezwängt hatte. Die holsteinische Knicklandschaft bot den Verteidigern dabei Vorteile.

Die Alliierten wurden durch diese Aktion völlig überrascht. Notgedrungen musste Wallmoden den Angriff befehlen, der dann aber im heftigen Abwehrfeuer zum Stillstand kam. Ein entschlossen geführter Angriff des fünischen Dragonerregiments brachte den Alliierten weitere Verluste bei. Während die dänischen Truppen gut zusammengearbeitet hatten, zeigte sich aufseiten der Alliierten eher mangelnde Organisation. Weder betrieben die Alliierten eine echte Aufklärung noch wurde Dörnberg unverzüglich unterrichtet. So wurden nicht einmal alle verfügbaren Truppen in den Kampf geworfen.

In einem Punkt entbehrt das Gefecht von Sehestedt nicht einer gewissen Tragik: Bei diesem Kampf standen sich auf beiden Seiten deutsche Soldaten gegenüber und kämpften gegeneinander. Dies war während der Napoleonischen Kriege zwar immer wieder einmal der Fall, doch handelte es sich hier darüber hinaus sogar um Männer, die bald unter demselben König vereint sein sollten und deren Nachfahren heute (seit 1948) im gleichen Bundesland leben. Eine der Folgen des Krieges gegen Napoleon war ja, dass auch das Herzogtum Lauenburg nun unter die dänische Krone kam. Doch im Dezember 1813 konnte das noch keiner der Soldaten wissen – die Schleswig-Holsteiner kämpften für ihren dänischen König und die Lauenburger für ihren britischen.

Der Einsatz der schleswig-holsteinischen Soldaten ist bereits hinlänglich beschrieben; nicht jedoch auch der der Angehörigen des lauenburgischen Bataillons.[192] Auf ihrem Marsch nach Norden erhielt die Brigade Halkett den Befehl, auf Kluvensiek zu marschieren. Am Ziel angekommen, musste das Bataillon in geschlossener Kolonne bis dicht an die Kluvensieker Schleuse aufrücken. Major von Benoit richtete noch einige aufmunternde Worte an seine Männer, danach forderte er Freiwillige auf, dem Bataillon voranzugehen. Die 5. Kompanie übernahm diese Aufgabe und bildete die Spitze.[193] Dabei musste sich die Truppe durch Scharen von zurückflutenden Soldaten und sogar Gefangenen durchdrängen. Selbst der Stab des Generals Wallmoden kam ihnen, verfolgt von dänischen Husaren, entgegen. Einige Ordonanz-Husaren hatten dem Stab die Flucht aus der Gefahrenzone ermöglicht, indem sie sich den Verfolgern in den Weg stellten.

Unter Führung von Oberst Halkett und Major von Benoit rückten die Lauenburger links vom Wege auf den Koppeln in Linie gegen Sehestedt vor. Zunächst gelang es dem Bataillon unter eigenen Verlusten, die dänische Infanterie zurückzudrängen, dann aber wurden die Flügel von Kavallerie angegriffen, wobei der rechte Flügel von holsteinischen Husaren überritten wurde. Alle Befehle von Oberst Halkett, Quarrés zu formieren, blieben ohne Erfolg. Zwar versammelten sich einige Lauenburger um ihre Fahnen, aber mehr als ein ungeordnetes Knäuel von Männern kam dabei nicht zustande. Der Einsatz der mecklenburgischen Reiterei unter dem Befehl des Prinzen Gustav konnte schließlich die feindliche Reiterei vertreiben. Diese Gelegenheit nutzen die Lauenburger, um ihre Fahnen in Sicherheit zu bringen. Der linke Flügel des Bataillons hatte dagegen seine Stellung behaupten können. Nach dem Gefecht, das für das lauenburgische Bataillon so verheerend verlaufen war, machten die Männer des linken Flügels ihren Kameraden schwere Vorwürfe.

Letztlich war der Kampf um Sehestedt für die Dänen ein erfolgreich geführtes Rückzugsgefecht – ihr letzter Erfolg in diesem Krieg. Für die Armee des Kronprinzen erwies sich das dänische Manöver hingegen eher als beschämend, schließlich war es nicht gelungen, die Operation der Dänen rechtzeitig zu erkennen und zu verhindern. Die schwache Leistung der Alliierten mag ihre Ursache auch darin haben, dass sie aus einer Position der Stärke heraus agierten. Wallmoden war sich seines Erfolges so sicher, dass er nachlässig geworden war und die Handlungsfähigkeit des Auxiliarkorps unterschätzte. Zudem standen den gut ausgebildeten dänisch-schleswig-holsteinischen Truppen hier zumindest zum Teil Soldaten mit weniger professionellem Hintergrund gegenüber. Die Angehörigen der in Sehstedt so erfolglos agierenden Russisch-Deutschen Legion etwa waren vielfach im Vorjahr mit Napoleon nach Russland marschiert und dort in Gefangenschaft geraten, desertiert oder übergelaufen. Und die Männer des lauenburgischen Freiwilligenbataillons waren im Frühjahr noch Zivilisten gewesen, die sich erst unter dem Eindruck der Befreiung zum Waffendienst gegen Napoleon gemeldet hatten. Seither hatten sie gerade die nötigste Ausbildung erhalten.

VII. Die Gegenwart und 1813 oder Was ist geblieben?

1. Bericht über ein gemeinsames Projekt von Geschichtswissenschaft und Archäologie

Carsten Walczok

Dieser Aufsatz war ursprünglich als Beitrag für die „Mitteilungen" des Arbeitskreises für Hamburgische Regionalgeschichte (HAR) geplant. Da diese Fachzeitschrift aber ihr Erscheinen eingestellt hat, kann er (in leicht abgeänderter Form) an dieser Stelle veröffentlicht werden. Erste Ergebnisse habe ich bereits Ende 1994 in der Zeitschrift des Lauenburgischen Heimat- und Geschichtsvereins publiziert.[194]

Der „Hamburgische Unpartheyische Correspondent" berichtete in seiner Ausgabe vom 20. August 1813 kurz über die Kämpfe von Lauenburg. „Gestern ließen se. Durchl., der Marschall, Prinz von Eckmühl, die Stellung des Feindes vor Lauenburg recognoscieren. [...] Se. Durchl. ließen selbige diese Nacht durch das 3te Bataillon des 30ten Regiments, ohne einen Flintenschuß zu thun mit dem Bajonett wegnehmen."[195] Davout hatte sich, wie oben dargestellt, trotz seiner überlegenen Truppenstärke und obwohl er im Kampf um Berlin dringend gebraucht wurde, drei Tage vor Lauenburg aufhalten lassen.

So weit noch einmal zusammenfassend zu den Ereignissen in Lauenburg im August 1813. Als ich mich vertiefend des Themas annahm, fiel mir bald auf, dass im Stadtarchiv

Lauenburg viel und sehr interessantes Material über die „Franzosenzeit" lagert, aber praktisch nichts über die Lauenburger Kämpfe zu finden war. Auch in der recht umfangreichen Literatur über den Krieg von 1813 wird auf die Geschehnisse kaum näher eingegangen. Lediglich in Beschreibungen der Geschichte des Freikorps von Lützow finden sich entsprechende Passagen.[196] Doch ansonsten scheinen die Kämpfe vom August 1813 in Vergessenheit geraten zu sein. Meiner Ansicht nach bietet aber gerade das Gefecht von Lauenburg eine gute Möglichkeit, ein konkretes Ereignis intensiv aufzuarbeiten.

Wir haben es hier mit einem kleinen Gefecht zu tun: Auf überschaubarem Raum trafen nur mehrere Hundert oder bestenfalls mehrere Tausend Soldaten aufeinander; ganz anders als etwa in Großbeeren (23. August 1813) oder in Waterloo (18. Juni 1815), wo die Zahl der Kombattanten mehrere zehntausend umfasste. Dank dieser überschaubaren Dimensionen besteht nun die Möglichkeit, mit vergleichsweise geringem Aufwand zu signifikanten Ergebnissen zu kommen.

Wie bereits geschildert, habe ich zunächst versucht, die Geschehnisse mit den Mitteln des Historikers aufzuarbeiten und zu präsentieren. Besonders wichtig war mir dabei auch die Möglichkeit, den konkreten historischen Ort des Geschehens näher einzugrenzen und somit eine Basis für weitere Arbeitsschritte zu haben. Mir waren nämlich relativ bald die Grenzen einer rein historischen Untersuchung deutlich geworden.[197] Die Berichte über das Gefecht von Lauenburg waren zwar einerseits voller Details, widersprachen sich aber andererseits in verschiedenen Punkten. So berichtet Zander beispielsweise von drei Redouten[198], Schlüsser dagegen schreibt von zwei Redouten und zwei Flechen (Pfeilschanzen), die zur Unterstützung der Verteidigung aufgeworfen wurden.

Ich konnte also nur den Zeitpunkt des Geschehens, den ungefähren Ort und auch den allgemeinen Verlauf der Kämpfe ermitteln, aber eben keine Details. Um zu weiteren Erkenntnissen zu gelangen, blieb, neben fortgesetzten Recherchen mit den Mitteln des Historikers, letztlich nur die Möglichkeit einer Zusammenarbeit mit Archäologen.

Das von mir angenommene Gefechtsfeld war seit 1813 kaum größeren Veränderungen ausgesetzt gewesen. Weder waren seine westliche Begrenzung, der Wald bei Glüsing, noch die sich östlich daran anschließenden Felder oder gar die feuchten Niederungswiesen in ihrer ganzen Ausdehnung verändert worden. Lediglich die im Osten an die Stadt Lauenburg heranreichenden Teile wurden in der zweiten Hälfte des 20. Jahrhunderts überbaut. Das Quellenstudium hatte aber ergeben, dass die heftigsten Kampfhandlungen eher auf den noch freien Flächen stattgefunden hatten. So war also die Hoffnung nicht unberechtigt, dass eine Untersuchung des Geländes mit den Mitteln der Archäologie verwertbare Ergebnisse liefern würde.

In Helmut Knust aus Geesthacht, einem Vertrauensmann des archäologischen Landesamtes für das südliche Herzogtum Lauenburg, bot sich mir die Möglichkeit, meine Idee einer archäologischen Untersuchung des Raums umzusetzen. Über Helmut Knust bekam ich Kontakt zu

Jochim Weise aus Lübeck, einem Experten für schleswig-holsteinische Schlachtfelder. Mit ihm besuchten wir die Felder vor Lauenburg und stellten vorsichtige Probeuntersuchungen an. Da diese schnell erste Resultate lieferten – nämlich die Bestätigung von Kampfhandlungen in diesem Bereich und eine Lokalisierung fundträchtiger, für weitere Feldforschungen geeignete Bereiche –, beschlossen wir, immer mit der Genehmigung des Archäologischen Landesamtes Schleswig-Holstein, dieses Projekt weiterzuverfolgen. Ein weiterer Schlachtfeldexperte stieß dann mit dem Archäologen Arne Homann zu uns. Er bearbeitet unter anderem die archäologischen Funde von Lauenburg im Rahmen seiner Dissertation zum Thema Schlachtfeldarchäologie. Die Prospektionen der folgenden Jahre wurden von Arne Homann und Jochim Weise mit meiner Unterstützung organisiert und durchgeführt. Ein wesentlicher Punkt, der das Projekt in dieser Form überhaupt erst ermöglichte, war dabei die Mitarbeit vieler Freiwilliger. Vor allem aus der Detektorgruppe des Archäologischen Landesamtes Schleswig-Holstein beteiligten sich zahlreiche zertifizierte Sondengängerinnen und Sondengänger.

Im Folgenden sollen kurz die Resultate der ersten umfangreicheren archäologischen Untersuchung eines Teilbereiches des Gefechtsraumes besprochen werden. Diese Prospektion mit Metallsuchgeräten fand Ende August 2008 statt.[199] Hier wurden zwei nebeneinanderliegende, zusammen 16 875 m² große Flächen mit Metallsonden prospektiert. Die folgenden Ausführungen haben lediglich zusammenfassenden Charakter und werden hier daher quellenmäßig nicht näher belegt. Sie geben im Wesentlichen den Inhalt zweier Artikel wieder, die von Arne Homann sowie von Homann unter Mitarbeit von Jochim Weise und mir verfasst wurden.

Unter einer Vielzahl von nicht mehr identifizierbaren Eisenobjekten sowie einer großen Menge an Metallabfällen des 20. und 21. Jahrhunderts fanden sich insgesamt 94 wissenschaftlich verwertbare metallische Objekte. Diese stammen vorwiegend aus dem 18. und 19. Jahrhundert. Das gefundene Material besteht vorwiegend aus kleineren Objekten wie etwa Münzen, Knöpfen sowie anderen alltäglichen Gegenständen oder Teilen solcher Gegenstände.

Unter den geborgenen Metallobjekten bilden die 66 Bleikugeln von unterschiedlicher Größe und Gewicht die interessanteste Gruppe. Hierbei handelt es sich durchweg um Geschosse für Vorderlader-Handfeuerwaffen wohl des 18. oder 19. Jahrhunderts.

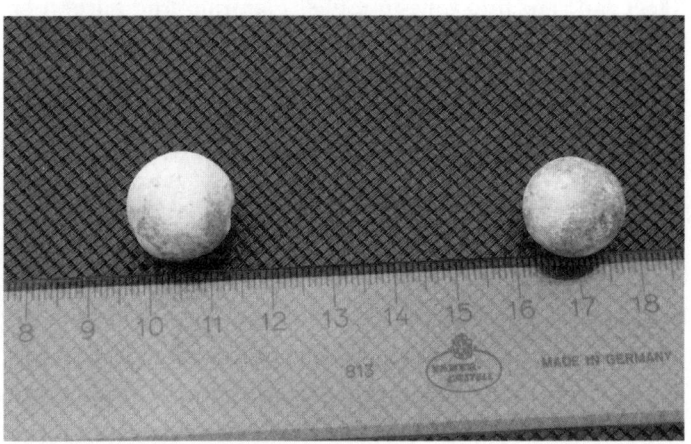

Geschosse vom Schlachtfeld (Carsten Walczok)

Bei den Funden des Gefechtsfeldes lassen sich zwei Gruppen mit relativer Sicherheit jeweils den an dem Gefecht beteiligten Seiten zuordnen. Dabei handelt es sich zum einen um 29 Stücke von überwiegend 16,0 bis 19,0 Gramm Gewicht und mit oft gut sichtbaren Abdrücken verschiedener Art im Blei. Diese Kugeln weisen ein deutlich geringeres Gewicht als die um 1813 für Militärgewehre üblichen auf. Sie wurden wahrscheinlich für einen anderen Waffentyp genutzt: für Büchsen mit „gezogenen" Läufen.

Die Innenseite des Laufs war bei diesen Büchsen nicht glatt, sondern mit längs eingeschnittenen, leicht gewundenen Rillen versehen, den „Zügen". Der Durchmesser des Geschosses lag dabei üblicherweise nur sehr wenig unter dem Laufinnendurchmesser. Um die Kugel wurde ein gefettetes Stück Stoff oder Leder gelegt: das „Pflaster". Das fertige Geschoss (Kugel und Pflaster) füllte die Bohrung des Laufs nun in der Regel ganz aus und musste mittels Hammer und Ladestock in den Lauf hineingestoßen werden. Ziel war, dass sich dabei das Pflaster in die Züge drückte. Dadurch bekam die von dem Pflaster und damit auch den gewundenen Zügen geführte Kugel beim Abfeuern der Waffe einen Drall mit dem Resultat einer gegenüber den „normalen" Vorderladergewehren der Zeit deutlich besseren Treffergenauigkeit. Da der Ladevorgang, wie angesprochen, ein relativ gewaltsames Hineinrammen der Kugel in den Lauf beinhaltete, weisen geladene und (dann in der Regel) verschossene Stücke regelmäßig verschiedene Spuren dieser Prozedur im weichen Blei auf, vorwiegend Abdrücke des Ladestocks, des Gewebes des Pflasters und/oder der Züge.

Die 29 Kugeln der ersten Gruppe zeigen meist entsprechende Spuren. Allerdings wurden sie überwiegend wohl nicht für „offizielle" Militärbüchsen genutzt – dafür ist ihr Gewicht in den meisten Fällen zu gering. Es handelt sich eher um Geschosse ziviler, also ursprünglich für die Jagd produzierter Büchsen. Für derartige Waffen nutzte man in der Regel Kugeln von deutlich weniger als 20,0 Gramm Gewicht. Anhand der Spuren auf den Kugeln der ersten Gruppe und ihres Gewichts kann demnach geschlossen werden, dass es sich hierbei sehr wahrscheinlich um Geschosse handelt, die 1813 von den Lützower Jägern bei Lauenburg genutzt wurden. Denn viele der Kämpfer dieser Freiwilligenformation rüsteten sich selbst aus und nutzten daher nachweislich privat beschaffte Büchsen.

Eine zweite große Gruppe unter den geborgenen Kugeln bilden 23 Stücke mit einem Gewicht von 22,4 Gramm bis 24,8 Gramm. Somit fallen sie in den Schwankungsbereich des seit dem Jahr 1791 auf zirka 24,4 Gramm festgelegten Standardgewichts für französische Gewehrkugeln. Die entsprechende Vermutung, dass es sich bei diesen Geschossen um solche für französische Standard-Militärgewehre handelt, wird auch durch den Umstand bestätigt, dass sie, wenn überhaupt, nur leichte Spuren des Ladevorgangs aufweisen. Somit steht fest, dass sie nicht aus Büchsen mit gezogenen Läufen, sondern vielmehr aus Militärgewehren mit innen glatten Läufen verschossen wurden. Letztere ließen sich leichter laden als Büchsen – die Kugel war in der Regel deutlich kleiner als der Laufinnendurchmesser – und waren daher allein für die große Masse der Infanterie der frühen

Neuzeit geeignet. Denn eine Büchse ermöglichte zwar den gezielten Einzelschuss mit hoher Treffsicherheit; vor allem aufgrund des langwierigen Ladevorgangs war sie aber nur für einzeln oder in Kleingruppen agierende Soldaten geeignet: die „Jäger" (so die Bezeichnung im deutschsprachigen Raum). Dagegen waren glattläufige Gewehre pflegeleichter und eben auch einfacher und schneller zu laden. Die 23 Kugeln der zweiten Gruppe sind daher vorläufig den französischen Truppen des Marschalls Davout vor Lauenburg zuzuordnen. Dessen Soldaten waren 1813 in der überwiegenden Mehrzahl mit Standard-Militärgewehren bewaffnet, für die sie Kugeln von ungefähr dem oben genannten Normgewicht nutzten.

Eine Kartierung der gefundenen Geschosse liefert ein differenziertes Bild, das sich unter Hinzuziehung der aus den einschlägigen historischen Quellen bekannten Informationen mit Blick auf den Verlauf des Gefechts von 1813 im untersuchten Geländeabschnitt interpretieren lässt.

Beispielsweise stammen aus dem östlichen Bereich der untersuchten Flächen zahlreiche unverschossene sowie verschossene Kugeln beider Seiten. Dies dürfte auf intensive Kämpfe unter häufigen Stellungswechseln hindeuten. Entsprechend kann mit gutem Grund vermutet werden, dass es sich bei dem östlichen Bereich um eine der Hauptkampfzonen des 17. bis 19. August 1813 handelt. Hier dürfte das Vorfeld jenes trockenen Abzugsgrabens zu lokalisieren sein, der den Lützowern als Hauptstellung diente – ein mehrfach schwer umkämpfter Bereich. Tatsächlich befindet sich nur wenig östlich der untersuchten Flächen genau an der tiefsten

Stelle des Geländes ein entsprechender Graben, und es ist davon auszugehen, dass es sich hierbei wirklich um den umkämpften Abzugsgraben aus dem Jahr 1813 handeln dürfte. Im mittleren und westlichen Bereich fanden sich dagegen an zwei Stellen konzentriert verschossene Büchsenkugeln. Diese lassen sich als Relikte eines Angriffs der Lützower auf die Franzosen interpretieren, die vor dem westlich der prospektierten Flächen gelegenen Wald standen. Eventuell markiert die westliche Konzentration sogar die französische Hauptstellung. Dort gefundene unverschossene Kugeln französischen Kalibers ließen diesen Schluss zu. In jedem Fall sind für den 17. und 18. August 1813 wiederholte Angriffe des linken Flügels der Lützower, der sich fraglos im Bereich der prospektierten Flächen befand, gegen französische Stellungen am Waldrand historisch belegt.

Weitere Untersuchungen des Gefechtsraumes wurden in den Jahren 2009, 2010 und 2011 unternommen. Das erneut hohe Aufkommen an momentan noch in der wissenschaftlichen Bearbeitung befindlichen Relikten der Kämpfe weist darauf hin, dass hier noch eine Vielzahl weiterer Erkenntnisse zu erwarten ist. Durch die gemeinsame Nutzung der Quellen und Methoden von Archäologie und Geschichte ist es möglich, ein immer vollständigeres Bild der Ereignisse vom 17. bis 19. August 1813 vor Lauenburg zu zeichnen. Hieraus könnten sich darüber hinaus auch weitere Erkenntnisse ableiten lassen, die auch auf andere Kampfplätze übertragbare aussagefähige Daten liefern können. Auf jeden Fall haben wir mit diesem Projekt, zumindest für den Norden Deutschlands, Neuland betreten.

2. Die Literarisierung der Befreiungskriege 1813–1815 in Norddeutschland

Inge Bernheiden

Schon immer warfen große Ereignisse ihre Schatten voraus und wurden begleitend sowie im Nachhinein aufgezeichnet. Entsprechend verhält es sich mit den Befreiungskriegen 1813–1815 gegen Napoleon. Zeitdeckend spiegeln sich die Ereignisse in Tagebüchern, Briefen oder Augenzeugenberichten, später schlagen sie sich in Chroniken, Memoiren, Lyrik oder Romanen nieder.

Die vorliegende Skizze gibt Einblick in eine germanistische Studie, die sich aus der Sicht des 21. Jahrhunderts mit den Befreiungskriegen befasst. Sie verwendet den Terminus *Literarisierung* und bündelt damit jene Gattungsformen, die durchaus mit Fiktion arbeiten, auf Öffentlichkeit zielen und pekuniären Erfolg anstreben. In der Epik zählen der Roman sowie Erzählungen und Novellen dazu, nicht aber Memoiren. Hinzu kommen die Gattungsformen Drama und Lyrik. Mit Blick auf das Publikum haben sich Schriftsteller und Autorinnen im Vorwege mit der Konzeption und Intention ihres Werkes auseinandergesetzt. Soll der Leser informiert, aufgeklärt, unterhalten oder gar beeinflusst werden? Anders formuliert: Rückwirkend gibt jeder Text Auskunft über die Absicht des Verfassers. Eine Analyse der Literarisierung der Befreiungskriege fragt danach, welche Vorkommnisse dieser Zeit für die Literatur von Belang gewesen sind und welche Darstellungsformen sie hierfür gewählt hat.

Neben der literarischen Eingrenzung erfolgt eine geographische; berücksichtigt werden ausschließlich Texte, die in Norddeutschland angesiedelt sind oder deren Autor durch Geburt beziehungsweise Wohnort mit diesem Gebiet verbunden ist. Besondere Beachtung gilt Schleswig-Holstein, das dänisch war[200] und bis zum Ende der Befreiungskriege aufseiten Napoleons kämpfte. Offiziell galten somit die preußisch-russischen, österreichischen oder schwedischen Truppen nicht als Befreier.

Bedingt durch die gattungsmäßige und geographische Festlegung des Untersuchungsrahmens entfallen Texte wie die Kriegserinnerung von Hans P. Feddersen[201], „Katechismus der Deutschen"[202] von Heinrich von Kleist, „Kurzer Katechismus für teutsche Soldaten" von Ernst Moritz Arndt oder Dramen wie „Napoleon oder die hundert Tage" von Christian Grabbe. Den Rahmen ebenfalls sprengen würden die Romane „Vor dem Sturm" (Theodor Fontane), „Der wilden Frauen Gestühl" (Georg Schäfer), „Drei Christabende" (Paul Stein), „Das vierblättrige Kleeblatt" (Clementine Helm), „1813" (Ferdinand Stolle), oder „Der Katzensteg" (Hermann Sudermann). Unberücksichtigt bleiben darüber hinaus allgemein-deutsche Verse, wie sie etwa Theodor Körner, Ernst Moritz Arndt, Johann Wolfgang von Goethe, Ludwig Uhland, Friedrich Hölderlin, Maximilian von Schenkendorf, Friedrich Rückert, Karl Lappe, Samuel Friedrich Sauter oder Emanuel Geibel gedichtet haben.

Erwartungsgemäß greift die Lyrik Ereignisse rascher auf als die Prosa. Die Entstehungszeit der kleinen Form ist nicht nur kürzer, sondern Gedichte lassen sich – trotz herrschender Zensur[203] – auch leichter in Zeitungen und Magazinen publizieren.

Der überwiegende Teil der lyrischen Produktion offenbart eine deutliche antinapoleonische Haltung. Zwar schreibt der 1752 in Oldenburg (Oldb.) geborene Jurist und Schriftsteller Anton von Halem[204] zunächst ebenso wie sein dortiger Freund Karl L. von Woltmann[205] rühmende Gedichte auf Napoleon, so bereits 1803 die Ode „An IHN"[206] oder zwei Jahre später „An Astraea".[207] Doch direkt nach der gewaltlosen Befreiung Oldenburgs 1814 durch russische Kosaken äußert sich Halem in der Gedichtanthologie „Töne der Zeit" durchaus kritisch. Der Norddeutsche Christian Friedrich Hebbel, 1813 geboren, schreibt rückblickend Verse[208] über Napoleon als einen sich überschätzenden Imperator. Als der Freikorpsführer Ferdinand von Schill 1809 in Stralsund fällt, entstehen Heldenepen wie die von Ernst Moritz Arndt, Friedrich Dahn und Emanuel Geibel.[209] Bekanntlich geradezu glorifiziert wird nach seinem frühen Tod bei Gadebusch der Freiheitskämpfer Theodor Körner.[210] Als norddeutscher Patriot dichtet Karl Lappe, 1773 in Wusterhusen (Mecklenburg) geboren, antinapoleonische Verse in seiner Anthologie „Kampfgedichte aus dem Feldzug 1813", dem Gedicht „Im Sommer 1813" sowie, anlässlich General Moreaus Tod[211], die Verse „Auf Moreaus Fall". Friedrich Rückert[212] und Karl August Varnhagen von Ense[213] verfassen Verse auf die norddeutschen Patriotinnen Eleonore Prochaska, Johanna Stegen und Auguste Krüger, wobei bei der Letztgenannten ein leicht spöttischer Unterton mitklingt. All diese Gedichte sind zumeist der „Tendenzliteratur" zuzuordnen, die ästhetische Kriterien vernachlässigt oder übergeht, um die Bevölkerung, hier gegen Napoleon, zu revolutionieren. Einfach, aber in Metrum und Reim dennoch kunstfertig, sind dagegen die drei Gedichte „Die Gräber von Ottensen" (1814–15)[214] von Friedrich Rückert, in denen der zigtausend Toten und Verstoßenen während der Hamburger Okkupation gedacht wird sowie des Todes des Herzogs von Braunschweig.[215] Schleswig-Holsteins Situation um 1814 beschreibt das Gedicht „Draus bei Schleswig vor der Pforte"[216] von Clemens von Brentano. Eine arme Frau in Schleswig fürchtet sich im Winter vor den marodierenden feindlichen (!) russischen und schwedischen Truppen und bittet Gott, er möge eine Mauer um ihr Haus bauen:

Draus bei Schleswig vor der Pforte / Wohnen armer Leute viel, [...] / Rings in alle Hütten brechen / Schwed' und Russe mit Geschrei, / Lärmen, fluchen, drängen, zechen. / Doch dies Haus ziehn sie vorbei. / Und der Enkel spricht in Sorgen / Mutter, uns verrät das Lied. / Aber sieh, das Heer vom Morgen / Bis zur Nacht vorüberzieht. / Eine Mauer um uns baue / Singt das fromme Mütterlein. [...]
Eine Mauer um uns baue / Singt sie fort die ganze Nacht. / Morgens ward es still, o schaue / Enkel, was der Nachbar macht! / Auf nach innen geht die Türe, / Nimmer käm' er sonst hinaus. / Daß er Gottes Allmacht spüre, / Lag der Schnee wohl mannshoch draus. / Eine Mauer um uns baue, / Sang das fromme Mütterlein! / Ja der Herr kann Mauern bauen. / Liebe fromme Mutter komm, / Gottes Mauer anzuschauen, / Sprach

der Enkel und ward fromm. / Achtzehnhundertvierzehn war
es, / Als der Herr die Mauer baut, / In der fünften Nacht des
Jahres / Hat's dem Feind vor ihr gegraut. / Eine Mauer um uns
baue. / Sing' ich mit dem Mütterlein.[217]

Dieser Schlichtheit verdanken die Verse von Brentano und
Rückert ihre noch heute bewegende Wirkung auf den Leser.[218]
Während sich die Situation für den Druck von Lyrik leichter darstellte, gestaltete sie sich für das Drama naturgemäß
komplizierter: Die Entstehungszeit betrug ein Vielfaches,
der Zensor benötigte mehr Zeit, die Bühnen waren häufig
wegen der Kriegsunruhen geschlossen und es fehlte an
Schauspielern.[219] So verwundert es nicht, dass auch für den
norddeutschen Raum nur wenige neue Dramen aus dieser
Zeit vorliegen, so vom Stralsunder Pfarrer und Schriftsteller Friedrich Furchau das Drama „Herzog von Braunschweig. Ein Trauerspiel geweihet dem Gedächtniß der für
Rettung ihres Vaterlandes Gefallenen" (1816).[220] Das 1815
fertiggestellte Drama von Friedrich Duncker „Eleonore
Prochaska" gilt heute als verschollen.[221]
Romane, Erzählungen und Novellen, die sich mit den Befreiungskriegen in Norddeutschland befassen, erscheinen in
mehreren Schüben; der erste ist zirka 1850 bis 1880 zu verzeichnen. Zu dieser Gruppe zählen die Werke von Fritz Reuter „Ut de Franzosentid" (1859), Philipp Galen „Der Strandvogt von Jasmund" (1860), Wilhelm Raabe „Nach dem
großen Kriege" (1861), Julius von Wickede „Der lange Isaak"
(1886), Wilhelm Jensen „Runensteine" (1888) sowie Karl
Adolf[222] „Die Schmugglerstochter von Norderney" (1891).

Ein zweiter Schub folgt zu Beginn des 20. Jahrhunderts: Johannes Dose „Einer Anno Achtzehn" (1908), Anna Gerhard „Ludekin von Winthem" (1909), Wilhelm Jensen „Die Nachfahren" (1909), Carl Beyer „Pascholl" (1912), Wilhelm Conrad Gomoll „Hogesünn" (1912), Friedrich Cammin „Vaddersarw" (1914), Albrecht Janssen „Die Borkumer Kinder" (1919), Carl Beyer „Der Moorschäfer" (1925), Hermann Stodte „Das preußische Mädchen" (1932), Hans H. Hinzelmann „Sixtus und Elisabeth" (1935), Werner May „Mädchen im Soldatenrock" (1940) und etwas verspätet Rudolf Daumann „Die Marwitz-Kosaken" (1954). Um den 200. Jahrestag erscheinen: Truxi Knierim „Annas Befreiungskrieg" (1996), Katharina Rothärmel „Die Trommlerin der Lützower" (2007), Michael Müller-Oetken „… gestorben achtzehndreizehn" (2009), Swantje Naumann „Von Liebe und Krieg – harte Zeiten für Hanseaten" (2011) und Gabriele Hoffmann „Die Eisfestung" (2012).

Geographisch erstrecken sich die Schauplätze in west-östlicher Richtung über Borkum, Oldenburg, Bremen, Cuxhaven, Lüneburg, Dannenberg, Hamburg, Gadebusch, Schwerin, Ludwigslust, Stavenhagen bis hinauf nach Friedland, Anklam, Stralsund und Rügen. Handlungsorte in Schleswig-Holstein sind Ratzeburg, das „lübische Land", die neutrale Hansestadt Lübeck, Schleswig, Altona und die Westküste zwischen Husum und Niebüll mit den vorgelagerten Inseln. Zumeist haben diese Städte hart unter den Kampfhandlungen[223], der Okkupation sowie der Kontinentalsperre[224] gelitten. Darüber hinaus werden viele kleine Orte in Schleswig und Holstein genannt, in denen die

Menschen vor den zumeist französischen Soldaten Schutz gesucht haben.

Demzufolge fallen bei der thematischen Sichtung des Materials die episch ausladenden Schilderungen der Kriegswirren (Feinde sind meist die Franzosen) auf. Die Texte beginnen häufig 1806 und wollen offensichtlich das Ausmaß des erlittenen Leids und der Not in Erinnerung rufen. Dagegen fällt die eigentliche Befreiungszeit vergleichsweise knapp aus, wie „Der Moorschäfer", „Hogesünn", „Ludekin von Winthem", „Der Strandvogt von Jasmund" oder „Die Nachfahren" belegen.

Literarisch bemerkenswert ist der Text „Einer Anno Dreizehn", der in den Jahren 1789 bis 1813 in Lübeck spielt und seinen Schwerpunkt in das Jahr 1806 legt. Im Vorwort weist der Autor Johannes Dose darauf hin, dass er das um 1830 in der Ich-Form verfasste Manuskript von Hans Ohnesorge aus ästhetischen Gründen in die Er-Form habe umschreiben müssen.[225] Zuweilen leicht pathoshaft, vermitteln dichte Schilderungen ein Bild der Kämpfe, Plünderungen und Vergewaltigungen. In einer Passage gelingt dem Schriftsteller aus Öddis geradezu eine „Live-Reportage": Hoch oben auf dem Kirchturm von Lübeck nimmt der jugendliche Protagonist zusammen mit dem Glöckner wesentlich früher als General Blücher[226] die feindlichen Franzosen wahr, doch die Warnung erreicht die unten stehenden Soldaten nicht.[227]

Dagegen fällt „Ut de Franzosentid" (Aus der Franzosenzeit) von Fritz Reuter, dem bekanntesten norddeutschen Schriftsteller, aus heutiger Sicht ab. 1810 geboren, schreibt

Reuter wie Johannes Dose als Nachgeborener und wählt ebenfalls die Perspektive eines Jungen (Alter Ego des Autors); dieser schildert den Einzug der Franzosen in Stavenhagen 1813. Doch überdeutlich ist dem Werk seine gekünstelte, episodenhafte Konstruktion anzumerken, die zudem unglücklich an Grimmelshausens „Simplicissimus" angelehnt ist. Darüber hinaus wirken Witz und Humor aufgesetzt. Wo Reuter allerdings historisches Wissen vermittelt, verdichtet sich der Text und ist lesenswert.

Eine von den Kriegsverläufen hart heimgesuchte Stadt ist Hamburg, das mehrfach, aber insbesondere 1813/14, belagert wurde. Im Vorfeld des 200. Jahrestages der Befreiungskriege erschien „Die Eisfestung" von Gabriele Hoffmann. Sie arbeitet eine Unmenge von Quellen und Dokumenten zitathaft in den Text ein, wählt allerdings eine romanhafte Konzeption mit einer überbordenden Personenkonfiguration. Die verständliche Absicht, heute sowohl Davout[228] als auch den Hanseaten „gerecht zu werden", tut dem Buch nicht gut, es mangelt ihm grundsätzlich an Spannung. Als Sachbuch ist es zu romanhaft und als Roman zu faktenlastig und ermüdend.

Swantje Naumann dagegen offeriert in „Von Liebe und Krieg – harte Zeiten für Hanseaten" einen spannenden Plot, der leider bereits im Vorwort offengelegt wird: von Liebe in harten Zeiten. Folglich steht die Darstellung der Liebe im historischen Zeitkolorit im Mittelpunkt. Der Roman vermittelt die wesentlichen Fakten, leidet jedoch bisweilen an einer kolportagehaften Konzeption und Durchführung sowie durchgängig an einem zu modernen Sprachduktus.

Ebenfalls in Hamburg spielt das bereits 1863 edierte Werk „Der lange Isaak" von Julius von Wickede. Das Buch beschreibt überblicksartig das Elend der Stadt, um dann zwei zusätzliche Komponenten einzubringen: die jüdische und die karitative. Der jüdische Kaufmann Isaak überlässt dem Senat selbstlos sein Geld, weshalb er vor den Franzosen flüchten muss. Zurück bleibt eine seiner Töchter, sie pflegt einen verwundeten französischen (!) Offizier. Nach vielen Verwicklungen treffen Isaaks Töchter, in konträren Verhältnissen lebend, in Lüneburg aufeinander. Stilistisch mitunter kapriziös, greift der Text das Schicksal von Frauen in Kriegszeiten auf.

Neben der Absicht, dem Leser Kriegswirren und Historie nahezubringen, favorisieren die Werke die Kombination „Einzelheld im Kriegsgeschehen", und dies in diversen Variationen. In „Der Moorschäfer" von Carl Beyer ist es der Held aus einfachsten Verhältnissen, der unter Einsatz seines Lebens preußische Truppen in Oldenburg rettet. Diese schlichte Erzählung überzeugt noch heute durch ihren handlungsstarken Aufbau, das mundartliche Reden sowie glaubhafte Charaktere.

Ebenfalls als Einzelheld aus armen Verhältnissen, aber an der Seite eines adeligen Knaben aufgewachsen, kämpft Waldemar Granzow in Philipp Galens „Der Strandvogt von Jasmund" für seine Heimat Rügen. Der breit angelegte Roman erstreckt sich von 1809 bis ins Jahr 1813. Immer wieder gerät der Protagonist beim Kampf gegen die französischen Besatzer in lebensgefährliche Situationen, doch stets hilft ihm die Inselbevölkerung und unterstützt ihn. Zwar weist das

600-seitige Werk Längen auf, doch insgesamt fesselt es durch packende Dialoge, ein hohes Tempo, Naturschilderungen sowie eine verhalten dargestellte Liebesgeschichte.

Die Schriftstellerin Anna Gerhard wählt für ihren in Cuxhaven angesiedelten Roman „Ludekin von Winthem" das Muster des verbitterten Helden. Seit Jahren, aber insbesondere seit Ludekin zwei Söhne im Krieg verloren hat, hat sich bei ihm der Hass gegen die Franzosen eingefressen. Bei einer erneuten Zwangseinquartierung verlieben sich ein französischer Offizier, der sich als nobel und fair erweisen wird, und Ludekins Tochter ineinander, doch von Winthem verbietet die Beziehung. Dieser für die Cuxhavener Gegend interessante, 1909 edierte Roman liest sich heute wegen der stilisierten Versöhnungs- und Liebesgeschichte etwas langatmig.

Wie die Werke „Ludekin von Winthem" oder „Der Strandvogt von Jasmund", arbeitet auch „Sixtus und Elisabeth" mit der vorhersehbaren Konstruktion „Krieg, Einzelheld und Liebe". Wenn der Roman dennoch fasziniert, verdankt er dies der Schilderung eines „militärischen" Gewissenskonflikts, die den Text trägt. Als Mecklenburger Soldat kämpft der junge Offizier Sixtus 1806 auf französischer Seite, begreift sich jedoch als Deutscher, der für die Preußen streiten möchte, und läuft schließlich zu diesen über. Problematisch an diesem Text sind die zu Beginn nicht einwandfreien historischen Fakten[229], die soldatisch aufgesetzte derbe Mundart sowie die affektierte Liebesgeschichte mit ihrer manierierten Sprache. Dieser Roman erschien 1935 und verwendet zuweilen das Wort „völkisch", weist aber keine nationalsozialistischen Tendenzen auf; der Autor ging 1938 ins Exil nach Shanghai.

Frauen übernehmen, wie angedeutet, in der Literarisierung der Befreiungskriege zumeist die Rolle der Unterstützenden und Liebenden, es sei denn, sie haben Heldentaten vollbracht, wie Friederike Auguste Krüger (Friedland/Mecklenburg/Anklam), Johanna Stegen (Lüneburg) oder Anna Lühring (Bremen). Insgesamt ist die Qualität in diesem narrativen Teilbereich so wenig überzeugend wie im lyrischen. Eine Ausnahme bildet die im Sinne der Zeit verklärend verfasste kleine Binnenerzählung in Luise Mühlbachs[230] vierbändigem Napoleon-Werk (1860) über die bekannteste Patriotin, Eleonore Prochaska (Dannenberg), die, als Soldat verkleidet, im Lützowschen Korps als Trommlerin diente und in der Schlacht an der Göhrde fiel. Zwei neue Bücher, „Die Trommlerin der Lützower" von Katharina Rothärmel und „… gestorben achtzehndreizehn" von Michael Müller-Oetken, greifen das Thema „Prochaska" noch einmal auf. Beide Bücher enttäuschen literarisch ob ihrer Belanglosigkeit und müssen sich fragen lassen, inwieweit eine unreflektierte Heroisierung im heutigen Interesse sein kann. Dagegen greift die Erzählung „Mädchen im Soldatenrock", zirka 1940 entstanden, das Schicksal der Auguste Krüger, die mit einer selbstgenähten Uniform in den Krieg zog und *nicht* getötet wurde, mit einer eindeutig nationalsozialistischen Intention auf und eignet sich aus diesem Grunde nur noch für Untersuchungszwecke.[231]

Nur wenige Werke betten die Eroberungszüge Napoleons und die Befreiungskriege in die Gesamthistorie ein. Einer

dieser Romane, „Hogesünn", stammt von Wilhelm Gomoll. Ein Schmied aus Mölln, Christian Ring, bricht seine
Wanderschaft ab, als er ein besonders schönes Landstück
bei Ratzeburg entdeckt. Ring kauft den Boden im Jahre
1796, erbaut ein Haus, richtet eine Werkstatt ein und heira-
tet; sein Geschäft sowie das Land florieren, bis der Krieg
sich ankündigt. Dieser Generationenroman, der erst 1860
endet, verarbeitet die militärischen Auseinandersetzungen
ab 1806 ebenso wie die Befreiungskriege 1813–1815 und die
Revolution 1848. Gomoll schreibt unterhaltend und auf einem gebildeten Niveau. Die Kombination aus Historie,
Landschaftsschilderung sowie Liebe, die gefühlvoll, aber
realistisch dargestellt wird, überzeugt noch heute.

Den Abschluss dieser Skizze soll der im poetischen Realis-
mus verfasste Roman „Die Nachfahren" von Wilhelm Jensen bilden, der ideengeschichtlich einen noch größeren
Bogen als „Hogesünn" spannt. Beginnend in der Struensee-
Zeit 1769, endet er nach 500 Seiten im ersten Jahr der Be-
freiungskämpfe. Geographisch erstreckt sich der Text breit
über Schleswig-Holstein, die Halligen sowie Dänemark.
Mittelpunkt der verwickelten Erzählung ist das fiktive
Schloss „Erlenburg", in dem die Comtesse Otwine, ehemals
Hofdame in Kopenhagen, mit ihrer Pflegetochter Erngart
wohnt. Als unverhofft der Königlich Preußische Staatsminister von Struensee eintrifft, überschlagen sich die Ereignisse und Erngart verlässt das Haus. Viele Jahre später wird
sie, als sie mit ihrer Familie die Comtesse besuchen will,
vom harten Winter 1813 überrascht. Hier gelingt Jensen ein
Schluss, der kitschig, romantisch oder genial genannt wer-

den kann; er greift nicht nur die damals aktuelle politische Situation auf, als preußische Truppen gemeinsam mit Kosakenverbänden durch Holstein zogen, sondern verweist intertextuell auf Brentanos Schleswig-Gedicht.

Resümierend ist festzuhalten, dass für den norddeutschen Raum wie besonders für Schleswig-Holstein – trotz zweier Weltkriege und der Spanne von 200 Jahren – das Primärmaterial zumeist noch vorhanden, allerdings kaum ausleihbar ist. Wie erwartet konzentriert sich die Literarisierung auf Kriegswirren, militärische Darstellungen und Heldentaten Einzelner, wobei die Qualität insgesamt sehr schwankt; viele lyrische sowie narrative Werke erweisen sich als überholt. Einige Gedichte beeindrucken noch heute; Romane wie „Ludekin von Winthem" oder „Der Strandvogt von Jasmund" sind erfreulicherweise neu ediert worden, andere, wie „Der Moorschäfer", „Sixtus und Elisabeth", „Hogesünn" und „Die Nachfahren", sollten folgen.

Primärtexte:

Adolf, Karl: Die Schmugglerstochter von Norderney. Königsberg, Hartung 1891.

Ernst Moritz Arndt: Kurzer Katechismus für teutsche Soldaten. Hg. v. Karl-Heinz Hädicke. Berlin, Verl. des Ministeriums für Nationale Verteidigung 1956 [= 1812].

Beyer, Carl: Der Moorschäfer. Schwerin, Friedrich Bahn (8. Aufl.) 1925.

Beyer, Carl: Pascholl. Schwerin, Fr. Bahn 1911.

Brentano, Clemens v.: Werke. Hg. v. W. Frühwald. 2 Bde. München, C. Hanser 1968.

Cammin, Friedrich: Vaddersarw. Rostock, Wessel 1904.

Daumann, Rudolf: Die Marwitz-Kosaken. Berlin [DDR], Neues Leben 1954.

Deutscher Liederschatz. Bd. 3: Volkslieder, Studenten-, Soldaten-, Trinklieder. Augsburg, Weltbild 1988.

Dose, Johannes: Einer Anno Dreizehn. Wismar, Bartholdi 1908.

Feddersen, Hans Peter: H. P. Feddersen d. Ä. und sein Kriegs-Tagebuch 1813/14 „Das merkwürdigste Jahr meines Lebens". Berlin, Meyer & Jessen, 1913.

Fontane, Theodor: Vor dem Sturm. München, C. Hanser 1971.

Furchau, Friedrich: Herzog Chr. v. Braunschweig. Ein Trauerspiel geweihet dem Gedächtniß der für Rettung ihres Vaterlandes Gefallenen. Berlin, De Gruyter 1816.

Galen, Philipp: Der Strandvogt von Jasmund. Bergen, Ostsee Redaktionsb. 1997.

Gerhard Anna: Ludekin von Winthem – Aus Cuxhavens Franzosenzeit. Hamburg, G. Schloeßmann 1909.

Gomoll, Wilhelm Conrad: Hogesünn. Dresden, Carl Reißner 1912.

Grabbe: Christian: Napoleon oder die hundert Tage. Frankfurt a. M., Hermann 1831.

Halem, Anton von: Töne der Zeit. Bremen, Heyse 1814.

Helm, Clementine: Das vierblättrige Kleeblatt. Erlangen, Karl Müller [o. J.].

Hinzelmann, Hans H.: Sixtus und Elisabeth. Berlin, Otto Schlegel 1935.

Hoffmann, Gabriele: Die Eisfestung. Hamburg im kalten Griff Napoleons. München, Piper 2012.

Janssen, Albrecht: Borkumer Kinder. Wilhelmshaven, Friesen 1919.

Jensen, Wilhelm: Die Nachfahren. Leipzig, B. Elischer Nachfolger [1909].

Jensen, Wilhelm: Runensteine. Leipzig, Elischer 1888.

Kleist, Heinrich von: Sämtliche Werke. München, dtv 2001.

Knierim, Truxi: Annas Befreiungskrieg. Bremen, Donat 1996.

Lappe, Karl: Kampfgedichte aus dem Feldzuge von 1813. Stralsund [o. V. 1814].

May, Werner: Mädchen im Soldatenrock. Reutlingen, Enßlin & Laiblin [1940].

Mühlbach, Luise: Napoleon in Deutschland. 4 Bde. Berlin, Janke 1858–1859.

Müller-Karbach, Erwin: Das heilige Feuer. Einsiedeln, Benzinger [1930].

Müller-Oetken: … gestorben achtzehndreizehn. Grimma, Ed. Winterwork 2009.

Naumann, Swantje: Von Liebe und Krieg – harte Zeiten für Hanseaten. Norderstedt, Books on Demand 2011.

Reuter, Fritz: Ut de Franzosentid/Aus der Franzosenzeit. Hamburg, tredition 2012.

Rothärmel, Katharina: Die Trommlerin der Lützower. Berlin, trafo 2007.

Rückert, Friedrich: Lyrische Gedichte. Berlin, Holzinger 2013.

Schäfer, Georg: Der wilden Frauen Gestühl. Lauterbach, May 1898.

Stein, Paul [= Henrich, Albertine]: Drei Christenabende. Leipzig, Herbig 1860.

Stodte, Hermann: Das preußische Mädchen. Schicksalswege der Eleonora Prochaska. Berlin, H. Erben 1932.

Stolle, Ferdinand: 1813. Berlin, Globus [1938].

Sudermann, Hermann: Der Katzenstieg. Berlin, Dt. Buchgemeinschaft [1957].

Wickede, Julius von: Der lange Isaak. Leipzig, H. Constenoble 1863.

Allgemein für Gedichte auch:

Die deutsche Gedichtbibliothek: *http://gedichte.xbib.de*
Freiburger Anthologie *http://freiburger-anthologie.ub. uni-freiburg.de*
Projekt Gutenberg.de *http://gutenberg.spiegel.de/buch*
Zeno.org: *http://www.zeno.org/Literatur*

3. Was ist geblieben? – Die Erinnerung an das Jahr 1813

Christian Lopau

Die „Franzosenzeit", wie diese historische Phase in der heimatgeschichtlichen Literatur gewöhnlich genannt wird, hat im Herzogtum Lauenburg mit einigen Unterbrechungen von 1803 bis 1813 gedauert. Im kollektiven Gedächtnis wurde aber fast ausschließlich die Erinnerung an das Jahr 1813 wachgehalten. In jenem Jahr wurde das Herzogtum Lauenburg zum Schauplatz europäischer Geschichte, und bis heute weisen zahlreiche Denkmäler im Gebiet des

Kreises Herzogtum Lauenburg auf die kriegerischen Ereignisse hin, die sich hier abgespielt haben. Diese Denkmäler sollen im ersten Teil des Aufsatzes vorgestellt werden. All diese Erinnerungszeichen stammen aus der Zeit zwischen 1865 und 1913. In der Zeit der Personalunion des Herzogtums Lauenburg mit Dänemark ist kein einziges Denkmal für die Befreiungskriege errichtet worden. Das ist verständlich, stand doch Dänemark im Jahr 1813 auf der Seite Napoleons. So erfolgte der Rückblick auf die Ereignisse des Jahres 1813 zum 25. und zum 50. Jahrestag im Herzogtum Lauenburg lediglich durch die Publikationen C. L. E. Zanders, der die Befreiungskriege als Soldat miterlebt hatte.[232]

Einen Höhepunkt erreicht die Rückbesinnung auf das Ende der napoleonischen Zeit mit der Hundertjahrfeier 1913 – ein Jahr vor dem Ersten Weltkrieg. Die Veranstaltungen dieses Jahres bilden den Schwerpunkt des zweiten Teils dieser Darstellung.[233]

Denkmäler im Kreis Herzogtum Lauenburg

Mölln besaß in der französischen Verteidigungslinie des Jahres 1813 eine besondere strategische Bedeutung. Nur an dieser Stelle war ein Übergang über die sonst an Wasserläufe und Seen angelehnte Verteidigungsstellung möglich. Dementsprechend richteten die Franzosen hier Schanzen ein, um ihre Position zu sichern. Es ist daher kein Zufall, dass gerade hier Relikte des Jahres 1813 zu finden sind. Die topographischen Bezeichnungen „Franzosenschanze" und „Feldbäckerei" verweisen ebenso auf die Zeit napoleonischer Herrschaft wie die Denkmäler im Hohen Holz und am Lütauer See sowie die Gedenktafel an der Wassertorbrücke.

Daneben finden sich einige Gedenkstätten für den Dichter Theodor Körner, der sich kurz vor seinem Tod bei Gadebusch mit dem Lützowschen Freikorps im Herzogtum Lauenburg aufgehalten hat.

Die Denkmäler im Hohen Holz in Mölln

Zwei Denkmäler befinden sich am Ortsausgang Möllns in Richtung Schmilau, im sogenannten „Hohen Holz". Hier hat am 14. November 1813 ein Gefecht zwischen der Hanseatischen Legion und den französischen Verteidigern stattgefunden.[234] Beide Denkmäler stammen aus dem Jahr 1865.[235] Das erste Denkmal trägt den Charakter einer einfachen Grabstätte und wurde 1865 von dem Möllner Bürger Friedrich Carl Nikolaus Warncke gestiftet. Die Denkmalsfläche ist mit Pfeilern und Ketten eingefasst. Auf einem Findlingssockel erhebt sich ein schwarzes lateinisches Kreuz aus Eisen. Der Kreuzbalken trägt die Inschrift: „Ruhestätte der im Befreiungskampfe am 14. November 1813 bei Mölln gefallenen Hanseaten". Auf dem Stein sind zwei rechteckige Inschrifttafeln angebracht, die den Stifter des Denkmals nennen und die Inschrift aufweisen: „Vergesst die treuen Todten nicht – 1813 November 14".

Auf einem flachen Stein etwa zwei Meter neben dem Findling mit dem Kreuz liegt eine rechteckige Eisenplatte mit der Inschrift: „Hier starben den Tod fürs Vaterland am 12. November 1813 folgende Helden der Hanseatischen Legion"[236] –

es folgen 16 Namen mit Angabe des Heimatortes. Bei den Unteroffizieren und Offizieren ist jeweils auch der Dienstgrad angegeben.

Zur Entstehungsgeschichte dieses Denkmals fehlen schriftliche Quellen. U. Bischoff bezieht sich in seiner Darstellung auf eine mündliche Überlieferung aus der Familie des Stifters: „Nach Auskunft eines Herbert Warncke, Bürger in Mölln und Urenkel des Stifters Friedrich Carl Nikolaus Warncke, hat F. C. N. Warncke (geb. 25. 3. 1818, gest. 30. 3. 1876) das Denkmal gestiftet aus Dankbarkeit dafür, daß seine Güter Kehrsen, Sophiental und Neuhof in jener Zeit vor Plünderungen gerettet wurden."[237]

Das Hanseatendenkmal in Mölln (StA Mölln)

Nur wenige Schritte von diesem ersten Denkmal entfernt liegt das Hanseatendenkmal. Das Denkmal verjüngt sich pyramidal nach oben und wird von einer Pyramide aus Kanonenkugeln abgeschlossen. Ein Schild auf der Vorderseite zeigt ein Eisernes Kreuz mit der Jahreszahl 1813 über zwei gekreuzten Säbeln. Über dem Eisernen Kreuz steht die Inschrift „Gott mit uns". Die Inschrift unter dem Schild verweist auf das Datum des Gefechts: „1813 14. Novbr.", und auf die Aufstellung des Denkmals: „18. Juni 1815 – 1865".

Am 16. Mai 1865 wandte sich der Vorsitzende des Hanseatischen Vereins in Lübeck an den Magistrat der Stadt Mölln mit der Bitte um „Aufstellung eines einfachen Gedenksteins neben dem Grabe der am 14. Novb. 1813 vor Mölln gefallenen Hanseaten".[238] Das Denkmal wurde am 18. Juni 1865, am 50. Jahrestag der Schlacht bei Waterloo, eingeweiht. An diesem „Weihefest" nahm, wie aus einem Dankschreiben des Hanseatischen Vereins an den Magistrat hervorgeht, neben dem Magistrat die „gesamte Möllner Einwohnerschaft in wahrhaft festlicher Haltung" Anteil.[239] Der Aufstellungsort der beiden Denkmäler im Hohen Holz wurde später zu einem „Denkmalshain" erweitert. 1925 errichtete die Stadt hier das Denkmal für die im Ersten Weltkrieg gefallenen Möllner und 1939 wurde das „Landeskriegerdenkmal" für die 1870/71 gefallenen Lauenburger vom Bauhof hierherversetzt.

Das Lützow-Jahn-Denkmal am Lütauer See

Am südlichen Ufer des Lütauer Sees, unmittelbar an der Straße von Mölln nach Gudow, erhebt sich das Lützow-Jahn-Denkmal, das an das Gefecht zwischen dem Lützowschen Freikorps und französischen Truppen am 4. und 5. September 1813 erinnert. Die Initiative zur Aufstellung dieses Denkmals ging im Sommer 1902 vom Vorstand des „Kampfgenossen- und Kriegerverbandes" in Mölln aus.[240] Bei der Wahl des Aufstellungsortes waren zwei Aspekte entscheidend. Zum einen sollte das Denkmal am Schauplatz des Gefechtes errichtet werden, zum anderen wählte man diesen Ort, damit das Denkmal schon aus der Ferne sichtbar sei. In den zeitgenössischen Touristenführern wird auf das Denkmal als Ziel für Wanderungen besonders hingewiesen.

Die Inschrifttafel ist auf einem Findling angebracht, der auf einen Feldsteinsockel gesetzt wurde. Die Inschrift lautet: „Hier kämpfte am 4. und 5. September 1813 das Lützow'sche Freicorps unter Major von Lützow und Turnvater Jahn." Neben ornamental gestalteten Eichenzweigen und Eichenblättern zeigt die Tafel auch das Zeichen der Deutschen Turnerschaft. Die Einweihung des Denkmals erfolgte am 19. Oktober 1902.[241] Der ursprünglich auf dem Findling angebrachte Bronzeadler mit ausgebreiteten Schwingen und einer Kugel in den Fängen ist heute nicht mehr vorhanden.

Die Gedenktafel an der Wassertorbrücke in Mölln

Bei ihrem Abzug versuchten die französischen Truppen am 1. Dezember 1813 die hölzerne Wassertorbrücke in Mölln in Brand zu stecken, um den nachfolgenden verbündeten Truppen den Vormarsch zu erschweren. Drei Möllner Bürgern gelang es, die Zerstörung der Brücke zu verhindern. Auf diesen Einsatz weist ein Findling mit einer Bronzetafel am Wassertor hin.

Die Tafel trägt folgenden Text: „Am 1. Dezember 1813 wurde diese Brücke, die damals noch aus Holz bestand, von den Möllner Bürgern Schlachtermeister Johann Rauser, Brauermeister Friedr. Wilh. Schlottmann u. Schustergeselle Joachim Mahncke vor der Vernichtung durch die Franzosen unter Einsatz ihres Lebens gerettet. Mahncke wurde dabei erschossen, Schlottmann schwer verwundet. Ehre dem Andenken dieser tapferen Bürger."

In ähnlicher Weise erinnerte eine Bronzetafel, die auf einem Findling angebracht war, an den Ursprung des Namens „Franzosenschanze". Diese Tafel wurde nach 1945 aus ihrer Verankerung herausgebrochen und befindet sich heute im Stadtarchiv Mölln. Zu Beginn des Zweiten Weltkriegs war die „Franzosenschanze" als Gedenkstätte hergerichtet worden. Neben dem Findling mit der Bronzetafel hatte man hier nach dem Feldzug in Frankreich 1940 Beutegeschütze aufgestellt. Wann die Tafel wieder entfernt wurde, ließ sich bislang nicht ermitteln. 1954 wurde an dieser historischen Stätte das Ehrenmal für die Opfer des Zweiten Weltkriegs eingerichtet. Der Findling, auf dem sich die Bronzetafel befunden hatte, wurde gedreht und dient jetzt als zentraler Stein der neuen Anlage. Auf der Rückseite ist die frühere Anbringung der Tafel noch erkennbar.

Denkmal zur Erinnerung an das Gefecht in Groß Boden

An das Gefecht, das am 4. Dezember 1813 bei Groß Boden stattgefunden hat, erinnert ein Denkmal, das der Militärverein Siebenbäumen und Umgebung zur 100. Wiederkehr des

Gefechts 1913 stiftete. Es handelt sich um einen Findling auf einem Feldsteinsockel mit einer Tafel, die folgenden Text trägt: „Zur Erinnerung a. d. 4.12.1813, gestiftet vom Militärverein Siebenbäumen u. Umg. 4.12.1913". Gekrönt wird das Denkmal von einer Kanonenkugel.

Nachdem die Tafel zerschlagen worden war, ist sie vor einigen Jahren durch eine neue Tafel mit der originalen Inschrift ersetzt worden. Das Denkmal steht heute vor dem Dorfgemeinschaftshaus in Groß Boden.

Denkmäler für Theodor Körner

An die Ereignisse des Jahres 1813 erinnern auch einige Theodor-Körner-Gedenkstätten im Kreis Herzogtum Lauenburg. Theodor Körner, der als Leutnant im Lützowschen Freikorps diente, hielt sich kurz vor seinem Tod im August 1813 im Herzogtum Lauenburg auf.

Zum 100. Todestag Körners wurde in Schwarzenbek 1913 ein Denkmal errichtet, worüber die Schwarzenbeker Zeitung am 26. August 1913 berichtete.[242] Der Schwarzenbeker Rechtsanwalt Hinkelmann sagte in seiner Einweihungsrede: „Aber die Saat, die in den Freiheitskämpfen 1813 bis 1815 gesät und mit dem Herzblut so vieler tausender deutscher Helden gedüngt war, mußte aufgehen und Früchte tragen. […] Als 1870 von neuem der Franzmann Preußen herausforderte, um ihm die errungenen Lorbeeren wieder zu entreißen, da zeigte sich, daß die großen Opfer 1813 nicht umsonst gebracht waren, die deutschen Stämme hatten gelernt, daß nur Einigkeit stark macht, und siegesfroh zogen die verbündeten Truppen in das Feindesland und rangen nach schweren aber siegreichen Kämpfen den Feind in seinem eigenen Land siegreich nieder. Der Bau, zu dem 1813 der Grundstein gelegt war, wurde auf den Schlachtgefilden Frankreichs, insbesondere der großen Schlacht von Sedan am 2. September 1870, errichtet, und am 18. Januar 1871 wurde im Schloß zu Versailles der stolze Bau eröffnet, das deutsche Reiche gegründet."[243]

Auch in Büchen wurde 1913 durch den örtlichen Kriegerverein ein Körnerstein errichtet. Der Büchener Pastor Rohwedder hielt am 23. September 1913 die Einweihungsrede, in der nationalistische Töne dominierten: „Und wenn ein Napoleon die fromme, todesmutige Volksbegeisterung haßte und fürchtete, die von einem Körper angefacht ist und bald das ganze Volk beseelte, so wissen wir und wollen es bedenken und Kindern und Kindeskindern erzählen – nunmehr auch auf den Körnerstein zu Büchen hinweisen – was uns Deutsche stark und sieghaft macht in einer Welt, die deutsches Wesen haßt."[244]

Der Körnerstein in Büchen war ursprünglich an der Westseite unterhalb der Marienkirche aufgestellt. In den 1970er Jahren erfolgte die Umsetzung des Denkmals auf eine Grünfläche an der Einmündung der Theodor-Körner-Straße in die Gudower Straße. Nach der Einweihung der Priesterkate in Büchen-Dorf als Kulturzentrum hat der Stein dort auf dem Vorplatz seinen aktuellen Aufstellungsort erhalten.

In Ratzeburg schließlich weist eine Tafel am Haus Domstraße 18 auf den Aufenthalt Theodor Körners in der Inselstadt hin. Hier soll Körner seinen letzten Brief geschrieben

Märzfeier 1913

Plakat zur Hundertjahrfeier: Im März 1913 feierte Hamburg die „100 Jahre zuvor" (Heimatbund und Geschichtsverein Herzogtum Lauenburg, Bezirksgruppe Geesthacht)

Festumzug in Mölln im Jahre 1913 (StA Mölln)

haben. Die Ratzeburger Bezirksgruppe des Heimatbundes und Geschichtsvereins Herzogtum Lauenburg ließ 1964 durch den Maler und Graphiker Hans Bunge-Ottensen eine Tafel aus Eichenholz anfertigen und am Haus anbringen, die folgenden Text trug: „Theodor Körner-Haus. Hier schrieb der 22jährige Dichter als Leutnant im Lützower Freikorps den letzten Brief am 18.8.1813. 8 Tage später opferte er bei Gadebusch sein Leben für das Vaterland."[245] Nachdem die inzwischen verwitterte Tafel abgenommen worden war, ist sie durch eine neue mit verändertem Text ersetzt worden: „Theodor Körner-Haus. Hier schrieb während des Befreiungskrieges gegen die napoleonische Herrschaft der Dichter und Leutnant im Lützower Freikorps Theodor Körner am 18.8.1813 seinen letzten Brief. Acht Tage später wurde Körner in einem Gefecht bei Gadebusch tödlich verwundet."

Das südliche Holstein
Carsten Walczok

Während der Kreis Herzogtum Lauenburg voll von Denkmälern und historischen Orten ist, sieht die Situation im Land nördlich der Bille ganz anders aus; hier ist die Dichte wesentlich geringer als im Lauenburgischen. Die Gründe dafür liegen auf der Hand: Das Herzogtum Holstein unterstand der dänischen Verwaltung, Dänemark aber war mit Frankreich verbündet, somit stellte sich das Jahr 1813 für die Schleswig-Holsteiner in völlig unterschiedlicher Art und Weise dar als etwa für die Lauenburger.

Die sogenannten „Franzosenbrücken"

In Kirchsteinbek findet sich eine Brücke, die in der gleichen Bauart errichtet wurde wie die in Reinbek. Zwar gehört Kirchsteinbek heute zu Hamburg, doch 1813 war der Ort noch ein kleines Kirchdorf in Holstein. Die Brücke über den Schleemer Bach bildete allerdings damals schon einen wichtigen Punkt auf dem Weg nach Hamburg. König Christian VII. ließ diese Brücke, wie die Brücke in Reinbek, um 1802 errichten.

Diese Brücken waren erste wenige Jahre vor Kriegsbeginn errichtet worden und heißen im Volksmund „Franzosenbrücken". Sie queren die Flüsse Schleeme und Bille (Carsten Walczok)

Das Besondere an der Brücke in Reinbek war allerdings, dass hier die Bille die Grenze zwischen dem Herzogtum Holstein und dem Herzogtum Lauenburg darstellte und damit die Grenze zwischen dem dänischen Gesamtstaat im Norden und dem zu Großbritannien „gehörenden" Staat Kurhannover bildete.

Welche Rolle die beiden Brücken in der „Franzosenzeit" jeweils gespielt haben, ist ungewiss. Vermutlich haben sie sich in der kollektiven Überlieferung der Menschen in der Region nur durch ihre massive Bauweise und ihr Baudatum so kurz vor der als „Franzosenzeit" in Erinnerung gebliebenen Zeitspanne als „Franzosenbrücken" im Gedächtnis verankert.

Reitergefecht von Siek

Diese Grabplatte an der Kirche zu Siek ist erst im 20. Jahrhundert auf Betreiben von Dänemark dort angebracht worden.

Die bronzene Tafel an der Kirche in Siek (Kreis Storman) erinnert an den Reiterkampf vom Nikolaustag 1813 (Carsten Walczok)

Anna Lühring

An diese Frau, die im Freikorps Lützow am Kampf gegen Napoleon teilnahm, erinnern heute unter anderem die Anna-Lühring-Straße in ihrer Geburtsstadt Bremen und der Anna-Lühring-Weg in Hamburg, wo sie 1866 verstarb. Ihr Grab befindet sich auf dem Alten Hammer Friedhof in Hamburg-Hamm. Die heutigen Hamburger Stadtteile Horn und Hamm lagen 1813 noch vor der Stadtmauer.

Grabstein einer Kämpferin des Lützower Freikorps – Anna Lühring (Carsten Walczok)

Der Höhlenkrug in Bad Segeberg

Auf seinem Marsch nach Norden machte der Kronprinz von Schweden, Marschall Bernadotte, zeitweilig den Ort Segeberg zum Hauptquartier seiner Invasionsarmee. Er selbst wohnte für die Dauer seines Aufenthaltes in dem heute als „Höhlenkrug" bekannten Haus in der Lübecker Straße. Damals war es das Haus des Postmeisters Koch. Die Dauer des tatsächlichen Aufenthalts des Kronprinzen in diesem Haus ist unsicher, es kann sich aber nur um einige Tage oder Wochen im Dezember gehandelt haben.

Das 1789 errichtete Gebäude steht gegenwärtig leer und ist vom Abbruch bedroht. Den Höhepunkt seiner rund 225-jährigen Geschichte bildete zweifellos der Dezember 1813.

In diesem Haus in Bad Segeberg stieg der Kronprinz von Schweden im Dezember 1813 ab (Carsten Walczok)

In Lübeck befindet sich der Gedenkstein für den von den Franzosen hingerichteten Fleischermeister Jürgen Paul Prahl. Er wurde am 7. Juli 1813 standrechtlich erschossen. Vorausgegangen waren Prahls Streit mit einem französischen Offizier und ein kurzer Prozess vor einem Militärtribunal. 1820 wurde zur Erinnerung an Prahl dieses Denkmal errichtet. Im Zuge der Bauarbeiten am Elbe-Lübeck-Kanal ist es etwas versetzt worden. Näheres zu Prahl im Beitrag von Michael Hundt über Lübeck 1813.

Gedenkstele für den Fleischermeister Prahl aus Lübeck (Michael Hundt)

Die Hundertjahrfeiern des Jahres 1913 im Kreis Herzogtum Lauenburg

Christian Lopau

„In unsere Hand ist es gegeben, dem großen Geschlechte, das hier blutete, die Unsterblichkeit zu sichern, wenn wir uns bewahren den tapferen, treuen, vaterländischen Geist der Väter und diesen Geist fortbilden mit der wachsenden Zeit und ihren wachsenden Forderungen."[246] Mit diesem Zitat des Historikers Heinrich von Treitschke schließt der Bericht im „Lauenburgischen Haushaltungs-Kalender" des Jahres 1914 über die Möllner Hundertjahrfeier am 27. Juli 1913, mit der an die Ereignisse des Jahres 1813 erinnert werden sollte. Aus den zahlreichen Gedenkfeiern des Jahres 1913 ragt dieses Fest mit 2000 Mitwirkenden und über 4000 Zuschauern deutlich heraus. Aber auch in vielen anderen Orten des Kreises fanden Veranstaltungen statt, bei denen der „Freiheitskampf unserer Vorfahren" gefeiert wurde.[247] Das Zitat macht es deutlich: Es ging dabei nicht nur um die Erinnerung an ein historisches Ereignis, sondern auch darum, den „Geist des Jahres 1813" erneut zu wecken und für die „Herausforderungen" des Jahres 1913 dienstbar zu machen. Durch die Hundertjahrfeiern wurden eher geschichtliche Mythen transportiert als Bilder historischer Ereignisse. Die Interpretation der Vergangenheit vermittelte gleichzeitig eine Reihe von Werten und Haltungen, die nicht nur als Grundlage des Sieges im Jahre 1813 gefeiert, sondern auch als Voraussetzung für die Bewältigung gegenwärtiger Aufgaben propagiert wurden.

Die „Lehren des Jahres 1813"

Im Zeichen des Rückblicks auf das Jahr 1813 standen bereits die Feiern zum Geburtstag von Kaiser Wilhelm II. am 27. Januar 1913, der in jenem Jahr auch sein 25-jähriges Regierungsjubiläum begehen konnte. In Ratzeburg erinnerte Landrat Dr. Mathis in seiner Rede vor den 125 geladenen Gästen im „Schützenhof" an die „große Zeit vor 100 Jahren", aus der es für die Gegenwart zu lernen gelte.[248] In dieser Festrede ist das Interpretationsmuster für die historische Entwicklung von der Niederlage bei Jena und Auerstedt im Jahre 1806 bis zur „Völkerschlacht" bei Leipzig 1813 bereits vorgezeichnet.

Der historische Rückblick setzt bei Friedrich II. ein, der Preußen zu einer Machtstellung innerhalb Europas geführt habe. Doch: „Zu lange hatte Preußen auf den Lorbeeren des großen Königs geruht. Seine Regierung und seine Männer waren den gewaltigen Aufgaben, die eine neue Zeit in neuen Formen forderte, nicht gewachsen. Das höchste Ziel der preußischen Politik war nicht mehr jene machtvolle, achtunggebietende Offensive eines Friedrichs, sondern eine Politik der Wahrung der Neutralität." Eine solche Politik des „Verharren[s] und beschauliche[n] Abwarten[s]" sei für das „faszinierende Genie des Korsen" wie eine Einladung gewesen. Ursache für die Schwäche Preußens sei „jene untätige Ruhe" gewesen, „die sich im erreichten Erfolge sonnt und weitere Anspannung scheut". Warnend zieht Mathis die Parallelen zur Gegenwart des Jahres 1913, in der man sich „in jahrzehntelanger Friedenszeit an Bequemlichkeit und Wohlleben gewöhnt" habe.

Die „Jahre der tiefsten Demütigung" während der Besatzungszeit hätten katharische Wirkung gehabt. Diese innere Läuterung sei Voraussetzung für die äußere Befreiung gewesen. Diese Zeit habe „ein Geschlecht reifen lassen, das in einem Kant und Schleiermacher die höchsten Begriffe einer sittlichen Persönlichkeit erstehen ließ. Das Bewußtsein der ehernen Pflicht und rückhaltslosesten Wahrhaftigkeit, das jene Männer unserem Volk predigten, gab ihm die innere Kraft, die übermächtigen Fesseln zu sprengen."

Die Mahnung, die hinter der Rede des Landrates steht, ist deutlich: Die Abkehr von einer Politik der Stärke und der Offensive habe 1806 zur Niederlage Preußens und zum Verlust der Errungenschaften Friedrichs II. geführt. Genauso könne eine defensive Haltung die Position des Deutschen Reichs im Jahr 1913 gefährden. Das deutsche Volk verdanke seine Machtstellung nicht dem Zufall, sondern sie sei „auf den Schlachtfeldern erkämpft [...] mit dem Blut seiner Väter." Der Landrat bezieht damit Stellung gegen diejenigen, „die einem falschen Frieden das Wort reden" und gegen jene, die „zu predigen versuchen: es gibt kein Vaterland, es gibt keine Nation, wir sind alle gleich und Brüder." Die Zielrichtung gegen die Sozialdemokratie, die „vaterlandslosen Gesellen", wird deutlich.

Öffentliche Veranstaltungen zur Hundertjahrfeier

Die Veranstaltungen zum Geburtstag Wilhelms II. waren der Auftakt zu zahlreichen Feiern zum Gedenken an die Ereignisse des Jahres 1813, die sich im Kreis Herzogtum Lauenburg auf drei Zeiträume konzentrierten. Im März wurde vor allem der „Erhebung Preußens" gedacht. Die historischen Daten waren der 10. März als Geburtstag der Königin Luise und Tag der Stiftung des Eisernen Kreuzes und der 17. März, an dem der Aufruf Friedrich Wilhelms III. „An mein Volk" erlassen worden war. Ende Juli/Anfang August fanden die Feierlichkeiten in Mölln statt und im Oktober stand der Jahrestag der „Völkerschlacht" bei Leipzig im Mittelpunkt der Veranstaltungen.

Zentraler Ort für die Hundertjahrfeiern am 10. März 1913 war die Stadt Ratzeburg. Den Auftakt bildeten Schulfeiern des Gymnasiums, des Lehrerseminars und der Fortbildungsschule. Zu einem Festgottesdienst in der St.-Petri-Kirche versammelten sich neben den Vertretern der Kreisbehörden, des Magistrats und des Stadtverordnetenkollegiums auch die Schulen und zahlreiche Bürger. Außerdem nahm das Lauenburgische Jäger-Bataillon am Vormittag an diesem Festgottesdienst teil und marschierte anschließend zum Exerzierplatz, wo gemeinsam mit den Militärvereinen der Stadt Paradeaufstellung genommen wurde. Nach einer Ansprache des Bataillonskommandeurs Oberstleutnant Ebeling kehrte man in die Stadt zurück. Die Feiern wurden am Abend mit einem Fackelzug durch die festlich beleuchtete Stadt und mit einem patriotischen Festkonzert des Musikkorps des Jägerbataillons sowie der Gesangvereine „Liedertafel" und „Feierabend" im Saal des Hotels „Fürst Bismarck" abgeschlossen.

Der Gottesdienst in St. Petri wurde von Pastor Löwe gehalten. Die „Lauenburgische Zeitung" gab die wesentlichen Gedanken der Predigt in ihrem Bericht wieder: „Der Gedankengang der Festpredigt war ungefähr folgender: Dieses Jahr sei der Erinnerung geweiht und es komme darauf an, aus der Zeit vor 100 Jahren das herauszufinden, was für unsere Gegenwart von bleibendem Werte sei. Dies sei vor allem die opferfreudige Liebe zum Vaterlande. […] Deutschlands Größe war die große Liebe, hinter dieser aber stand der Glaube. Heute sei die Weltlage eine andere, aber die Opfer, die sie fordere, seien keine geringeren, als vor 100 Jahren. Dieses Opfern müßte aber auch das menschliche Leben befestigen und es müßte das Grundgesetz unseres Lebens sein ‚ich will dienen, so lange ich kann.‘"[249]

Die „Lauenburgische Zeitung" widmete dem Jubiläum zudem einen Leitartikel, in dem vor allem „Patriotismus und Treue zum angestammten Herrscherhause" als „ideale Charaktereigenschaften" herausgehoben werden, „die der Radikalismus unseres Jahrhunderts so gern erniedrigt".[250]

Neben den größeren Festakten, zu denen in Ratzeburg und Mölln Hunderte von Menschen zusammenkamen, gab es zahlreiche kleinere Veranstaltungen und Erinnerungsfeiern. Vorträge nahmen sich des historischen Ereignisses an. So referierte Konsistorialrat Ohl vom Bürgerverein in Ratzeburg über Generalfeldmarschall Gneisenau.

Besonders zu erwähnen sind die Schulfeiern, durch die letztlich die gesamte Schuljugend erreicht wurde. Schulfeiern aus Anlass historischer Gedenktage bildeten im Kaiserreich einen wichtigen Bestandteil des schulischen Lebens. Jährlich kehrten die Feiern und Gedenktage zum Geburtstag von Kaiser Wilhelm II., zur Erinnerung an den Sieg bei Sedan im Deutsch-Französischen Krieg von 1870/71 und zu den Geburts- und Sterbetagen von Wilhelm I. und Friedrich III. wieder. Weitere Anlässe für Feiern gaben Geburts- oder Sterbetage historischer Persönlichkeiten, Ereignisse oder Gedenktage, die mit der kaiserlichen Familie oder der Hohenzollerndynastie in Verbindung standen, sowie militärische Ereignisse. Diese Feiern dienten dazu, die Schüler zur Vaterlandsliebe und zur Treue gegenüber der Monarchie zu erziehen.

Zum 25-jährigen Regierungsjubiläum des Kaisers und zum Tag der Stiftung des Eisernen Kreuzes fiel an allen Schulen Preußens der Unterricht aus. Anlässlich der Schulfeiern wurden eigens verfasste Festschriften als Prämien an Schüler verteilt. Auch der Jahrestag der „Völkerschlacht von Leipzig" im Oktober 1913 wurde entsprechend gewürdigt. Die aus vielen Dorfschulen des Kreises noch erhaltenen Schulchroniken belegen, dass diese Feiern auch im Lauenburgischen überall abgehalten wurden.

In Kittlitz wurde vor allem der Jahrestag der „Völkerschlacht" gefeiert: „Das Jahr 1913 war das Jahr der Erinnerungsfeiern an die Ereignisse der Befreiungskriege von 1813. Eine besondere Feier fand am 18. Okt. statt. Um 9 Uhr begann dieselbe in der Schule. Sie wurde durch das Lied ‚Ach bleib' mit deiner Gnade bei uns' eröffnet. Nach einer Rede des Lehrers über die Ereignisse des Jahres 1813 und besonders die Schlacht bei Leipzig, ging er weiter auf die Tugenden ein, die das preußische Volk befähigte, das fremde Joch abzuschütteln. Nach der Ansprache wurde ‚Es braust ein Ruf wie Donnerhall' gesungen. Die Feier schloß mit dem Liede ‚Lobe den Herren'."[251]

An der „Lauenburgischen Gelehrtenschule" in Ratzeburg wurde anlässlich der Völkerschlachtfeier am 25. Oktober 1913 Paul Heyses historisches Schauspiel „Kolberg" von Schülern aufgeführt. Schauplatz der Handlung ist das 1807 von den französischen Truppen belagerte Kolberg. „Ergreifend" sei in diesem Stück der „Sieg des ersten, opferfreudigen Patriotismus über den sentimentalen Kosmopolitismus" dargestellt.[252]

Die Hundertjahrfeier in Mölln

Die größte Hundertjahrfeier im Kreis Herzogtum Lauenburg in Mölln zu veranstalten lag nahe, da, wie oben dargestellt, die nähere Umgebung Möllns im Jahr 1813 Schauplatz zweier Gefechte war.[253] Schon im Frühjahr hatte ein Festzugskomitee unter der Leitung des Kaufmanns Wilhelm Kiehn, der auch die Regie des Festspieles übernommen hatte, alle Interessenten und Förderer zu einer Besprechung eingeladen.

Zur Hundertjahrfeier waren die Häuser der Stadt mit Girlanden, Fahnen und Wimpeln geschmückt worden. Den Auftakt der Feier am Sonntag, dem 27. Juli 1913, bildete ein historischer Festzug mit rund 2000 Teilnehmern, von denen 500 in historischen Kostümen durch die Stadt zogen. Einer Ansprache des Möllner Bürgermeisters Oetken folgte die Enthüllung einer Gedenktafel für die bei Mölln gefallenen Angehörigen der Hanseatischen Legion.

Der „Geist des Jahres 1813" wurde auch in der Schilderung der Möllner Hundertjahrfeier beschworen, wenn etwa der „Lauenburgische Haushaltungs-Kalender" die Gruppe des Festzuges beschreibt, „in welcher sich das deutsche Volk wieder auf sich selbst besinnt, sich wie ein Mann erhebt und eine Vaterlandsliebe und Opferfreude bezeigt, wie sie beispiellos in der Geschichte dasteht […], wahrlich ein ergreifendes Bild, der Nachahmung wert, wenn es einst die Notwendigkeit erfordern sollte."[254]

„Vergeßt die treuen Toten nicht" – Theodor Strassers „Vaterländisches Festspiel"

Ein Höhepunkt der Möllner Hundertjahrfeier war die Aufführung eines eigens für die Feierlichkeiten geschriebenen Festspiels, das die Stadt Mölln bei seinem Verfasser Theodor Strasser in Auftrag gegeben hatte.[255] Der Titel stammt aus einem Gedicht Theodor Körners, den der Autor neben anderen historischen Persönlichkeiten in seinem Stück auftreten lässt. Auch „Turnvater" Jahn und der Möllner Pastor Draeseke wurden als Figuren aufgenommen. Strasser hat sein Festspiel in drei „Bilder" gegliedert. Die Ereignisse aller drei Bilder verlegte der Autor in das Hohe Holz, also an den Schauplatz der Aufführung.

Der „Lauenburgische Haushaltungs-Kalender" würdigt Strassers Stück als „begeisternde Worte, die von einem schlichten Dichterherzen kommen und zu ungezählten schlichten Volksherzen sprechen […]. Wir benötigen solcher Momente [!] zur inneren Klärung und Festigung in einer Zeit, in der es mehr als je auf uns eindringt an hypermodernen Ideen und Stürmen, die unsere Herzen zu erschüttern suchen. Es erfreut deshalb doppelt, daß wir in der Handlung so vielen kreuzbraven Menschen begegnen, denen die Liebe zur angestammten Heimat und zum Vaterlande, aber auch die Liebe zu ihren Führern über alles geht."[256]

Nachwirkungen

In den Erinnerungsfeiern des Jahres 1913 war die Kriegsbereitschaft zumindest implizit immer wieder eingefordert worden. Fast genau ein Jahr nach der Möllner Hundertjahrfeier begann dann der Erste Weltkrieg. Die Festveranstaltungen hatten einen großen Teil der Bevölkerung erreicht, die Ereignisse des Jahres 1813 waren in einer Weise interpretiert worden, die es möglich machte, zur inneren Mobilisierung im Jahre 1914 darauf zurückzugreifen.

In der einleitenden Betrachtung des „Lauenburgischen Haushaltungs-Kalenders" für 1915 zum Beginn des Ersten Weltkrieges klingen die Motive der Gedenkfeiern des Jahres 1813 noch einmal an; Einheit und Einigkeit sowie Opferbereitschaft werden dabei besonders herausgestellt:

„Alle Parteiunterschiede hörten auf, ein einig Volk von Brüdern, scharte sich das deutsche Volk um seinen Kaiser, seine Fürsten [...] das öde Parteigezänke, die Feindschaft gegen Kirche und Religion muß endgültig beseitigt sein. Unser Volk hat sich beim Ausbruche des Krieges unter Gottes allmächtige Hand gebeugt, und Gott hat sich offenbar zu unserem Volk bekannt. Und wie jetzt der Bauer neben dem Gelehrten, der Sozialist neben dem Bürger, der Prinz neben dem Arbeiter für deutsche Freiheit, für deutsches Familienleben, für germanischen Geist kämpft und blutet, so sollen, wills Gott, im bald wieder hergestellten, ehrenvollen Frieden alle Klassen zusammenstehen für unsern edlen, reichen Nationalbesitz, für innere und äußere Güter, die dem allgemeinen Fortschritt und Aufstieg der Menschheit dienstbar sind. [...] Wie ein Mann stehen alle,

alle zusammen, füreinander. Zusammengeschweißt durch gemeinsame Not, durch dasselbe Vaterlandsgefühl, einheitlich, brüderlich geschlossen, pflichtergeben, gerecht, tapfer, aufrecht, hoch erhoben über den Tagesstreit der Jahre, der wir Spreu im Winde dahinstob, nimmt unser Volk dies Gottesgericht auf sich. Innerlich geläutert steht es ein Riese da: Heilig ernst ist seine Stimmung – Altarstimmung. Auch die daheim zu jedem Opfer gern bereit. Die Stein und Arndt, die Fichte und Schleiermacher, die Bismarck und Moltke, sie können ihr Volk nicht anders haben wollen. Es ist wert der Väter und Großväter von 1870 und 1813. Wir wissen, wir fühlen es, ein solches Volk ist unbesiegbar."[257]

Resümee

Für die Hundertjahrfeiern des Jahres 1913 gilt, was Günter de Bruyn in seinem Buch über die preußische Königin Luise über die immaterielle Macht kollektiver Mythen im Europa des 19. Jahrhunderts schreibt, „wo sie das Entstehen der Nationalstaaten beförderten oder zu ihrer Erhaltung beitrugen, indem sie festlegten, in welcher Weise die Vergangenheit im Sinne der Gegenwart und der Zukunft zu sehen war. Mythen waren Hilfsmittel zu Identitätsfindung und damit zur Abgrenzung von anderen Gemeinschaften, meist von feindlichen, die die eigene unterdrückten, bedrohten oder zu bedrohen schienen, so dass Einheit auch durch Gemeinsamkeit von Feindschaft entstand."[258]
Sie stellten darüber hinaus Preußen mit der Hohenzollerndynastie an der Spitze als den Staat heraus, der die führen-

de Rolle bei der Befreiung von der napoleonischen Herrschaft gespielt habe. Hieraus lässt sich in der Rückschau eine Bestätigung für die „deutsche Sendung" Preußens ableiten. Der Mythos des Jahres 1813 wird Teil des historischen Fundaments, auf dem das Deutsche Kaiserreich von 1871 in seiner preußischen Prägung ruht. Gerade für ein noch relativ junges Staatsgebilde musste die Betonung solcher historischen Grundlagen von großer Bedeutung sein. In den Reden zu den Erinnerungsfeiern dokumentiert sich zum Dritten auch eine innenpolitische Funktion. Ob deutlich ausgesprochen oder nur angedeutet, findet sich die Gegenüberstellung von Patriotismus und Treue zum Herrscherhaus einerseits und Internationalismus und Radikalismus der Sozialdemokratie andererseits. Erstere werden als Garanten des Sieges und der Stärke der eigenen Nation herausgestellt, Letztere als Ursachen für Niederlage und Schwäche verworfen. Da die vorliegenden Berichte fast ausschließlich aus der bürgerlich-konservativen Presse stammen, sind kritische Stimmen kaum auszumachen.[259]

Schließlich fällt auf, wie sehr in den Festansprachen auf kommende Herausforderungen Bezug genommen wurde. Der Rückbezug auf die Mythen des Jahres 1813 zu Beginn des Krieges zeigt, wie sehr die Hundertjahrfeiern einer Einstimmung auf den heraufziehenden Krieg dienen konnten. Die Kriegspropaganda des Jahres 1914 fand in den Mythen des Jahres 1813 reichlich Anknüpfungspunkte.

4. „Verschiedene Acten betr. die napoleonischen Kriege" – Die archivische Überlieferung zum Krieg 1813 in Schleswig-Holstein

Jörg Rathjen

Die vorangegangenen Beiträge haben ein facettenreiches Bild vom militärischen Geschehen der Jahre 1813/1814 präsentiert. Wie jede Geschichtsschreibung basieren auch diese Texte auf der Auswertung von Quellen. Wer nach der Lektüre das Interesse hat, selbst zum Thema zu arbeiten, wird sich die Frage stellen, wo die entsprechenden Quellen zu finden sind. Der folgende Beitrag möchte darauf eine Antwort geben, indem er sich als Wegweiser versteht, der überblicksartig den Zugang zu den zahlreichen archivalischen Quellen zum Thema „Krieg 1813" aufzeigt.

Für die allermeisten Bewohner im Gebiet des heutigen Schleswig-Holstein waren nach den jahrzehntelangen friedlichen Verhältnissen die napoleonischen Kriegs- und Besatzungszeiten zu Beginn des 19. Jahrhunderts ein einschneidendes Erlebnis, das sich tief in die Erinnerung einbrannte. Einige verarbeiteten das, was sie erlebt hatten, Jahre später in Memoiren. Andere verfassten Chroniken, die ausführlich über den lokalen Verlauf der Truppenzüge und Einquartierungen sowie über Belastungen und Reaktionen der betroffenen Menschen in den Städten oder auf dem flachen Land berichten. Diese mitunter im Druck vorliegenden Dokumente stellen für uns eine unschätzbar wertvolle Informationsgrundlage dar. Sie bilden aber nur eine vergleichsweise kleine Quellengruppe. Weitaus umfangreicher als solche persönlichen Dokumente ist hingegen das Schriftgut der zeitgenössischen Verwaltung überliefert. Ihre schriftliche Hinterlassenschaft ist das eigentliche Fundament, auf dem unser Wissen über die damaligen Umstände gründet.

Krieg und Besatzung stellten insbesondere das lokale Verwaltungspersonal vor ungewohnte und schwierige Herausforderungen. Die Beamten vor Ort agierten im Spannungsfeld zwischen Bevölkerung, vorgesetzten Behörden und Militär, was häufig zu Reibungen und Auseinandersetzungen führte. Zudem wuchsen ihnen mit der Anwesenheit der Truppen in ihren jeweiligen Distrikten weitere umfangreiche Aufgaben zu. Truppendurchzüge und Einquartierungen mussten organisiert sowie Pferdelieferungen, Fuhren oder andere militärische Requisitionen einigermaßen gerecht unter der Bevölkerung verteilt werden. Außerdem hatten die Beamten Beschwerden der Untertanen über Vergehen der Soldaten sowie Klagen der Offiziere über zu Kriegsleistungen unwillige Bewohner zu regeln und daraus entstandene Konflikte zu schlichten. Über all dies wurden Berichte abgefasst und an die vorgesetzten Behörden übermittelt. Und schließlich oblag es den Beamten vor Ort, genaue Schadens- und Kostenverzeichnisse anzulegen, um höheren Verwaltungsinstanzen einen Überblick über die Belastungen zu ermöglichen und um eine Grundlage für spätere Ersatzansprüche zu haben. Mögen die Lokalbeamten auch über die große Arbeitsbelastung und den damit verbundenen immensen „Schreibkram" gestöhnt haben, sind wir heute doch dafür dankbar, dass sie zur Erledigung ihrer zahllosen Pflichten so viel Papier beschreiben mussten. Eine Vielzahl von Verwaltungsunterlagen gelangte nämlich in die schleswig-holsteinischen Archive und hat auf diese Weise die Zeiten überdauert. Für die Nachwelt ergibt sich daraus der erfreuliche Umstand, dass eine breitgefächerte Überlieferung existiert, die es uns erlaubt – wie die Beiträge dieses Buches eindrucksvoll aufzeigen –, über zahlreiche Aspekte der Napoleonischen Kriege in Schleswig-Holstein zu forschen.

Doch bevor man sich in die spannende Arbeit an den archivalischen Quellen stürzt, um mit Ausdauer, einer gehörigen Portion detektivischem Spürsinn und interpretatorischem Geschick die authentischen Zeugnisse vergangener Zeiten auszuwerten, gilt es erst einmal, im Vorweg eine Hürde zu bewältigen: die Ordnungsstruktur deutscher Archive. Diese orientiert sich nämlich nicht an Sachbetreffen, wie man es etwa von den meisten Bibliotheken her gewohnt ist. Sie beruht auf der Herkunft des Archivguts, also zumeist Behörden, deren Akten im Archiv einen eigenen Bestand bilden. Am Anfang der Recherche ist es daher sinnvoll, sich zu informieren, welches Archiv für welches Schriftgut zuständig ist.

Je nach Fragestellungen kann es sein, dass man mehrere Archive anfragen oder aufsuchen muss.[260] Einen großen Teil der für das Thema „Krieg 1813 in Schleswig-Holstein" in Frage kommenden Quellen verwahrt das Landesarchiv Schleswig-Holstein, untergebracht im repräsentativen Prinzenpalais in Schleswig. Nähert man sich dem Thema „1813" mit regional- oder ortsgeschichtlichem Interesse, sollte im Landesarchiv am besten zuerst die Überlieferung der lokalen Verwaltung, also der Ämter, Landschaften sowie der Klöster und adligen

Güter – sofern beide letzteren im Landesarchiv befindlich[261] – konsultiert werden. In diesen Beständen findet sich in der Regel das umfangreichste und aussagekräftigste Material über die jeweiligen örtlichen oder regionalen Ereignisse und Zustände in jenem bewegten Zeitraum. Um zu verdeutlichen, welche Archivalien sich in diesen Lokalbeständen finden lassen, soll ein Beispiel herausgenommen werden: Wer wissen möchte, was zur Zeit der Napoleonischen Kriege im Amt Gottorf geschehen ist, dem werden im Findbuch zum entsprechenden Bestand Abt. 168 (Ämter Gottorf und Hütten) unter dem Gliederungspunkt „Militaria" zwei Archivalieneinheiten mit den vielversprechenden Titeln „Acten betr. die napoleonischen Krieg[e]" und „Die Napoleonischen Kriege" mit der Laufzeit von 1805 bis 1844(!) ins Auge fallen (Abt. 168, Nr. 262 und 263). Es sind zwei umfangreiche Konvolute, deren Inhalte sich vor allem um die Aufbringung und Verteilung der Kriegslasten drehen. Vorhanden sind unter anderem Listen zu den Ausschreibungen von Korn-, Fourage-, Holz- und Torflieferungen sowie Verzeichnisse der Personen, die Pferde an die fremden Truppen abgegeben hatten; außerdem finden wir dort eine Aufstellung über den aus dem Amt Gottorf an die Belagerungsarmee vor Hamburg gelieferten Fuhrpark sowie eine Liste zur Umlage von Geldern für die Versorgung der Armee auf die Amtsuntertanen.

Hierbei handelt es sich, wie gesagt, nur um ein Beispiel von vielen. Denn solche unmittelbar auf die kriegerischen Geschehnisse bezogenen Akten befinden sich, wenngleich in unterschiedlicher Anzahl, in allen lokalen Beständen des Landesarchivs. Doch damit ist die Palette an archivalischen

Quellen der lokalen Verwaltungsebene, die zum hier behandelten Thema herangezogen werden können, keineswegs erschöpft. Wer sich nämlich nicht nur für die Ereignisse und ihre unmittelbaren Folgen interessiert, sondern auch den mittel- bis langfristigen sozialen und wirtschaftlichen Auswirkungen nachgehen will, für den ist es unerlässlich, neben den Schadenslisten und Kriegskostenverzeichnissen noch Amts- und Landschaftsrechnungen, Steuerlisten, Schuld- und Pfandprotokolle oder Kontraktenprotokolle aus jenem Zeitraum auszuwerten. Und darüber, wie sich die materiellen, aber auch die enormen psychischen Belastungen der Kriegszeit auf das menschliche Miteinander in den Dörfern auswirkten, lassen sich womöglich aus Gerichtsprotokollen interessante Einblicke gewinnen.

Um die aus diesem Material gewonnenen Erkenntnisse zu den örtlichen Verhältnissen zu vertiefen, lohnt eine Recherche in Beständen von Behörden der oberen Verwaltungsebenen. Die beiden in den Herzogtümern Schleswig und Holstein ansässigen obersten königlichen Verwaltungs- und Justizbehörden waren zu dieser Zeit, also zu Beginn des 19. Jahrhunderts, das Obergericht auf Gottorf und das Holsteinische Obergericht in Glückstadt. Das Landesarchiv verwahrt die schriftliche Überlieferung dieser Behörden in Abt. 13 (Obergericht Gottorf) und Abt. 11 (Regierungskanzlei/Obergericht Glückstadt), und hier findet man durchaus eine Reihe von Quellen mit lokalem Bezug. So lassen sich etwa im Archiv des Gottorfer Obergerichts aus einer Akte Informationen über den Ersatz der Kriegsschäden im Dorf Kropp entnehmen (Abt. 13, Nr. 1590) und im Bestand des

Obergerichts in Glückstadt liegen unter der Signatur Abt. 11, Nr. 6623 Berichte zur Einquartierung russischer Truppen in der Blomeschen Wildnis. Beide Beispiele, dies sei noch einmal betont, stehen hier nur stellvertretend für weitere Archivalien zum Krieg 1813 in diesen zwei Beständen.

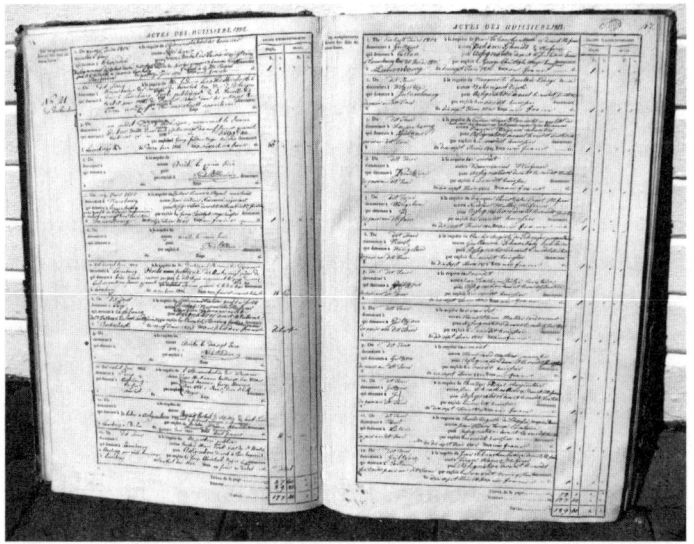

Französisch als Amtssprache im Departement der Elbmündungen. Das Ehestandsregister der Stadt Lauenburg/Elbe, 1810–1813 (Stadtarchiv Lauenburg/Elbe)

Über den beiden Obergerichten standen an der Spitze der königlichen administrativen Hierarchie die Deutsche Kanzlei und die Rentekammer, beide mit Sitz in Kopenhagen. Im Landesarchiv befinden sich die umfangreichen Überlieferungen dieser Zentralbehörden in Abt. 65.2 (Deutsche Kanzlei ab

1730) und in Abt. 66 (Rentekammer). Der Bestand der Deutschen Kanzlei beinhaltet eine ganze Reihe von Archivalien zu allgemeinen und speziellen Angelegenheiten der napoleonischen Kriegsjahre. Für unser Thema hält beispielsweise Nr. 6755/6756 „Kontinentalsperre, Kaperei und sonstige Angelegenheiten im Krieg, 1803–1819" relevantes Material bereit. Ganz besonders hinzuweisen ist zudem auf die zusammenfassenden Berichte und Verzeichnisse über die Kriegsschäden im Herzogtum Holstein (Abt. 65.2, Nr. 8094–8097; die entsprechenden Quellen für das Herzogtum Schleswig liegen hingegen im Reichsarchiv Kopenhagen)[262]. Aber auch wer etwas über andere Aspekte der Kriegszeit, wie beispielsweise Holzdiebstahl, Medizinalwarenhandel oder die Störung der Schifffahrt und des Handels, erfahren möchte, wird im Bestand der Kanzlei fündig.

Gleichfalls wertvoll ist die archivische Überlieferung der Rentekammer. Entsprechend ihres umfassenden Aufgabenbereichs im – grob gesprochen – Land-, Wirtschafts- und Finanzwesen befinden sich in der entsprechenden Abt. 66 des Landesarchivs zahlreiche Quellen, die vorrangig über materielle Kriegslasten sowie Kriegsschäden und deren Vergütung Auskunft geben.[263]

Die territoriale Zuständigkeit der oben erwähnten Behörden der mittleren und obersten Verwaltungsebene erstreckte sich freilich nicht auf alle Gebiete des heutigen Bundeslandes Schleswig-Holstein. Das Herzogtum Lauenburg war Bestandteil des Kurfürstentums Hannover. Wer sich für die Lauenburg betreffenden Angelegenheiten des Krieges interessiert, wird im Landesarchiv daher Abt. 210 (Lauenburgische Regierung zu Ratzeburg) heranziehen müssen. Ebenfalls nicht zu Holstein gehörig, sondern mit dem Herzogtum Oldenburg verbunden war das Fürstentum Lübeck mit dem Hauptort Eutin. Das Schriftgut der obersten Regierung im Fürstentum bildet im Landesarchiv den Bestand Abt. 260 (Regierung des Bistums, Fürstentums, Landesteils Lübeck zu Eutin). Die Findbücher zu diesen beiden umfangreichen Archivbeständen sind veröffentlicht und präsentieren eine große Anzahl von Archivalien zu den militärischen Ereignissen und ihren Auswirkungen.[264]

In den vorangegangenen Ausführungen war ausschließlich von den Beständen des Landesarchivs die Rede. Nun ist dieses zwar das größte und bedeutendste, aber nicht das einzige Archiv im Land. Wichtige Anlaufstellen sind darüber hinaus die Kommunalarchive. In manchem Kreisarchiv existieren mehr oder weniger umfangreiche Überlieferungen aus dem staatlichen und dem kommunalen Bereich aus der Zeit vor 1867. So verwahrt das Kreisarchiv Nordfriesland, um nur ein Beispiel heranzuziehen, das Archiv der Landschaft Eiderstedt samt ihrer Kirchspiele aus dem vorpreußischen Zeitraum. Nicht übersehen werden sollten bei der Suche nach Quellen zudem die Amts- und Gemeindearchive. In den Überlieferungen und Sammlungen, die diese überwiegend kleineren Kommunalarchive verwahren, lassen sich mitunter wahre Schätze entdecken, wie etwa persönliche Aufzeichnungen oder Rechnungsbücher aus den Kriegszeiten.

Wer hingegen das Thema aus stadtgeschichtlicher Perspektive bearbeitet, findet die entsprechenden Quellen zum überwiegenden Teil in den jeweiligen Stadtarchiven. Auch dort lässt sich oftmals überaus interessantes und aussagekräftiges Material zu den Vorgängen 1813/14 ermitteln, so zum Beispiel Einquartierungslisten und Verpflegungsverzeichnisse oder Berichte der Magistrate über besondere Vorkommnisse.[265]

Neben den bislang vorgestellten staatlichen und kommunalen Archiven gibt es noch eine weitere Gruppe von Archiven, die man bei der Quellenermittlung zum Thema, und hier besonders bei lokalgeschichtlichen Studien, einbeziehen sollte – und zwar die der Kirchengemeinden. Man findet dort mitunter Kirchenchroniken, in denen Pastoren die Ereignisse in ihrem Kirchspiel für die Nachwelt festhielten und die somit einen tiefen Einblick in die Begebenheiten und Auswirkungen der Kriege auf Kirchspielebene erlauben.

In diesem Rahmen konnten die Ausführungen nur einen knappen Überblick über die archivische Überlieferung zum Krieg 1813 präsentieren. Der kleine Beitrag hat jedoch anhand einschlägiger Beispiele hoffentlich verdeutlichen können, wie gut und reichhaltig die Quellenlage zum Thema Napoleonische Kriege in den verschiedenen Archiven in Schleswig-Holstein ist – und viele Archivalien warten noch auf eine Auswertung durch die historische Forschung!

Bedeutende Akteure der Jahre 1813/1814

Alexander I. Zar von Russland (1777–1825)
Folgte 1801 seinem ermordeten Vater auf dem Thron. In seiner Regierungszeit stand Russland meist aufseiten der antinapoleonischen Koalition. Allerdings vermittelte er den Frieden von Tilsit mit Napoleon. Am Ende der Kriege war Russland zu einem Machtfaktor in Europa geworden.

Amandus August Abendroth (1776–1842)
Wurde 1811 von den Franzosen in Hamburg als Maire (Bürgermeister) eingesetzt. Zuvor saß er als Amtmann im Amt Ritzebüttel (heute Cuxhaven). Als im Februar 1813 ein Aufstand gegen die Franzosen losbrach, der nur mit Hilfe des dänischen Militärs aus Altona niedergeschlagen werden konnte, organisierte er eine Bürgerwehr. Abendroth engagierte sich in vielen Bereichen für die Bürger und die Belange der Stadt.

Michael Fürst Barclay de Tolly (1761–1818)
Russischer Feldmarschall und Kriegsminister; er modernisierte 1810 die russische Armee, wurde aber nach den Kämpfen um Smolensk von Kutusow im Oberkommando abgelöst.

Jean-Baptiste Bernadotte (1763–1844)
1804 zum Marschall von Frankreich ernannt, später jedoch in Ungnade gefallen. Ab 1810 Kronprinz Karl Johann von Schweden, von da an im Kampf gegen seinen einstigen Kaiser.

Gebhard Leberecht von Blücher (1742–1819)
Preußischer Feldmarschall; zog sich nach der Schlacht bei Jena und Auerstedt 1806 nach Lübeck zurück und wurde dort erneut geschlagen. Er kämpfte 1813 bis 1815 wieder gegen Frankreich. Blücher war bei seinen Soldaten sehr beliebt.

Erzherzog Carl Ludwig Johann Joseph Laurentius von Österreich (1771–1847)

Der Bruder des Kaisers bemühte sich, die kaiserlich-königliche Armee zu reformieren. 1809 gelang es Erzherzog Karl in der Schlacht von Aspern, Napoleon seine erste Niederlage auf dem Schlachtfeld zuzufügen.

Carl von Clausewitz (1780–1831)

Preußischer Stabsoffizier; trat nach dem preußischen Debakel von 1806 in russische Dienste. Nach 1815 Aufzeichnung der Abhandlung „Vom Kriege", die jedoch erst von seiner Witwe veröffentlicht wurde.

Louis-Nicolas Davout (1770–1823)

Französischer Marschall und sicherlich einer der fähigsten Offiziere Napoleons. Als Kommandant der Festung Hamburg verteidigte er diese noch, als Napoleon schon auf dem Weg nach Elba war. 1815 agierte er als Kriegsminister.

Friedrich VI. König von Dänemark und Norwegen (1768–1839)

Bestieg 1808 in der Nachfolge seines Vaters Christian VII. den Thron. Lange Zeit versuchte er, seinen Staat aus den Kriegen Napoleons herauszuhalten, trat aber letztlich an der Seite Frankreichs in den Krieg ein. Trotz seiner Bemühungen konnte er es nicht verhindern, dass Norwegen an Schweden abgetreten werden musste.

Friedrich von Hessen-Kassel (1771–1845)

Dänischer General und Kommandeur des Hilfskorps für Davouts 13. Korps; stellte sich später den Alliierten bei ihrem Angriff auf Schleswig-Holstein entgegen.

Friedrich Wilhelm III. (1770–1840)

König von Preußen (seit 1797). Friedrich Wilhelm war nicht wirklich am Kampf gegen das revolutionäre Frankreich interessiert und versuchte seinen Staat durch Neutralität aus den Kämpfen herauszuhalten; dennoch führte er Preußen 1806 in den Kampf mit Napoleon. Als Folge der Niederlage musste Preußen große Gebietsverluste hinnehmen. Nach 1812 führte er Preußen erneut in den Kampf gegen Frankreich.

August Wilhelm Anton Graf Neidhardt von Gneisenau (1760–1813)

Preußischer Generalfeldmarschall; verteidigte 1807 die Stadt Kolberg erfolgreich gegen die Franzosen. Später trat er neben Scharnhorst als Armeereformer auf und war ab 1813 Blüchers Stabschef.

Michail Kutusow (1745–1813)

Russischer Feldmarschall; kommandierte bereits 1805 in der Schlacht von Austerlitz die russischen Streitkräfte, befehligte die Armee des Zaren in Borodino und verfolgte Napoleons Armee auf ihrem Rückzug bis nach Deutschland.

Ludwig Adolf Wilhelm Freiherr von Lützow (1782–1834)

Preußischer Generalmajor; wurde in der Schlacht bei Jena und Auerstedt verwundet und floh in die Festung Magdeburg. Bei den Kämpfen um Kolberg 1807 lernte er Ferdinand von Schill kennen, der ihn mit dem sogenannten „kleinen Krieg" vertraut machte. 1813 gründete er zusammen mit anderen Offizieren das Lützowsche Freikorps.

Klemens Wenzel Nepomuk Lothar Fürst von Metternich (1773–1859)

Wurde 1809 Außenminister des Kaisers von Österreich und stieg später zu einem der führenden Staatsmänner Europas auf. Auf dem Wiener Kongress 1815 übernahm er eine bedeutende Rolle bei der Neugestaltung Europas.

Michel Ney (1769–1815)

Wurde nicht zu Unrecht „Der Tapferste der Tapferen" genannt. An der Beresina kämpfte der Marschall von Frankreich Seite an Seite mit seinen Soldaten gegen die Russen. 1815 wurde er wegen Verrats hingerichtet.

Gerhard Johann David von Scharnhorst (1755–1813)

Preußischer General; ursprünglich in der kurhannoverschen Armee ausgebildet, reformierte er nach 1808 die preußische Armee. 1813 verstarb er an einer schlecht versorgten Wunde.

Friedrich Karl von Tettenborn (1778–1845)

Russischer Generalmajor; begann 1794 als Kadett in der österreichischen Armee und stieg im Laufe der Revolutionskriege schnell zum Hauptmann auf. 1812 trat er als Oberstleutnant in die russische Armee ein. Mit dieser befreite er 1813 Berlin und Hamburg, am 15. Oktober 1813 erreichte er als Generalmajor Bremen.

Johann Ludwig Reichsgraf von Wallmoden-Gimborn (1736–1811)

Befehligte als kurhannoverscher Feldmarschall die Armee des Staates bis zu ihrer Auflösung gemäß der Konvention von Artlenburg (Elbkonvention) von 1803.

Ludwig Georg Thedel Graf von Wallmoden-Gimborn (1769–1862)

Sohn des Reichsgrafen Wallmoden. Trat zunächst in die kurhannoversche Armee ein, wechselte 1790 in die preußische und 1795 in die österreichische Armee. Hier wurde er bis zum Feldmarschalleutnant befördert, bevor er 1813 wiederum in russische Dienste trat. Er befehligte das Observationskorps an der Niederelbe und nahm am Feldzug gegen Dänemark teil. Später trat er wieder in österreichische Dienste.

Anmerkungen

1   Eysell, Maria: Wohlfahrt und Etatismus. Studien zum dänischen
    Absolutismus und zur Bauernbefreiung 1787/88, Skandinavische
    Studien Band 11, Neumünster 1979, S. 49.

2   Ebd., S. 49–51.

3   Ebd., S. 70.

4   Lorenzen-Schmidt, Klaus Joachim und Ortwin Pelc: Schleswig-Holstein
    Lexikon, Neumünster 2000, S. 545.

5   Frandsen, Steen Bo: Das Herzogtum Holstein im dänischen Gesamtstaat,
    in: Zeitschrift der Gesellschaft für Schleswig-Holsteinische Geschichte, hg.
    von Detlev Kraack, Band 136, Neumünster 2011, S. 164–165.

6   Kopitzsch, Organisationsformen, S. 54.

7   Hassel, W. von: Das Kurfürstentum Hannover vom Baseler Frieden bis
    zur preußischen Occupation im Jahre 1806, Hannover 1894, S. 43f.

8   Kleinfeld, Martin: 200 Jahre Artlenburger Konvention. Die Kapitulation
    der kurhannoverschen Truppen an der Elbe im Juli 1803, in: Themenheft
    „Franzosenzeit", Lauenburgische Heimat, N. F., Heft 165, 2004, S. 5.

9   Kleinfeld, S. 10–11.

10 Walczok, Carsten M.: King's German Legion und Lützower Freikorps.
    Militärische Formationen in den Befreiungskriegen, in: Themenheft
    „Franzosenzeit", Lauenburgische Heimat, N. F., Heft 165, 2004, S. 35ff.

11 Stubbe da Luz, Helmut: Der „Kaiserliche Intendant für das Herzogtum
    Lauenburg", in: Themenheft „Franzosenzeit", Lauenburgische Heimat,
    N. F., Heft 165, 2004, S. 19.

12 Rothenberg, Gunther: Die Napoleonischen Kriege, Berlin 2000, S. 22–26
    (Künftig als Rothenburg zitiert).

13 Rothenberg, S. 58.

14 Rothenberg, S. 94–99.

15 Stubbe da Luz, „Franzosenzeit", S. 174–176.

16 Walczok, Carsten M.: Lauenburgische Soldaten in Napoleons Armee –
    Neue Aspekte zur Geschichte des 127. Linienregiments, in:
    Mitteilungen 47, Hamburger Arbeitskreis für Regionalgeschichte,
    Hamburg, Dezember 2007, S. 59.

17 Von dieser Zahl geht man in etwa heute aus. Adam Zamoyski: 1812.
    Napoleons Feldzug in Russland, München 2012, S. 169f.

18   Hadenfeld, Hans Jürgen: Die Lauenburger im 127. Regiment, in: Lauenburgische Heimat, Heft 192, November 2012, S. 88.

19   Hadenfeld, Hans Jürgen: S. 90.

20   Schmidt, Friedrich: Zur Geschichte des 127. französischen Linien-Infanterie-Regiments, in: Zeitschrift des Vereins für Hamburgische Geschichte 44 (1958), S. 280.

21   Zander, C. L. E.: Geschichte des Krieges an der Nieder-Elbe im Jahre 1813, Lüneburg 1839, S. 23.

22   Wolfgang Bentin. Das Ende einer Besatzungszeit, in: Lauenburgische Heimat, Heft 165 (Februar 2004, S. 118–119).

23   Jagwitz, Berlin 1892, S. 14.

24   Jagwitz, S. 23.

25   Walczok, Carsten M.: King's German Legion und Lützower Freikorps, Militärische Formationen in den Befreiungskriegen, in: Lauenburgische Heimat, Heft 165, Februar 2004, S. 46.

26   Jagwitz, S. 99.

27   Brun, Hartmut: Theodor Körner und der Krieg an der Niederelbe, o. O. 1991, S. 30.

28   Jagwitz, S. 299.

29   Eich, Ulrike: Rußland und Europa. Studien zur russischen Deutschland-politik in der Zeit des Wiener Kongresses, Wien 1986, zitiert in: Dieter Kienitz: Der Kosakenwinter in Schleswig-Holstein 1813/14, S. 41.

30   Fließbach, Henrike: Die Hanseatische Legion in den Freiheitskriegen 1813 bis 1815, in: Lauenburgische Heimat, Heft 165, Februar 2004, S. 53 (künftig als Fließbach zitiert).

31   Fließbach, S. 56.

32   Pfannkuche, A.: Geschichte der Königlich Deutschen Legion, Hannover 1910, S. 2.

33   Walczok, Carsten M.: King's German Legion und Lützower Freikorps, Militärische Formationen in den Befreiungskriegen, in: Lauenburgische Heimat, Heft 165, Februar 2004, S. 41.

34   Die folgende Schilderung beruht auf den Beschreibungen des unbekannten Offiziers aus: Anonymus: Das Feld-Bataillon Lauenburg. Aus den Papieren eines Offiziers desselben, Einbeck 1863.

35   Venzky, Gabriele: Die Russisch-Deutsche Legion in den Jahren 1811–1815, Veröffentlichungen des Osteuropa-Institutes München, Band 30, Wiesbaden 1966, S. 35 (künftig als Venzky zitiert).

36   Zitiert in Venzky, S. 42. Besagter Wilhelm G. F. Wardenburg (1781–1838)
      war ursprünglich Adjutant des Prinzen Georg v. Oldenburg und später
      zeitweilig Adjutant bei Barclay de Tolly.

37   Venzky, S. 43.

38   StAHH (Staatsarchiv Hamburg), 112-3 Mairie Hamburg, 77a Tätigkeit
      als Präsident der Einquartierungs-Kommission 1811–13.

39   Staats- und Universitätsbibliothek Hamburg, „Memoria viri amplissimi
      Christiani Nicolai Pehmöller Civitatis Hamburgensis nuper Senatoris
      quam Christian Petersen".

40   StAHH, 611-1 St. Johanniskloster, 1424 Inventar Gossler Wwe.

41   Marie Zacharias: Familien-, Stadt- und Kindergeschichten, Hamburg 1897,
      S. 18, Staats- und Universitätsbibliothek Hamburg, Sig. A 1954/P 247.

42   StAHH, 112-3 Mairie Hamburg, 77a Tätigkeit als Präsident der
      Einquartierungs-Kommission 1811–13.

43   Christian Nikolaus Pehmöller: „Geschichtliche Darstellung der Ereignisse,
      welche während der Blockade in Folge der Verfügungen des französischen
      Gouvernements die Hamburger Bank betroffen haben", StAHH,
      Sig. A 902/0120.

44   StAHH, 111-1 Senat, Cl. VII, Lit. Cb, Nr. 4, Vol. 1a Nr. 25, Fasc. 14.

45   wie Anm. 43.

46   K[arl Markus Joachim] Klug, Geschichte Lübecks während der Vereinigung
      mit dem französischen Kaiserreiche 1811–1813, 2 Bde., Lübeck 1856/57, hier
      Bd. 1, S. 132–135, Zitat S. 134. (Künftig als Klug zitiert.)

47   Klug, Bd. 1, S. 131f. – AHL (Archiv der Hansestadt Lübeck),
      Franzosenzeit, Senatsakten 162.

48   Verwiesen sei hier auf die einzelnen Beiträge im Standardwerk von Antje-
      kathrin Graßmann (Hg.), Lübeckische Geschichte, 4. Aufl., Lübeck 2008.

49   Michael Hundt, Von der „halbvergessene[n] Antiquität" zum modernen
      Staatenbund? Bedingungen, Ziele und Wirkungen hanseatischer Politik
      zwischen Altem Reich und Wiener Ordnung (1795–1815), in: Antjekathrin
      Graßmann (Hg.), Ausklang und Nachklang der Hanse im 19. und
      20. Jahrhundert (Hansische Studien, Bd. 12), Trier 2001, S. 1–30.

50   Zum internationalen Staatensystem und seinem Zusammenbruch siehe
      Paul W. Schroeder, The Transformation of European Politics 1763–1848,
      Oxford 1994. – Michael Erbe, Revolutionäre Erschütterung und erneuertes
      Gleichgewicht. Internationale Beziehungen 1785–1830 (Handbuch der
      Geschichte der Internationalen Beziehungen, Bd. 5), Paderborn u. a. 2004.

51   Hierzu die knappen Überblicke bei Klug, Bd. 1, S. 4–47. – Gerhard
      Ahrens, Von der Franzosenzeit bis zum Ersten Weltkrieg 1806–1914:
      Anpassungen an Forderungen der neuen Zeit, in: Antjekathrin
      Graßmann (Hg.), Lübeckische Geschichte, 4. Aufl., Lübeck 2008,
      S. 539–685, hier S. 539–553.

52   Dies entsprach knapp 2,5 Millionen Mark pro Jahr. Zum Vergleich:
      Die regulären Staatseinnahmen Lübecks beliefen sich im Jahre 1805 auf
      630 000 Mark (AHL, Altes Senatsarchiv [künftig: ASA], Interna 3607).
      Das Existenzminimum pro Kopf und Jahr belief sich um 1805 auf etwa
      350 Mark, wobei aber ein Dienstmädchen bei freier Kost und Logis nur
      einen Jahreslohn von 30 Mark erhielt. Siehe dazu Björn R. Kommer,
      Lübeck 1787–1808: Die Haushaltungsbücher des Kaufmanns Jacob Behrens
      des Älteren, Lübeck 1989, S. 47–49.

53   Die vorgenannten Zahlen ermittelt aus AHL, Franzosenzeit, Senatsakten
      55 bis 119 u. 125 bis 148 (besonders 69, dort teilweise Zusammenfassung).

54   Friedrich Voeltzer, Lübecks Wirtschaftslage unter dem Druck der Kontinen-
      talsperre (Veröffentlichungen zur Geschichte der Freien und Hansestadt
      Lübeck, Bd. 5, H. 2) Lübeck 1925, S. 22–35. – Die Akten: AHL, Franzosenzeit,
      Senatsakten 49 bis 54 u. 125 bis 148.

55   H[einrich] L[udwig] u. C[arl] G[eorg] Behrens, Topographie und Statistik
      von Lübeck und dem mit Hamburg gemeinschaftlichen Amte Bergedorf.
      Ein Beitrag zur topographisch-statistisch-historisch-politischen
      Beschreibung der Freien Hansestadt Lübeck und dem Landgebiet
      derselben, Bd. 1, Lübeck 1829, S. 216f.

56   Voeltzer, S. 37–51, 145–155 u. 193–197. – Von den Angaben Voeltzers
      marginal abweichende Zahlen in AHL, Franzosenzeit, Senatsakten 69.

57   Zum folgenden Absatz siehe Klug, Bd. 1, S. 48–110 passim.

58   Zum folgenden Absatz und der Verwaltungs- und Justizorganisation siehe
      A[nton] C[hristian] Wedekind (Hg.), Jahrbuch für die Hanseatischen
      Departements, insbesondere für das Departement der Elb-Mündungen,
      Hamburg 1812. – Klug, Bd. 1, S. 48–110. – Wolf-Rüdiger Osburg, Die
      Verwaltung Hamburgs in der Franzosenzeit 1811–1814 (Rechtshistorische
      Reihe, Bd. 66), Frankfurt a. M. u. a. 1988.

59   Klug, Bd. 1, S. 73–79. – AHL, Franzosenzeit, Unterpräfektur Lübeck 612
      bis 739. – Allgemein zum Militär im alten Lübeck siehe Michael Hundt,
      Das Lübecker Militärwesen in Mittelalter und Neuzeit, in: Der Wagen.
      Lübecker Beiträge zur Kultur und Gesellschaft, Lübeck 2012, S. 235–256.

60   Klug, Bd. 1, S. 122–127.

61 Klug, Bd. 1, S. 124–127 u. 128–130.

62 Klug, Bd. 1, S. 124f. u. 128f.

63 Adolf Wohlwill, Neuere Geschichte der Freien und Hansestadt Hamburg, insbesondere von 1789 bis 1815, Gotha 1914, S. 438–440. – Burghart Schmidt, Hamburg im Zeitalter der Französischen Revolution und Napoleons (1789–1813) (Veröffentlichungen aus dem Staatsarchiv der Freien und Hansestadt Hamburg, Bd. 15), 2 Bde., Hamburg 1998, hier Bd. 1, S. 686–738.

64 Klug, Bd. 1, S. 131f.

65 Klug, Bd. 1, S. 132–134.

66 Klug, Bd. 2, S. 21–25.

67 AHL, ASA, Interna 18388 bis 18394. – Philipp Boye, Feldzug der Hanseaten in den Jahren 1813 und 14 oder die authentische Geschichte der von den freien Städten Hamburg, Lübeck und Bremen errichteten Legion, Hamburg 1815, S. 33–45. – Klug, Bd. 2, S. 7–20. – Lutz Voigtländer, Die Feldzüge der Hanseatischen Legion in den Jahren 1813/14, in: ders. (Hg.), Das Tagebuch des Johann Heinrich Lang und die Feldzüge der Hanseaten in den Jahren 1813–1815 (Veröffentlichungen zur Geschichte der Hansestadt Lübeck, Reihe B, Bd. 4), Lübeck 1980, S. 84–93, hier S. 85.

68 Michael Hundt, Die Wiederherstellung der lübeckischen Eigenstaatlichkeit in den Befreiungskriegen 1813 bis 1815, in: Zeitschrift des Vereins für Lübeckische Geschichte und Altertumskunde 72 (1992), S. 161–198, hier S. 175f.

69 Zum Rat siehe Peter Graf von Kielmansegg, Stein und die Zentralverwaltung 1813/14, Stuttgart 1964, S. 11–17. – Insbesondere zur Rolle Steins und seiner Konzeption siehe Hundt, Wiederherstellung, S. 176f. – Ders., Stein und die deutsche Verfassungsfrage in den Jahren 1812 bis 1815, in: Heinz Duchhardt und Andres Kunz (Hg.), Reich oder Nation? Mitteleuropa 1780–1815 (Veröffentlichungen des Instituts für Europäische Geschichte Mainz, Beiheft 46), Mainz 1998, S. 141–180, hier S. 161–164. – Heinz Duchhardt, Stein. Eine Biographie, Münster 2007, S. 283–287.

70 Klug, Bd. 2, S. 29–33.

71 Klug, Bd. 2, S. 47f.

72 Klug, Bd. 2, S. 69f. – Hundt, Wiederherstellung, S. 178.

73 Klug, Bd. 2, S. 45f.

74 Klug, S. 61–65.

75 Friedrich Bruns, Hugo Rahtgens und Lutz Wilde, Die Bau- und Kunstdenkmäler der Hansestadt Lübeck, Bd. 1, 2. Teil: Rathaus und öffentliche Gebäude der Stadt, Lübeck 1974, S. 411–413.

76 Klug, Bd. 2, S. 36f.

77 Liste mit den Zahlen der „normalen" Abgaben und der außerordentlichen Kontribution bei Klug, Bd. 2, S. 73f.

78 Klug, Bd. 2, S. 76–78.

79 Klug, Bd. 2, S. 65–68. – Olof Ahlers (Hg.), Lübeck 1812 und 1813. Aus den Aufzeichnungen von G[eorg] C[hristoph] L[udwig] Staunau, in: Zeitschrift des Vereins für Lübeckische Geschichte und Altertumskunde 53 (1973), S. 157–169, hier S. 165: „[…] und kommen auf mich und die Schwiegermutter wöchentlich 4 Schanztage".

80 Klug, Bd. 2, S. 57–61, 84f. u. 98–105.

81 Klug, Bd. 2, S. 34, 37–39, 90f., 105f. u. 122.

82 Hundt, Wiederherstellung, S. 177–181, mit weiterführender Literatur.

83 AHL, ASA, Interna 18420 u. 18426 bis 18434. – Boye, S. 64–100. – Barthold von Quistorp, Geschichte der Nord-Armee im Jahre 1813, 3 Bde., Berlin 1894, hier Bd. 1, S. 129, u. Bd. 3, S. 28. – Voigtländer, Feldzüge, S. 87f.

84 Boye, S. 100–138. –Voigtländer, Feldzüge, S. 88f. – Allgemein zu den Kriegsbewegungen siehe Quistorp, Bd. 2, S. 324–356.

85 Boye, S. 111–116. – Quistorp, Bd. 2, S. 354. – Bruns, Bau- und Kunstdenkmäler, Bd. 1/2, S. 409f. – Ahrens, S. 559.

86 Boye, S. 149–151. – Quistorp, Bd. 2, S. 407–415. – Voigtländer, Feldzüge, S. 89.

87 Boye, S. 152f. – Quistorp, Bd. 2, S. 422 u. 429f. – Voigtländer, Feldzüge, S. 89.

88 Klug, Bd. 2, S. 35, 65f., 90 u. 106–108.

89 Klug, Bd. 2, S. 120f.

90 Boye, S. 153–156. – Klug, Bd. 2, S. 123–127. – Quistorp, Bd. 2, S. 429 (mit einer stark gegen Karl Johann gerichteten Tendenz). – Ahrens, S. 560.

91 Klug, Bd. 2, S. 127.

92 Siehe Antjekathrin Graßmann, „Es bedarf keiner weiteren Schilderung des Elends. Es war namen- und beispiellos". Die Aufnahme der vertriebenen Hamburger in Lübeck 1814. Eine erfolgreiche Form von Krisenmanagement, in: Zeitschrift für Hamburgische Geschichte 83,1 (1997), S. 323–342.

93   E[mil] F[erdinand] Fehling, Zur Lübeckischen Ratslinie 1814–1914
      (Veröffentlichungen zur Geschichte der Freien und Hansestadt Lübeck,
      Bd. 4, H. 1), Lübeck 1915, S. 13.

94   AHL, ASA, Interna 16267.

95   Ahrens, S. 582–598 u. 630–641.

96   Klug, Bd. 2, S. 161: Deutlich weniger erhielten Bayern mit 14 Prozent und
      Österreich mit 14,5 Prozent, deutlich mehr Hannover mit gut 43 Prozent
      und Preußen mit 52,5 Prozent; Hamburg erhielt 32,5 Prozent. Es handelte
      sich dabei aber, wie gesagt, nur um die Erstattung der Kosten aus dem
      Jahr 1813. – AHL, Franzosenzeit, Senatsakten 377 bis 399.

97   Ahrens, S. 580–582 u. 656f.

98   Hermann Harms: Das Kreis-Herzogtum-Lauenburg-Buch. Eine
      Landeskunde in Text und Bild, Neumünster, 1987. S. 48.

99   Helmut Stubbe de Luz: Das Herzogtum Lauenburg in der „Franzosenzeit",
      in: Eckhardt Opitz (Hg.). Herzogtum Lauenburg. Das Land und seine
      Geschichte. Neumünster 2003, S. 282–297.

100   C. L. E. Zander: Das Herzogthum Lauenburg in dem Zeitraum von der
      Französischen Occupation im Jahre 1803 bis zur Übergabe an die Krone
      Dänemarks im Jahre 1816. Ratzeburg 1861.

101   Claudia Tanck: Die Kosten und Lasten der französischen Besatzung am
      Beispiel der Stadt Lauenburg/Elbe, in: *Lauenburgische Heimat*, Heft 165
      (Februar 2004), S. 83–105.

102   Es gibt eine ausgedehnte Literatur zur Geschichte Lauenburgs.
      Einführend: William Boehart. Eine Chronik – 800 Jahre Stadt
      Lauenburg/Elbe 1209–2009. Schwarzenbek 2009.

103   Über die Verleihung der Stadtrechte gibt es in der Forschung unterschied-
      liche Ansichten. Die jüngste Forschung gibt das Jahr 1209 an. Diese
      Auffassung findet nicht überall Zustimmung. Die unterschiedlichen
      Positionen werden in zwei Beiträgen der *Lauenburgischen Heimat*,
      Heft 181 (März 2009), dargelegt.

104   Im vorliegenden Aufsatz meint Lauenburg den Ort einschließlich Stadt
      und Vorstädte.

105   Martin Kleinfeld: Die wirtschaftliche Entwicklung der Stadt Lauenburg/
      Elbe vom 18. bis zum 20. Jahrhundert. Hamburg 2000. Folgende Zitate
      sind diesem Buch entnommen.

106   SAL Bestand I, Nr. 574.

107 Land an der Elbe., Sonderbeilage der Lauenburgischen Landeszeitung, September 1931.

108 Zum Regiment: Schmidt, Geschichte. Vgl. auch den Überblick zur „Franzosenzeit" in Hamburg bei Ahrens und Mehnke. Eingehend zu den Jahren 1813/14 in Hamburg: Stubbe da Luz, Okkupanten, Bd. 3.

109 Abendroth war seit 1810 Senator und seit dem 13. Mai 1811 Maire. Zu seiner wechselhaften, nicht unumstrittenen Biographie vgl. Tigner.

110 Zur Forschungsgeschichte siehe Schmidt, Hamburg, S. 702–704, 724.

111 Zu seiner Biographie vgl. ebd., S. 711.

112 Vgl. zur Biographie Grolle; Moldenhauer; Clemes Perthes; Hagemann.

113 Vgl. die entsprechenden Stellungnahmen dazu bei Schmidt, Hamburg, S. 712.

114 Ebd., S. 717–726.

115 Ebd., S. 727f.

116 Ebd., S. 729f.

117 Grundsätzlich hierzu auch Zunker.

118 Schmidt, Hamburg, S. 734f.

119 Ebd., S. 736.

120 Ebd., S. 739. Vgl. für Bremen: Wurthmann, Franzosenzeit.

121 Zur Biographie Tettenborns: Stubbe da Luz, Tettenborn.

122 Seit dem 18. 7. 1813 stand die Hanseatische Legion dann in englischem Sold, blieb aber auf den Zar vereidigt. Vgl. auch Gaedechens.

123 Vgl. zur Gründung von Bürgergarde und Hanseatischer Legion Huck, S. 82.

124 Vgl. zur Biographie: Stubbe da Luz, Tettenborn.

125 Vgl. den Überblick bei Huck, S. 9–15.

126 Ahrens, S. 426.

127 Pelc, Im Schutz, S. 74–76.

128 Stubbe da Luz, Okkupanten, Bd. 3, S. 196–198.

129 Zum Brückenbau vgl. Lucht, S. 58–65. Die Holzbrücke wurde nach dem Abzug der Franzosen nicht weiter unterhalten, verfiel und wurde 1817 abgerissen.

130 Lucht, S. 65.

131 Ahrens, S. 427.

132 Vgl. Stubbe da Luz, Franzosenzeit, S. 231. Generell dazu vgl. für Hamburg Stieve, für Bremen Wurthmann, Senatoren.

133 Huck, S. 82–97.

134 Vgl. die Liste aller Festungen mit der Besatzungszahl bei Stubbe da Luz, Okkupanten, Bd. 3, S. 289, und ders., Franzosenzeit, S. 227, sowie die Karte bei Hoffmann, S. 395.

135 Ahrens, S. 428.

136 Vgl. Torvaldsen Höjer, S. 110.

137 Zum Beispiel bei Hoffmann, S. 15.

138 Vgl. dazu die neueren Biographien: John G. Gallaher, The iron marshal. A biography of L. N. Davout, Carbondale Ill. 1976; Frédéric Hulot, Le maréchal Davout, Paris 2003; Pierre Charrier, Le maréchal Davout, Paris 2005. Als Quelle wichtig: Adelaide-Louise Eckmühl, Le maréchal Davout, prince d'Eckmühl, raconté par le siens e par lui-meme, 4 Bde., Paris 1879/80.

139 Perthes, Die vertriebenen Hamburger, S. 4.

140 Der Grabstein von 1815 befindet sich heute in Planten un Blomen an der Marseiller Straße, ein weiterer von 1817 für 50 Tote in Barmbek.

141 Graßmann.

142 Die Hilfe für die Vertriebenen ist sehr gut durch ungedruckte und gedruckte Quellen dokumentiert, vgl. z. B. Graßmann und Mutzenbecher. Vgl. auch Stubbe da Luz, Franzosenzeit, S. 228–234.

143 Zu den militärischen Aktionen 1813/14 vgl. immer noch Zander und den Kartenanhang in: Hamburg in der Franzosenzeit.

144 Vgl. Huck, S. 11–47. Zur Rolle Harburgs vgl. auch Henke, Harburg, und Lucht.

145 Er taucht aber in den zeitgenössischen Erlebnisberichten auf, vgl. Huck, S. 48–81, und die populäre Darstellung bei Hoffmann. Für Schleswig-Holstein siehe auch Kienitz.

146 Im Mai wurden auch Magdeburg (6.), Wesel (10.), Kastel (15.), Kehl (15.), Erfurt (16.)und Würzburg (20.) geräumt; siehe Stubbe da Luz, Okkupanten Bd. 3, S 289, und ders. Franzosenzeit, S. 227.

147 Vgl. Pelc, Hamburg und Waterloo.

148 Stadtarchiv Bad Bramstedt, Nr. 36, S. 187.

149 Russisches Armeekorps – Kosakenbrigade – Generalmajor v. Tettenborn: Don-Regimenter Denisow VII, Sulin IX, Grebzow I, eine Abteilung der Freiwilligen Nieroth. Kienitz, Kosakenwinter, S. 37.

150   Vier Einheiten zu je 300 Mann. Kienitz, Kosakenwinter, S. 43.

151   Kienitz, Kosakenwinter, S. 50.

152   Leopold August Cirsovius: 1775–1829, ab 1809 Kirchspielvogt und Zoll-
      verwalter im Kirchspiel Bramstedt. Biographisches Lexikon Band 9, S. 71.

153   Über die Beschädigung und ihre Beseitigung siehe: Stadtarchiv Bad
      Bramstedt, Nr. 125.

154   Kienitz, Kosakenwinter, S. 123.

155   Kienitz, Kosakenwinter, S. 84.

156   Für die Kosten, die Aufbringung der Gelder und die Proteste dagegen
      in Bramstedt siehe: Stadtarchiv Bad Bramstedt, Nr. 105.

157   Johann Tycho Emil Hartz war von 1830 bis 1849 Kirchspielvogt des
      Kirchspiels Bramstedt. Eigene Aufstellung der Kirchspielvögte nach
      Quellen des Stadtarchivs.

158   Kienitz, Kosakenwinter, S. 183.

159   Kienitz, Kosakenwinter, S. 45f. und 101.

160   Gemischtes Armeekorps – Kavalleriedivision – Generalmajor v. Dörnberg.
      Hannoversches Husarenregiment – Oberstleutnant v. Estorff. Kienitz,
      Kosakenwinter, S. 36f. und 39f.

161   Campe, F. L. W. Meyer, Band 1, S. 7–39.

162   Gemischtes bzw. Russisches Armeekorps. Kienitz, Kosakenwinter, S. 37.

163   Campe, F. L. W. Meyer, Band 2, S. 127.

164   Für das Folgende siehe: Gudat, Kosakenwinter, Teil I und II.

165   Kienitz, Kosakenwinter, S. 105.

166   Ernst August v. Döring, 1801–1818 Amtmann des Amtes Segeberg. Eigene
      Aufstellung der Amtmänner nach Quellen des Stadtarchivs. Stadtarchiv
      Bad Bramstedt, Nr. 554.

167   Stadtarchiv Bad Bramstedt, Nr. 104. Jochim Hinrich Fuhlendorf wurde
      bei der Volkszählung von 1803 als ⅓ Hufner und Postmeister am Bleeck
      aufgeführt. Bei der Volkszählung 1835 wurde sein Sohn Joachim Hinrich
      Fuhlendorf als Hufner und Gastwirt bezeichnet. Noch heute – 2013 – ist
      die Gastwirtschaft „Kaisersaal", Bleeck 26, im Eigentum der Familie
      Fuhlendorf. LAS Abt. 412 und 415.

168   1818–1853 Kammerjunker Carl Wilhelm von Rosen Amtmann des Amtes
      Segeberg. Eigene Aufstellung der Amtmänner nach Quellen des
      Stadtarchivs.

169   Stadtarchiv Bad Bramstedt, Nr. 554.

170   Hanger, Colonel George: To All Sportsmen and Particularly to Farmers and Gamekeepers, London 1814, S. 205. Siehe auch: Hughes, Basil Perronet: Feuerwaffen – Einsatz und Wirkung 1630–1850, o. O. 1980, S. 26ff.

171   Rothmann, Gunther: Die Napoleonischen Kriege, Berlin 2000, S. 177.

172   Jagwitz, Fritz von: Geschichte des Lützowschen Freikorps, Berlin 1892, S. 122.

173   Zander, C. L. E.: Geschichte des Krieges an der Nieder-Elbe im Jahre 1813, Lüneburg 1839, S. 206.

174   Jagwitz, Fritz von: Geschichte des Lützowschen Freikorps, Berlin 1892, S. 121.

175   Jagwitz, Fritz von: Geschichte des Lützowschen Freikorps, Berlin 1892, S. 209.

176   Walczok, Carsten M.: Das Gefecht von Lauenburg im August 1813. Der verzögerte Durchbruch der Franzosen bei Lauenburg und der preußische Sieg von Groß Beeren, ein Zusammenhang?, in: Lauenburgische Heimat Nr. 139, 1994 S. 5–22. Die folgenden Ausführungen über das Gefecht von Lauenburg beziehen sich, falls nicht anders zitiert, auf den oben genannten Beitrag.

177   Jagwitz, Fritz von: Geschichte des Lützowschen Freikorps, Berlin 1892, S. 129 u. 130.

178   Jagwitz, Fritz von: Geschichte des Lützowschen Freikorps, Berlin 1892, S. 133.

179   Keubke, Klaus Ulrich und Uwe Poblenz: Die Freikorps Schill und Lützow im Kampf gegen Napoleon, Schwerin 2009, S. 67.

180   Der Hamburgische Correspondent wechselte während der französischen Zeit seinen Namen von: „Staats- und Gelehrte Zeitung des Hamburgischen unpartheyischen Correspondenten" zu „Journal du Departement des Bouches de L'Elbe oder Staats- und Gelehrte Zeitung des Hamburgischen unpartheyischen Correspondenten".

181   Jagwitz, Fritz von: Geschichte des Lützowschen Freikorps, Berlin 1892, S. 165.

182   Reuscher, Hermann: Die Schlacht an der Göhrde, 16. September 1813, herausgegeben vom Landkreis Lüneburg, o. O. o. J., S. 13.

183   Reuscher, Hermann: Die Schlacht an der Göhrde, 16. September 1813, herausgegeben vom Landkreis Lüneburg, o. O. o. J., S. 14, und Jagwitz, Fritz von: Geschichte des Lützowschen Freikorps, Berlin 1892, S. 165.

184   Keubke, Klaus Ulrich und Uwe Poblenz: Die Freikorps Schill und Lützow im Kampf gegen Napoleon, Schwerin 2009, S. 74.

185   Reuscher, Hermann: Die Schlacht an der Göhrde, 16. September, herausgegeben vom Landkreis Lüneburg, o. O. o. J., S. 23 und 24.

186   Jagwitz, Fritz von: Geschichte des Lützowschen Freikorps, Berlin 1892, S. 169.

187   Keubke, Klaus Ulrich und Uwe Poblenz: Die Freikorps Schill und Lützow im Kampf gegen Napoleon, Schwerin 2009, S. 97.

188   Langmann, Jörg: Alt-Rahlstedt in der Franzosen- und Russenzeit (1806–1815), in: Rahlstedter Jahrbuch für Geschichte und Kultur, 2002, S. 66 und 67.

189   Fiebig, Eva S.: Die napoleonischen Kriege 1792–1814/15 in: Eva Susanne Fiebig und Jan Schlürmann (Hg.): Handbuch zur nordelbischen Militärgeschichte, Husum 2010, S. 466.

190   An anderer Stelle wird die Stärke des Korps mit 10 000 Mann angegeben, Anonymus: Das Feld-Bataillon Lauenburg. Aus den Papieren eines Offiziers desselben, Einbeck 1863.

191   Im Folgenden wird, wenn nicht anders genannt, nach Eva S. Fiebig berichtet: Fiebig, Eva S.: Die napoleonischen Kriege 1792–1814/15 in: Eva Susanne Fiebig und Jan Schlürmann (Hg.): Handbuch zur nordelbischen Militärgeschichte, Husum 2010, S. 468ff.

192   Anonymus: Das Feld-Bataillon Lauenburg. Aus den Papieren eines Offiziers desselben, Einbeck 1863, S. 35.

193   Quisthorp, Barthold von: Geschichte der Nordarmee im Jahre 1813, Berlin 1894, S. 458.

194   Walczok, Carsten: Lauenburg und die Franzosenzeit. Der verzögerte Durchbruch der Franzosen bei Lauenburg und der preußische Sieg von Groß Beeren, ein Zusammenhang? In: Lauenburgische Heimat, Heft 139, Ratzeburg 1994, S. 5ff. Alle weiteren Angaben zu den Kämpfen um Lauenburg beziehen sich auf diesen Aufsatz. Siehe auch das entsprechende Kapitel in diesem Buch (VI. 2).

195   „Journal du Departement des Bouches de l'Elbe" (vor der französischen Okkupation: „Staats- und Gelehrte Zeitung des Hamburgischen unpartheyischen Correspondenten"), 20. August 1813.

196   Vgl. Schlüsser, Adolph: 1826; Jagwitz, Fritz: 1892; Zander, Christian, L. E.: 1839.

197   Näheres auch in: Meller, Harald (Hg.): Schlachtfeldarchäologie/ Battlefield Archaeology. 1. Mitteldeutscher Archäologentag vom 09. bis 11. Oktober 2008 in Halle (Saale), Halle (Saale) 2009.

198   Zander, Christian, Ludwig Enoch: Geschichte des Krieges an der Nieder-
       Elbe im Jahre 1813. Lüneburg 1839, S. 176; Schlüsser, Adolph: Geschichte
       des Lützowschen Freikorps. Ein Beitrag zur Kriegsgeschichte des Jahres
       1813 und 1814. Berlin, Posen, Bromberg 1826, S. 66.

199   Für eine ausführliche Vorstellung und Diskussion der Ergebnisse der ersten
       großen Prospektion bei Lauenburg vgl.: Arne Homann, Lauenburg, 17. bis
       19. August 1813. Eine historisch-archäologische Untersuchung des
       Gefechtsfelds bei Lauenburg (Elbe). Erste Resultate. Unter Mitarbeit von
       Carsten M. Walczok und Jochim Weise. In: Lauenburgische Heimat 182
       (2009) September, S. 28ff. Vgl. ferner zur gleichen Untersuchung: Arne
       Homann, Lützows Jäger gegen französische Infanterie – Das Gefecht bei
       Lauenburg (Elbe) vom 17. bis 19. August 1813. In: Harald Meller (Hg.),
       Schlachtfeldarchäologie/Battlefield Archaeology: 1. Mitteldeutscher
       Archäologentag vom 09. bis 11. Oktober 2008 in Halle (Saale). Halle (Saale),
       Landesamt für Denkmalpflege und Archäologie Sachsen-Anhalt, 2009,
       S. 227–229. (Tagungen des Landesmuseums für Vorgeschichte Halle, 2.)

200   Der dänische König Friedrich VI. verbündete sich 1807 nach dem
       englischen Angriff auf Kopenhagen mit Napoleon.

201   Hans P. Feddersen: H. P. Feddersen d. Ä. und sein Kriegs-Tagebuch
       1813/14. Berlin 1913.

202   Zu Kleists „Hermannsschlacht" und Napoleon vgl. neu: Graner/Apel:
       Che Guevara am Teutoburger Wald, in: FAZ, 22. 5. 2013, S. N4. Hier wird
       allerdings übersehen, dass bei Kleist nicht der *sensus litteraris*, sondern
       der *sensus allegoricus* gemeint ist.

203   Vgl. D. Breuer: Geschichte der literarischen Zensur in Deutschland.
       Heidelberg 1982; zur Zensur unter Napoleon: S. 147–155, zur Zensur
       in Hamburg und Altona/Dänemark: S. 140–145.

204   Chr. Randig: Aufklärung und Region: Gerhard Anton von Halem
       (1752–1819). Göttingen 2007.

205   Vgl. ebd.; Woltmann (1770–1817) hatte bereits 1798 die Ode „Buonoparte"
       [sic] veröffentlicht.

206   Vgl. ebd., S. 219f.

207   Römische Göttin der Gerechtigkeit sowie der Naturgesetze.

208   Hebbel wurde in Wesselburen (Dithmarschen/Schleswig-Holstein)
       geboren und lebte zeitweise auch in Hamburg. Er schrieb die Verse
       „Napoleon" sowie „Napoleon und Staps".

209 „Das Lied vom Schill" (E. M. Arndt); „Schill" (E. Geibel); „Schill. Eine Geisterstimme" (M. Schenkenberg); „Das Lied vom Schill" (F. Dahn).

210 Für Theodor Körners Freunde. Hg. v. Chr. G. Körner. Dresden [1814]. Vgl. auch Gedichte von E. Geibel „Theodor Körner" oder Karl Stelter „An Körner [sic] Grabe".

211 Moreau starb 1813 in Böhmen nach der Schlacht bei Dresden; er war ein entschiedener Gegner Napoleons.

212 Geb.1788 in Schweinfurt, er lebte in Coburg; gest. 1866.

213 Varnhagen von Ense (geb.1785 Düsseldorf; gest.1858 Berlin), war Hauslehrer in Hamburg, später gehörte er hier den Freimaurern an.

214 Friedrich Rückert: Lyrische Gedichte. Berlin 2013, S. 24 28.

215 Der Herzog wurde in der Schlacht bei Jena verletzt und erlag 1806 im damals dänischen Ottensen/Altona seinen Wunden.

216 Es existieren drei Versionen, die letzte ist bekannt als „Die Gottesmauer"; Fontane verwendet sie in „Effi Briest".

217 C. v. Brentano: Werke. Hg. von W. Frühwald. 2 Bde., München 1968, S. 326–329.

218 M. Claudius aus Wandsbek schrieb das Gedicht „Kriegslied" vor 1779, es gehört nicht in die Zeit 1813–15.

219 Für Hamburg: L. Wallrabe: Chronologie sämmtlicher Hamburger Bühnen […]. Hamburg 1847, S. 117–147.

220 Der Text konnte noch nicht eingesehen werden.

221 Vgl. J. Caeyers: Beethoven. Der einsame Revolutionär. Biographie. München, C. H. Beck 2012, S. 548f.

222 Hinter „Karl Adolf" verbirgt sich der Kommunalpolitiker Karl Adolf Selke.

223 Zur heftigen Schlacht zwischen Alt-Rahlstedt und Siek (6.12.1813), in der Dänen und Franzosen gegen Preußen kämpften, wurde bisher keine literarische Bearbeitung gefunden. Vgl. Wandsbeker Zeitung v. 10. 7. 1975, S. 28–30. Für den Hinweis danke ich dem Amtsarchivar von Trittau, Herrn Oliver Mesch.

224 Sie wurde im November 1806 von Napoleon gegen England angeordnet.

225 Das Gebot der Ästhetik, das Gesetz der Einheitlichkeit zwangen mich, Hans Ohnesorge als dritte Person einzuführen", S. 5.

226 Blücher wurde 1806 nach der Schlacht bei Jena von den Franzosen verfolgt und flüchtete ins neutrale Lübeck.

227 J. Dose: „Einer Anno Dreizehn", S. 165–171.

228 Louis Davout (1770–1823), franz. Marschall, war 1813/14 Generalgouverneur in Hamburg.

229 Die Reihenfolge der Daten ist nicht korrekt. Auf S. 9 heißt es: „Und diese bisher heimliche Auflehnung trat zum erstenmal offen unter den jungen Adeligen […] in Erscheinung, als plötzlich Meckl. […] als Mitglied dem Rheinbunde beitrat." [Meckl.-Schwerin tritt am 22. 3. 1808 dem Rheinbund bei]; auf S. 12: „Erst zerschlugen Jena, dann Austerlitz [sic] das preußische Heer". [gemeint Auerstedt; beides bereits 1806!].

230 Luise Mühlbach: Napoleon in Deutschland. 4 Bde. Berlin, Janke 1858–1859, hier Bd. 3, S. 309ff.

231 Werner May gehörte dem NS-Lehrerbund an. Er schreibt hier für Mädchen „M ab 12", obgleich sein Frauenbild der offiziellen NS-Ideologie vom Wesen der Frau zuwiderläuft. Das trifft gleichermaßen auf den 1934 erschienenen Film „Schwarzer Jäger Johanna" zu, der ebenfalls die Geschichte der Eleonore Prochaska aufgreift.

232 Christian Ludwig Enoch Zander: Geschichte des Kriegs an der Niederelbe im Jahre 1813, Lüneburg 1839. Ders.: Das Herzogthum Lauenburg in dem Zeitraum von der französischen Occupation im Jahre 1803 bis zur Übergabe an die Krone Dänemark im Jahre 1816. Erste Abteilung, Ratzeburg 1861, Zweite Abteilung, Ratzeburg 1863. – Zu Zander siehe Cordula Bornefeld: Die napoleonische Zeit in der lauenburgischen Geschichtsschreibung des 19. Jahrhunderts – Der Chronist C. L. E. Zander, in: Lauenburgische Heimat, Neue Folge Heft 165, Februar 2004, S. 106–117.

233 Der zweite Teil des Beitrags beruht im Wesentlichen auf meinem Aufsatz: „Dieses Jahr sei der Erinnerung geweiht!" Die Hundertjahrfeiern des Jahres 1913 im Kreis Herzogtum Lauenburg, in: Lauenburgische Heimat, Neue Folge Heft 165, Februar 2004, S. 120–132.

234 Broschüre „Über die Gefechte bei Mölln im Jahre 1813" (Verfasser und Erscheinungsjahr der Broschüre sind nicht bekannt), Stadtarchiv Mölln, Sammlung Nr. 125.

235 Ulrich Bischoff: Denkmäler der Befreiungskriege in Deutschland 1813–1815, Diss. Berlin 1977.

236 Es ist unklar, warum in dieser Inschrift der 12. November 1813 angegeben ist. Das Datum des Gefechts war nachweislich der 14. November 1813.

237 U. Bischoff: Denkmäler der Befreiungskriege in Deutschland 1813–1815, S. 147.

238 Stadtarchiv Mölln Nr. 4636.

239 Stadtarchiv Mölln Nr. 4660.

240 Broschüre „Über die Gefechte bei Mölln im Jahre 1813" (Verfasser und Erscheinungsjahr der Broschüre sind nicht bekannt), Stadtarchiv Mölln, Sammlung Nr. 125.

241 Wolfgang Bentin: Das Ende der Besatzungszeit, in: Lauenburgische Heimat Neue Folge Heft 165, S. 118–119.

242 Zitiert bei William Boehart: Besatzungszeiten in Schwarzenbek, in: Lauenburgische Heimat Heft 132, Mai 1992, S. 110–131, hier S. 119f.

243 Zitiert bei Boehart, 1992, S. 122.

244 Zitiert bei Boehart, 1992, S. 122.

245 Lothar Roessler: Vor 150 Jahren – Theodor Körner zum Gedächtnis, in: Lauenburgische Heimat Neue Folge Heft 46, 1964, S. 8–18.

246 Zitiert nach: Lauenburgischer Haushaltungs-Kalender, N. F., 9. Jahrgang, 1914, S. 70.

247 Der Aufsatz konzentriert sich auf die Veranstaltungen in Ratzeburg, Mölln und in den ländlichen Gemeinden im Norden des Kreises Herzogtum Lauenburg. Zu den Feierlichkeiten in Schwarzenbek und Büchen und der Aufstellung von Körner-Gedenksteinen siehe William Boehart: Besatzungszeiten in Schwarzenbek, in: Lauenburgische Heimat, N. F., Heft 132, S. 117ff. Über die Ereignisse in Geesthacht schreibt Magnus Prüß, Geesthachter Heimatbuch, Hamburg 1929, S. 137ff.: „Der Besuch des Festes, besonders auch von auswärts, war ein ungemein starker (die Geesthachter-Bergedorfer Bahn beförderte am Sonntag [18. Mai 1913] allein 7200 Personen)".

248 Lauenburgische Zeitung (LZ) vom 28. Januar 1913. Die Rede von Landrat Dr. Mathis ist dort im Wortlaut wiedergegeben.

249 LZ vom 11. März 1913.

250 LZ vom 11. März 1913.

251 Chronik der Schule zu Kittlitz 1889 1957, Amtsarchiv Gudow-Sterley, Bestand Kittlitz I 369.

252 LZ vom 16. Oktober 1913.

253 Lauenburgischer Haushaltungs-Kalender 1914, S. 69–70.

254 Lauenburgischer Haushaltungs-Kalender 1914, S. 69f.

255 Theodor Strasser, Vergeßt die treuen Toten nicht. Vaterländisches Festspiel, Hamburg 1913.

256   Lauenburgischer Haushaltungs-Kalender 1914, S. 70.

257   Lauenburgischer Haushaltungs-Kalender 1915 S. II f.

258   Günter de Bruyn: Preußens Luise – Vom Entstehen und Vergehen einer Legende, Berlin 2001.

259   Eine Ausnahme bildet der Geesthachter Kommunist August Ziehl, der in seinen Erinnerungen schreibt: „Am 17. und 18. Mai 1913 wurde auch in Geesthacht mit großem Tamtam von den Patrioten eine Jahrhundertfeier veranstaltet. Die beiden chemischen Betriebe, die sonst nichts für ihre Arbeiter übrig hatten, die Gemeinde Geesthacht, Edmund Siemers, Hamburg und andere finanzierten den Karnevalsrummel. Krieger-, Bürger- und Schützenvereine, das ganze Spießertum von Geesthacht und Umgegend, war dort vertreten […]. Nach einem Umzug durch Geesthacht hielten der reaktionäre Pastor Natus und Dr. Ritter die „Festrede" auf dem Jahnplatz in der Norderstraße." (August Ziehl, Geesthacht. 60 Jahre Arbeiterbewegung 1890–1950, Geesthacht 1954, S. 19)

260   Eine Übersicht der schleswig-holsteinischen Archivlandschaft bietet: Archivführer Schleswig-Holstein. Archive und ihre Bestände. Hg. vom Landesarchiv Schleswig-Holstein, dem Verband schleswig-holsteinischer Kommunalarchivarinnen und -archivare e. V. (VKA) und dem Nordelbischen Kirchenarchiv (Veröffentlichungen des Landesarchivs Schleswig-Holstein 100). Hamburg 2011. Der Band ist auch im Internet einsehbar: *http://hup.sub.uni-hamburg.de/products-page/publikationen/96*.

261   Von den Klosterarchiven befinden sich nur das des Sankt Johannisklosters vor Schleswig und das des Klosters Itzehoe vollständig im Landesarchiv. Die Klöster Preetz und Uetersen verfügen über eigene Archive; das Landesarchiv verwahrt daher nur einen kleinen Teil ihrer jeweiligen Überlieferungen. Auch die Gutsarchive sind nicht alle ins Landesarchiv verbracht worden, sondern einige liegen, soweit denn vorhanden, auf den Gütern.

262   Tyske Kancelli I og de dermed beslægtede Institutioner. Ved Johanne Skovgaard (Vejledende Arkivregistraturer VII). Kopenhagen 1946, S. 52f.

263   Findbuch des Bestandes Abt. 66: Rentekammer zu Kopenhagen, Schleswig-Holsteinische Kammer auf Gottorf, General-Landwesens-Kollegium, Steuerkommission, von Wolfgang Prange und Konrad Wenn, 3 Bände (Veröffentlichungen des Landesarchivs Schleswig-Holstein 31–33). Schleswig 1993.

264 Findbuch des Bestandes Abt. 210: Lauenburgische Regierung zu Ratzeburg, von Wolfgang Prange und Konrad Wenn (Veröffentlichungen des Landesarchivs Schleswig-Holstein 13). Schleswig 1985; Findbuch des Bestandes Abt. 260: Regierung des Bistums, Fürstentums, Landesteils Lübeck zu Eutin, von Gertrud Nordmann, Wolfgang Prange und Konrad Wenn. 4 Bände (Veröffentlichungen des Landesarchivs Schleswig-Holstein 50–53). Schleswig 1997.

265 Neben dem Kreisarchiv Nordfriesland haben auch andere Kreis- und Stadtarchive Findmittel zu ihren Beständen online gestellt (z. B. Stadtarchiv Flensburg, Archiv der Hansestadt Lübeck und die Gemeinschaftsarchive in Schleswig und Itzehoe auf *www.findbuch.net*) oder bieten sogar Online-Recherchefunktionen an (z. B. Stadtarchiv Kiel), so dass eine Archivrecherche zeitsparend schon von zu Hause aus in Angriff genommen werden kann.

Bibliographie

Olof Ahlers (Hg.): Lübeck 1812 und 1813. Aus den Aufzeichnungen von G[eorg] C[hristoph] L[udwig] Staunau, in: ZVLGA 53 (1973), S. 157–169.

Gerhard Ahrens: Von der Franzosenzeit bis zum Ersten Weltkrieg 1806–1914: Anpassungen an Forderungen der neuen Zeit, in: Antjekathrin Graßmann (Hg.): Lübeckische Geschichte, 4. Aufl., Lübeck 2008, S. 539–685, hier S. 556–560.

Fanny Arndt: Die deutschen Frauen in den Befreiungskriegen. Halle, B. d. Waisenh. 1867.

Wilhelm Bangert: Lübecks Franzosenzeit 1806–1813. Festschrift zur Hundertjahrfeier der Befreiung Lübecks, Lübeck 1913.

Befreiungskriege – Erläuterungen zur deutschen Literatur. Autorenkollektiv. Berlin, Volk und Wissen 1979.

H[einrich] L[udwig] u. C[arl] G[eorg] Behrens: Topographie und Statistik von Lübeck und dem mit Hamburg gemeinschaftlichen Amte Bergedorf. Ein Beitrag zur topographisch-statistisch-historisch-politischen Beschreibung der Freien Hansestadt Lübeck und dem Landgebiet derselben. Bd. 1, Lübeck 1829.

Barbara Beßlich: Der deutsche Napoleon-Mythos. Literatur und Erinnerung 1800 bis 1945. Darmstadt, Wissensch. Buchgesellschaft 2007.

Biographisches Lexikon für Schleswig-Holstein und Lübeck. Hg. im Auftrage der Gesellschaft für Schleswig-Holsteinische Geschichte und des Vereins für Lübeckische Geschichte und Altertumskunde, Band 9, Neumünster, Wachholtz Verlag 1991.

Carl Bleibtreu: Die Grosse Armee. Zu ihrer Jahrhundertfeier. Dritter Band, Stuttgart 1908.

Philipp Boye: Feldzug der Hanseaten in den Jahren 1813 und 14 oder die authentische Geschichte der von den freien Städten Hamburg, Lübeck und Bremen errichteten Legion. Hamburg 1815. [*http://resolver.sub.uni-hamburg.de/goobi/PPN647387355*]

Dieter Breuer: Geschichte der literarischen Zensur in Deutschland. Heidelberg, Quelle & Meyer 1882.

Hartmut Brun: Theodor Körner und der Krieg an der Niederelbe. O. O. 1991.

Friedrich Bruns, Hugo Rahtgens u. Lutz Wilde: Die Bau- und Kunstdenkmäler der Hansestadt Lübeck, Bd. 1, 2. Teil: Rathaus und öffentliche Gebäude der Stadt. Lübeck 1974.

Jan Caeyers: Beethoven. Der einsame Revolutionär. Biographie. München, C. H. Beck 2012.

Elise Campe: Zur Erinnerung an F. L. W. Meyer, den Biographen Schröder's. 2 Teile, Braunschweig 1847.

Pierre Charrier: Le maréchal Davout. Paris 2005.

Hans Claußen: Die Gemeinde und Amt Großenaspe, in: Großenasper Dorfchronik, Heft 44 und 45, Großenaspe 1962, S. 904–936.

Adelaide-Louise Eckmühl: Le maréchal Davout, prince d'Eckmühl, raconté par le siens e par lui-meme, 4 Bde. Paris 1879/80.

Ole Feldbæk: Denmark and the Treaty of Kiel 1814, in: Scandinavian Journal of History 15 (1990), S. 259–268.

Eva Susanne Fiebig, Die napoleonischen Kriege 1792–1814/15, in: Dies./Jan Schlürmann (Hg.): Handbuch zur nordelbischen Militärgeschichte. Heere und Kriege in Schleswig, Holstein, Lauenburg, Eutin und Lübeck, 1623–1863/67, Husum 2010, S. 433–494.

Christian Degn: Die Herzogtümer im Gesamtstaat 1773–1830. (Geschichte Schleswig-Holsteins, 6), Neumünster 1960, S. 163–398, hier S. 341–370.

Heinz Duchhardt: Stein. Eine Biographie. Münster 2007.

Michael Erbe: Revolutionäre Erschütterung und erneuertes Gleichgewicht. Internationale Beziehungen 1785–1830. (Handbuch der Geschichte der Internationalen Beziehungen, Bd. 5), Paderborn u. a. 2004.

Maria Eysell: Wohlfahrt und Etatismus. Studien zum dänischen Absolutismus und zur Bauernbefreiung 1787/88. (Skandinavische Studien Band 11), Neumünster 1979.

E[mil] F[erdinand] Fehling: Zur Lübeckischen Ratslinie 1814–1914. (Veröffentlichungen zur Geschichte der Freien und Hansestadt Lübeck, Bd. 4, H. 1), Lübeck 1915.

Henrike Fließbach: Die Hanseatische Legion, in: Lauenburgische Heimat, Heft 165, Ratzeburg 2004, S. 51–58.

Steen Bo Frandsen: Das Herzogtum Holstein im dänischen Gesamtstaat, in: Zeitschrift der Gesellschaft für Schleswig-Holsteinische Geschichte, hg. von Detlev Kraack, Band 136, Neumünster 2011, S. 164–165.

Wolfram Funk, Heinrich Müller, Volker Schmidtchen, Ingo Weise, Arnold Wirtgen (Hg.): Wehrtechnik und wissenschaftliche Waffenkunde. Ultima Ratio Regum. Feuerwaffen und ihre Produktion im Kurfürstentum Hannover und im Alten Reich im 18. Jahrhundert. Band 11 (Hg. im Auftrage der Wehrtechnischen Studiensammlung des Bundesamtes für Wehrtechnik und Beschaffung), Osnabrück 1995.

Cipriano Francisco Gaedechens: Die Hanseatische Legion, in: ZHG 8, 1889, S. 601–640.

John G. Gallaher: The iron marshal. A biography of L. N. Davout. Carbondale, Ill. 1976.

L. Graner, F. Apel: Che Guevara am Teutoburger Wald, in: FAZ, 22. 5. 2013, S. N4.

Antjekathrin Graßmann: „Es bedarf keiner weiteren Schilderung des Elends. Es war namen- und beispiellos". Die Aufnahme der vertriebenen Hamburger in Lübeck 1814. Eine erfolgreiche Form von Krisenmanagement, in: Zeitschrift für Hamburgische Geschichte 83,1 (1997), S. 323–342.

Inge Grolle: Friedrich Christoph Perthes. Hamburg 2004.

Albert Gudat: Der Kosakenwinter 1813/14 und seine Auswirkungen für den Ort Großenaspe. Teil I, in: Großenasper Dorfchronik, Heft 2, Großenaspe 1962, S. 21–30.

Albert Gudat: Der Kosakenwinter 1813/14 und seine Auswirkungen für den Ort Großenaspe. Teil II, in: Großenasper Dorfchronik, Heft 3, Großenaspe 1962, S. 40–52.

Karen Hagemann: Die Perthes im Krieg. Kriegserfahrungen und -erinnerungen einer Hamburger Bürgerfamilie in der Franzosenzeit, in: Eliten im Wandel. Gesellschaftliche Führungsschichten im 19. und 20. Jahrhundert. Für Klaus Saul zum 65. Geburtstag, hg. von Karl Christian Führer u. a., Münster 2004, S. 72–101.

Hans Jürgen Hadenfeld: Die Lauenburger im 127. Regiment, in: Lauenburgische Heimat, Heft 192, November 2012, S. 86–95.

Hamburg in der Franzosenzeit. Drei Festvorträge im Jubiläumsjahr 1913, Hamburg 1914.

Manfred Hanisch: Restaurationspolitik zwischen ideellem Anspruch und fragwürdiger Wirklichkeit: Herrschaftswechsel in Lauenburg 1813–1816, in: Eckardt Opitz (Hg.): Herrscherwechsel im Herzogtum Lauenburg. (Lauenburgische Akademie für Wissenschaft und Kultur, Stiftung Herzogtum Lauenburg, Kolloquium, 10), Mölln 1998, S. 131–150.

Reimer Hansen: Friedrich Christoph Dahlmann als Historiker: Die Geschichte als Lehrerin der „guten Politik", in: Utz Schliesky,

Wilhelm Knelangen (Hg.): Friedrich Christoph Dahlmann (1785–1860). (Demokratie. Köpfe. Schleswig-Holstein), Husum 2012, S. 9–34.

Hassel, W. von: Das Kurfürstentum Hannover vom Baseler Frieden bis zur preußischen Occupation im Jahre 1806. Hannover 1894.

Carl Henke: Davout und die Festung Hamburg-Harburg 1813–1814. Berlin 1911.

Gabriele Hoffmann: Die Eisfestung. Hamburg im kalten Griff Napoleons. München 2012.

Arne Homann: Lauenburg, 17. bis 19. August 1813. Eine historisch-archäologische Untersuchung des Gefechtsfelds bei Lauenburg (Elbe). Erste Resultate. Unter Mitarbeit von Carsten M. Walczok und Jochim Weise, in: Lauenburgische Heimat 182 (2009), September.

Jürgen Huck: Das Ende der Franzosenzeit in Hamburg. Quellen und Studien zu Belagerung und Befreiung von Hamburg 1813–1814. Hamburg 1984.

Frédéric Hulot: Le maréchal Davout. Paris 2003.

Michael Hundt: Die Wiederherstellung der lübeckischen Eigen-staatlichkeit in den Befreiungskriegen 1813 bis 1815, in: Zeitschrift des Vereins für Lübeckische Geschichte und Altertumskunde 72 (1992), S. 161–198.

Michael Hundt: Stein und die deutsche Verfassungsfrage in den Jahren 1812 bis 1815, in: Heinz Duchhardt und Andres Kunz (Hg.): Reich oder Nation? Mitteleuropa 1780–1815. (Veröffentlichungen des Instituts für Europäische Geschichte Mainz, Beiheft 46), Mainz 1998, S. 141–180.

Michael Hundt: Von der „halbvergessene[n] Antiquität" zum modernen Staatenbund? Bedingungen, Ziele und Wirkungen hanseatischer Politik zwischen Altem Reich und Wiener Ordnung (1795–1815), in: Antjekathrin Graßmann (Hg.): Ausklang und

Nachklang der Hanse im 19. und 20. Jahrhundert. (Hansische Studien, Bd. 12), Trier 2001, S. 1–30.

Michael Hundt: Das Lübecker Militärwesen in Mittelalter und Neuzeit, in: Der Wagen. Lübecker Beiträge zur Kultur und Gesellschaft, Lübeck 2012, S. 235–256.

Fritz von Jagwitz: Geschichte des Lützowschen Freikorps. Berlin 1892.

Manfred Jessen-Klingenberg: Der Buchwaldtsche Hof und der Kieler Frieden von 1814. In: Werner Paravicini (Hg.), Begegnungen mit Kiel. Gabe der Christian-Albrechts-Universität zur 750-Jahr-Feier der Stadt, Neumünster 1992, S. 88–91

Klaus Ulrich Keubke, Uwe Poblenz: Die Freikorps Schill und Lützow im Kampf gegen Napoleon. Schwerin 2009.

Peter Graf von Kielmansegg: Stein und die Zentralverwaltung 1813/14. Stuttgart 1964.

Dieter Kienitz: Der Kosakenwinter in Schleswig-Holstein 1813/14. Studien zu Bernadottes Feldzug in Schleswig und Holstein und zur Besetzung der Herzogtümer durch eine schwedisch-russisch-preußische Armee in den Jahren 1813/14. Heide, Verlag Boyens & Co 2000.

Paul Kittel (Hg.): Die deutschen Befreiungskriege. 2 Bde. Berlin 1901.

Martin Kleinfeld: 200 Jahre Artlenburger Konvention. Die Kapitulation der kurhannoverschen Truppen an der Elbe im Juli 1803, in: Themenheft „Franzosenzeit", Lauenburgische Heimat, N. F., Heft 165, 2004, S. 3–17.

Eckart Kleßmann (Hrsg): Die Befreiungskriege in Augenzeugen-berichten. Düsseldorf, Rauch 1966.

K[arl Markus Joachim] Klug: Geschichte Lübecks während der Vereinigung mit dem französischen Kaiserreiche 1811–1813. 2 Bde., Lübeck 1856/57.

Björn R. Kommer: Lübeck 1787–1808: Die Haushaltungsbücher des Kaufmanns Jacob Behrens des Älteren. Lübeck 1989.

Klaus Joachim Lorenzen-Schmidt, Ortwin Pelc: Schleswig-Holstein Lexikon. Neumünster 2000.

Robert Lucht: Die Festung Harburg im Befreiungskrieg 1813 bis 1814, in: Harburger Jahrbuch 6, 1956, S. 50–72.

Martina Lüke: Worte wie Waffen. Krieg und Romantik. Göttingen, V&R 2013.

Bernhard Mehnke: Anpassung und Widerstand. Hamburg in der Franzosenzeit von 1806–1814, in: Arno Herzig, Inge Stephan, Hans G. Winter: „Sie, und nicht Wir". Die französische Revolution und ihre Wirkung auf Norddeutschland und das Reich, Bd. 1, Hamburg 1989, S. 333–349.

Harald Meller (Hg.): Schlachtfeldarchäologie/Battlefield Archaeology. 1. Mitteldeutscher Archäologentag vom 09. bis 11. Oktober 2008 in Halle (Saale). Halle (Saale) 2009.

Dirk Moldenhauer: Friedrich Christoph Perthes, in: Hamburgische Biographie 1, hg. von Dirk Brietzke/Franklin Kopitzsch, Hamburg 2001, S. 234f.

J. D. Mutzenbecher (Hg.): Berichte nebst Beylagen betreffend die Arbeiten der Special-Committee zur Unterstützung der vertriebenen Hamburger in Altona 1814. Hamburg 1814.

Arthur Obst: Die Hamburger 1812 im russischen Feldzuge. Hamburg 1912.

Eckardt Opitz: Die unser Schatz und Reichtum sind. 60 Porträts aus Schleswig-Holstein. Hamburg, Christians 1990.

Wolf-Rüdiger Osburg: Die Verwaltung Hamburgs in der Franzosenzeit 1811–1814. (Rechtshistorische Reihe, Bd. 66), Frankfurt a. M. u. a. 1988.

Sophie Pataky: Lexikon deutscher Frauen der Feder. 2 Bde. Pforz-
heim, Kiefer 1987 (reprographischer Nachdruck der Ausgabe
Berlin 1898).

Ortwin Pelc: Hamburg und Waterloo. (Hamburg Porträt 29),
Hamburg 2000.

Ortwin Pelc: Im Schutz von Mauern und Toren. Die Befestigung
der schleswig-holsteinischen Städte in Mittelalter und Neuzeit.
Heide 2003.

Friedrich Perthes: Die vertriebenen Hamburger. O. O., o. J.

Clemens Theodor Perthes: Friedrich Perthes' Leben nach dessen
schriftlichen und mündlichen Mitteilungen. 3 Bde., Gotha 1896.

A. Pfannkuche: Geschichte der Königlich Deutschen Legion,
Hannover 1910.

Projekt historischer Roman: *http://www.uibk.ac.at/germanistik/
histrom/start.html*

Barthold von Quistorp: Geschichte der Nordarmee im Jahre 1813.
3 Bde., Berlin 1816 (ND Berlin 1894).

Christina Randig: Aufklärung und Region. Gerhard Anton von
Halem (1752–1819). Göttingen, V&R 2007.

Hermann Reuscher: Die Schlacht an der Göhrde, 16. September
1813. Hg. vom Landkreis Lüneburg, o. O. o. J.

K. C. Rockstroh: Ereignisse und Verhältnisse in den Herzogtümern Schleswig und Holstein während der Invasion 1813/14, in:
ZSHG 44 (1914), S. 125–219.

Max Röstermundt: Bad Bramstedt. Der Roland und seine Welt.
Neumünster, Wachholtz Verlag 1952.

Gunther Rothmann: Die Napoleonischen Kriege. Berlin 2000.

Alexander Scharff: Schleswig-Holsteinische Geschichte – Ein
Überblick. (Sonderdruck aus der Geschichte der deutschen
Länder – „Territorien-Ploetz"), Würzburg 1960.

Jan Schlürmann: Kieler Frieden, in: Doris Tillmann, Johannes Rosenplänter (Hg.): Kiel Lexikon. Neumünster 2011.

Schlüsser, Adolph: Geschichte des Lützowschen Freikorps. Ein Beitrag zur Kriegsgeschichte der Jahre 1813 und 1814. Berlin/Posen/Bromberg 1826.

Burghart Schmidt: Hamburg im Zeitalter der Französischen Revolution und Napoleons (1789–1813). (Veröffentlichungen aus dem Staatsarchiv der Freien und Hansestadt Hamburg, Bd. 15), 2. Bde., Hamburg 1998.

Friedrich Schmidt: Zur Geschichte des 127. französischen Linien-Infanterie-Regiments, in: Zeitschrift des Vereins für Hamburgische Geschichte 44 (1958), S. 259–329.

Paul W. Schroeder: The Transformation of European Politics 1763–1848. Oxford 1994.

Walter Schubert: Die Lübecker Tuchhandelsfirma Joachim Nicolaus Stolterfoht und ihr wirtschaftliches und soziales Umfeld während der Kontinentalsperre 1806–1813. Göttingen 2011.

Hans G. Stark: Der dänische Oberst und sein Trompeter, in: Wandsbeker Zeitung, 10. 7. 1975, S. 28–30.

Tilman Stieve: Der Kampf um die Reform in Hamburg 1789–1842. Hamburg 1993.

Helmut Stubbe da Luz: Amandus Augustus Abendroth, in: Hamburgische Biographie 2, hg. von Dirk Brietzke, Franklin Kopitzsch, Hamburg 2003, S. 13–15.

Helmut Stubbe da Luz: Friedrich Karl Freiherr von Tettenborn, in: Hamburgische Biographie 2, hg. von Dirk Brietzke, Franklin Kopitzsch, Hamburg 2003, S. 415f.

Helmut Stubbe da Luz: „Franzosenzeit" in Norddeutschland (1803–1814). Napoleons Hanseatische Departements. Bremen 2003.

Helmut Stubbe da Luz: Okkupanten und Okkupierte. Napoleons Statthalterregimes in den Hansestädten. Band 1–3, München 2004–2006.

Daniel Tilgner: Amandus Augustus Abendroth. Hamburg 2006.

Leo N. Tolstoi: Krieg und Frieden. Gütersloh 1956.

Torval Torvaldsen Höjer: Bernadotte und Davout im Winter 1813/14, unveröffentlichte Aktenstücke aus dem Archiv des königlichen Hauses zu Stockholm, in: ZHG 36, 1937, S. 110–130.

Otto Varenius: Kieltraktaten. Dess genesis, in: Svensk Historisk Tidskrift 51 (1931), S. 129–204.

Friedrich Voeltzer: Lübecks Wirtschaftslage unter dem Druck der Kontinentalsperre. (Veröffentlichungen zur Geschichte der Freien und Hansestadt Lübeck, Bd. 5, H. 2), Lübeck 1925.

Lutz Voigtländer (Hg.): Das Tagebuch des Johann Heinrich Lang aus Lübeck und die Feldzüge der Hanseaten in den Jahren 1813–1815. (Veröffentlichungen zur Geschichte der Hansestadt Lübeck, Reihe B, Bd. 4), Lübeck 1980.

Carsten M. Walczok: Das Gefecht von Lauenburg im August 1813. Der verzögerte Durchbruch der Franzosen bei Lauenburg und der preußische Sieg von Groß Beeren, ein Zusammenhang?, in: Lauenburgische Heimat Nr. 139, 1994, S. 5–22.

Carsten M. Walczok: King's German Legion und Lützower Freikorps, Militärische Formationen in den Befreiungskriegen, in: Lauenburgische Heimat, Heft 165, Februar 2004, S. 35–50.

Ludwig Wallrabe: Chronologie sämmtlicher Hamburger Bühnen, nebst Angabe der meisten Schauspieler, Sänger, Tänzer und Musiker, welche seit 1230–1846 an denselben engagirt gewesen und gastirt haben. Hamburg, Berendsohn 1847.

Johannes Warncke: Lübecks Befreiung von der Franzosenherrschaft und die Einsetzung der hanseatischen Legion, Lübeck 1913.

A[nton] C[hristian] Wedekind (Hg.): Jahrbuch für die Hanseatischen Departements, insbesondere für das Departement der Elb-Mündungen. Hamburg 1812.

Stefan Winkle: Das Seuchengeschehen der Napoleonischen Feldzüge, in: *http://www.aerztekammer-hamburg.de/funktionen/aebonline/pdfs*

Jan M. Witt: Frieden, Wohlstand und Reformen – Die Herzogtümer im dänischen Gesamtstaat, in: Jan M. Witt, Heiko Vosgerau (Hg.), Geschichte Schleswig-Holsteins, anschaulich – spannend – verständlich. Heide 2010, S. 183–219, hier S. 219.

Adolf Wohlwill: Neuere Geschichte der Freien und Hansestadt Hamburg, insbesondere von 1789 bis 1815. Gotha 1914.

Nicola Wurthmann: Die Franzosenzeit als generationsspezifische Erfahrung der Bremer politischen Elite, in: Niedersächsisches Jb. für Landesgeschichte 79, 2007, S. 89–102.

Nicola Wurthmann: Senatoren, Freunde und Familie. Herrschaftsstrukturen und Selbstverständnis der Bremer Elite zwischen Tradition und Moderne (1813–1848). Bremen 2009.

Adam Zamoyski: 1812 Napoleons Feldzug in Russland, München 2012.

Christian L. E. Zander: Geschichte des Krieges an der Nieder-Elbe im Jahre 1813. Lüneburg 1839.

Detlef Zunker: Hamburg in der Franzosenzeit 1806–1814. Volkskultur und Volksprotest in einer besetzten Stadt. Hamburg 1983.

Autorenverzeichnis

Professor Dr. Oliver Auge, Studium der Geschichte und Lateinischen Philologie in Tübingen, Promotion in Tübingen 2001, Habilitation in Greifswald 2008, seit 2009 Inhaber der Professur für Regionalgeschichte mit Schwerpunkt zur Geschichte Schleswig-Holsteins in Mittelalter und Früher Neuzeit an der CAU zu Kiel.

Dr. Inge Bernheiden, Lehramtsstudium der Germanistik in Aachen, Dissertation 1986 über das Barockzeitalter. Heute erteilt sie freiberuflich Literaturseminare und Fortbildungen. Darüber hinaus arbeitet sie im wissenschaftlich interdisziplinären Bereich u. a. über literarische Aspekte der Kriegsdarstellung.

Dr. William Boehart, geboren 1947 in Woodstock (USA), studierte europäische Geschichte in den USA und Deutschland, promovierte in Hamburg und war von 1983 bis 2012 als Archivar und Historiker in Schleswig-Holstein tätig.

Dr. Michael Hundt, Historiker in Lübeck und Vorsitzender des Vereins für Lübeckische Geschichte und Altertumskunde. Forschungsschwerpunkte: Lübeckische Geschichte der Frühen Neuzeit mit zahlreichen Veröffentlichungen.

Manfred Jacobsen, M.A., Archivar und Historiker im Kreis Segeberg. Neben verschiedenen Arbeiten zur Hexenverfolgung ist die Stadt- und Regionalgeschichte ein weiterer Forschungsschwerpunkt Jacobsens.

Christian Lopau, M.A., Historiker und Germanist, M.A., Leiter der Archivgemeinschaft Nordkreis Herzogtum Lauenburg, Redaktionsleiter der Zeitschrift „Lauenburgische Heimat", Veröffentlichungen zur Geschichte des Kreises Herzogtum Lauenburg.

Traute Matthes-Walk, aus dem Verlagswesen kommend, arbeitet sie neben ihrer Tätigkeit als Herausgeberin der Stadtteilzeitung Groß Borsteler Bote an einer Geschichte der Parks und Lustgärten in Hamburg.

Dr. Ortwin Pelc, Historiker in Hamburg und Abteilungsleiter für das 19. und 20. Jahrhundert sowie für Jüdische Geschichte am Museum für Hamburgische Geschichte. Zahlreiche Veröffentlichungen zur Geschichte Hamburgs im Mittelalter und in der Neuzeit.

Dr. Jörg Rathjen, Studium der Geschichte und Soziologie, Dissertation zum Thema „Soldaten im Dorf. Ländliche Gesellschaft und Kriegsereignisse 1625–1720". Ein Schwerpunkt seiner Arbeit als freiberuflicher Historiker ist die Archiv- und Bildungsarbeit.

Dr. Carsten Walczok, geboren 1962 in Reinbek, studierte Sozial- und Wirtschaftsgeschichte in Hamburg, promovierte 2009 über die Fabrikation von Schießpulver und ist seit 2001 als Archivar und Historiker in Schleswig-Holstein tätig.